长春大学教材建设基金资助

古代文献阅读基本常识及应用

李艳 编著

北京理工大学出版社
BEIJING INSTITUTE OF TECHNOLOGY PRESS

教材简介

《古代文献阅读基本常识及应用》教材适用于高等学校中国语言文学学科的古典文献学、训诂学等课程，主要针对古文献阅读的基本知识和理论进行介绍和讲解，结合古文献阅读实例，使学生掌握古文献阅读过程中的基本知识，并辅以练习题，指导学生观察并分析各种古文献阅读现象，训练学生运用古文献阅读规律的能力。学生使用教材学习后可以运用相关古文献基本常识有针对性地进行古典文献的阅读实践，提高阅读古籍的能力和水平，培养学生的实践能力和创新精神，提升学生的人文素养。

教材共分为七章，分别对古文献典籍注释的历史演进、基本内容、体例、术语等内容进行讲解。每章节之后附《诗经注疏》等延伸阅读内容及相应练习题。

版权专有　侵权必究

图书在版编目（CIP）数据

古代文献阅读基本常识及应用 / 李艳编著. —— 北京：北京理工大学出版社，2020.10
ISBN 978-7-5682-9141-5

Ⅰ.①古⋯　Ⅱ.①李⋯　Ⅲ.①古文献学 – 高等学校 – 教材　Ⅳ.①G256.1

中国版本图书馆 CIP 数据核字（2020）第 195968 号

出版发行 / 北京理工大学出版社有限责任公司
社　　址 / 北京市海淀区中关村南大街 5 号
邮　　编 / 100081
电　　话 /（010）68914775（总编室）
　　　　　（010）82562903（教材售后服务热线）
　　　　　（010）68948351（其他图书服务热线）
网　　址 / http://www.bitpress.com.cn
经　　销 / 全国各地新华书店
印　　刷 / 保定市中画美凯印刷有限公司
开　　本 / 787 毫米 × 1092 毫米　1/16
印　　张 / 9.5　　　　　　　　　　　　　　　责任编辑 / 李慧智
字　　数 / 188 千字　　　　　　　　　　　　　文案编辑 / 李慧智
版　　次 / 2020 年 10 月第 1 版　2020 年 10 月第 1 次印刷　　责任校对 / 刘亚男
定　　价 / 56.00 元　　　　　　　　　　　　　责任印制 / 李志强

图书出现印装质量问题，请拨打售后服务热线，本社负责调换

前　言

古文献阅读基本常识及应用课程原名为训诂学，是汉语言文学专业学科基础课程古代汉语的后续限选课程。根据长春大学培养应用研究型人才的育人目标，在原有讲授训诂学基础知识和基本理论的基础上，加大实践及应用类内容的比重，设置古文献阅读基本常识及应用这门课程。现古文献阅读基本常识及应用课程没有已出版的既有教材，是教师自编讲义进行授课，学生虽然可通过课件和课堂笔记进行学习或复习，但不利于知识和理论的整体把握，经常有高年级准备考研的学生询问授课教师相关知识内容，授课教师出于"一切为了学生"的教学、育人原则，将个人授课讲义复印给学生，过程烦琐，学生拿到的讲义终归与听课同步记录的效果不同。所以，编写一本与古文献阅读基本常识及应用课程相对应的教材迫在眉睫。

教材《古代文献阅读基本常识及应用》即是在重视科学性、学术性和实用性的基础上进行编写的。教材主要围绕古文献注释的演进，训诂专著的体例、方法等几个方面展开，对古文献注释的内容、术语等具体问题进行阐释，理论性高，实践性强。本教材旨在介绍有关古文献注释的概念、理论及研究情况，结合古文献阅读实例，如《十三经注疏》、通释语义的训诂专书等，使学生掌握古文献阅读的基本知识，指导学生观察并分析各种古文献阅读现象，训练学生运用古文献阅读规律的能力，提高学生古文献阅读技能，提升学生的人文素养。

由于编写时间仓促，水平有限，书中难免出现错误或不妥之处，恳请读者批评指正，提出宝贵建议，在此深表感谢！编者邮箱：liyan226@126.com。

编者

2020 年 3 月

目　　录

第一章　绪论 ·· 1
　　第一节　"小学"的历史发展过程 ··· 1
　　第二节　相关问题的讨论 ··· 2
　　延伸阅读 ··· 3
　　练习题 ·· 4

第二章　古文献典籍注释的历史演进 ··· 5
　　第一节　先秦两汉典籍注释的发展 ··· 5
　　延伸阅读 ··· 8
　　第二节　魏晋至唐典籍注释的推进 ·· 11
　　延伸阅读 ··· 12
　　第三节　宋元明时期注释的繁盛 ··· 15
　　延伸阅读 ··· 16
　　第四节　清代注释的鼎盛 ··· 19
　　延伸阅读 ··· 19
　　练习题 ·· 22

第三章　古文献典籍注释的基本内容 ·· 26
　　第一节　解释词义、分析句读、阐释语法 ······································ 26
　　延伸阅读 ··· 28
　　第二节　揭示辞格、讲述文意、诠解典故、说明典制 ······················ 31
　　延伸阅读 ··· 33
　　第三节　增补内容、校正文字、标注音读 ······································ 36

延伸阅读 ·· 37
　　练习题 ·· 39

第四章　古文献注释的体例 ·· 42
　　第一节　传、注、章句、笺 ·· 42
　　延伸阅读 ·· 44
　　第二节　补注、集解、音义、义疏 ···································· 48
　　延伸阅读 ·· 49
　　第三节　正义、疏、注疏、校注、直解、疏证 ······················ 52
　　延伸阅读 ·· 53
　　练习题 ·· 56

第五章　通释语义的文献典籍概述 ·· 60
　　第一节　《尔雅》《广雅》 ··· 60
　　延伸阅读 ·· 63
　　第二节　《方言》 ··· 70
　　延伸阅读 ·· 73
　　第三节　《释名》 ··· 75
　　延伸阅读 ·· 79
　　第四节　《说文解字》 ·· 80
　　延伸阅读 ·· 83
　　第五节　《玉篇》《经典释文》《一切经音义》 ······················ 88
　　延伸阅读 ·· 92
　　第六节　《佩文韵府》《经籍纂诂》《康熙字典》 ··················· 92
　　第七节　《读书杂志》《经义述闻》 ·································· 94
　　第八节　《切韵》《广韵》《集韵》《礼部韵略》《中原音韵》 ···· 95
　　延伸阅读 ·· 98
　　练习题 ·· 99

第六章　古文献训释词义的方法与原则 ··· 104
　　第一节　以形索义法 ··· 104
　　第二节　因声求义法 ··· 107

第三节　直陈词义法 110
　　第四节　据文定义法 114
　　延伸阅读 116
　　练习题 121

第七章　古文献阅读术语 123
　　第一节　解释词义的用语 123
　　第二节　说明词性的用语 127
　　第三节　考释音义的用语 128
　　第四节　校勘文字的用语 131
　　延伸阅读 133
　　练习题 138

参考书目 141

第一章 绪论

第一节 "小学"的历史发展过程

"小学"原本是指八岁至十四岁的幼童读书的学校。"小学"一词初见于《大戴礼记》。《大戴礼记·保傅》:"及太子少长,知妃色,则入于小学。小者所学之官也。""古者年八岁而出就外舍,学小艺焉,履小节焉;束发而就大学,学大艺焉,履大节焉。"西周是奴隶社会的全盛时期,人分等级,当时能够接受教育的只是贵族。关于小艺,《周礼·地官·保氏》:"保氏掌谏王恶,而养国子以道,乃教之六艺:一曰五礼,二曰六乐,三曰五射,四曰五驭,五曰六书,六曰九数;乃教之六仪:一曰祭祀之容,二曰宾客之容,三曰朝廷之容,四曰丧纪之容,五曰军旅之容,六曰车马之容,凡祭祀、宾客、会同、丧纪、军旅,王举则从。听治亦如之。使其属守王闱。"可见,在周代教育制度中,"小学"本指学习六艺(小艺)和六仪(小节)。

东汉崔寔《四民月令》上记载:

正月:农事未起,命成童已上入大学,学《五经》。砚冰释,命幼童入小学,学篇章。

八月:暑小退,命幼童入小学,如正月焉。

十月:农事毕,命成童以上入大学,如正月焉。

十一月:砚冰冻,命幼童入小学,读《孝经》、《论语》、篇章。

"篇章"是指《仓颉篇》之类的识字课本。因《仓颉篇》"断六十字以为一章,凡五十五章"(《汉书·艺文志》),故以"篇章"指代这类字书。"小学"含文字之意始于此。可见古代"小学"是指语言文字方面的学习。

在《汉书·艺文志》中,"小学"的概念由"学校"引申出"学科"的意思。《艺文志》:"凡小学十家,三十五篇。"《尔雅》《小尔雅》等书不算在"小学"家之类,其理由后来《隋书·经籍志》提到，"《尔雅》诸书，解古今之意"，故附经籍之后。汉代所说的"小学"实际上只限于文字学，它的具体内容包括解释文字的形体结构、"通知古今文字"，以及"正读"字音等。

在《隋书·经籍志》中，"小学"的概念进一步扩大，除字书之外，还包括训诂、音韵等方面的著作，而《尔雅》《小尔雅》《方言》《释名》等仍列入"经义"一类。

直到《旧唐书·经籍志》才把《尔雅》等书列进"小学"一类，从此，"小学"的基本内容才确立下来。

第二节 相关问题的讨论

一、"小学"是否是"经学"的附庸

古代的语言文字学和经学的关系非常密切，《诗经》是"经"，但它是不折不扣的文学作品，《书经》是"经"，但又是不折不扣的历史著作。如果我们只在"经学"这个概念中兜圈子，不唯看不到语言学的独立存在，就连文史哲的独立存在也成问题了。就语言学的三个部门而言，也不可一概而论。训诂学与经学的关系最为密切，文字学次之，音韵学的研究成果可以用于"经学"，但音韵学的产生和发展跟经学并没有多大的关系。

二、语言与社会存在

关于"名"是怎样产生的问题，古希腊哲学家进行过长期的争论。先秦诸子中最早谈及这个问题的是老子。老子说："无名，天地之始；有名，万物之母。"老子认为名生于"道"。战国中后期成书的《管子》也探讨过这个问题，"名生于实，实生于德，德生于理，理生于智，智生于当"（《管子·九守》）。"名生于实"的观点比之"名生于道"似乎要进步一些，但这个观点还是不能令人满意。

古代语言学家关于词的来源问题有两种不同的看法：一种意见认为词和它所反映的事物具有一致的本质的联系，这是本质论者；一种意见认为词和客观事物并不具有必然的联系，用某一词指称某一事物，乃是约定俗成所致，这是约定论者。本质论者对词源的认识往往是某种社会意识特征和个人主观心理感受的反映，可信程度不高。荀子属于约定论者。盛行于两汉时代的"声训"法，属于本质论的范围。

荀子在前人研究的基础上，唯物地解释了"名"的产生问题。他说："名无固宜，约之以命，约定俗成谓之宜，异于约则谓之不宜。名无固实，约之以命实，约定俗成谓之实名。名有固善，径易而不拂，谓之善名。"（《荀子·正名》）荀子主张"名无固宜""名无

固实",这就批判了"名生于道""名生于实"这样一些错误观点。他提出的"约定俗成"论在中国语言学史上有着非常重要的意义,因为他第一次阐明了语言的社会本质,正确地说明了词的意义和客观事物之间的关系。

三、今文经学与古文经学

1. 今文经学

研究儒家经传的学派之一,秦焚书以后,古籍几乎全部丧失,汉初,朝廷征集古书,由学者背诵,并用汉代隶书记录下来。这些以汉隶记载的经书,称为今文经。研究今文经的学派称为今文经学派。

今文经学把"通经致用"作为治学准绳,因此,十分注重阐发经文的义理,而不太重视文字训诂。今文经学重家法,老师所传、弟子不能改变,很保守。今文经学受到统治者重视,在朝廷处于官学统治地位。

2. 古文经学

研究儒家经传的学派之一,与今文经学相对,西汉武帝时,鲁恭王拆毁孔子旧居,从墙壁中发现了《礼记》《尚书》《春秋》《孝经》《论语》等书,都是用古代科斗文(战国古文)写成,因此又叫古文经。当时孔安国能读懂古文经,许多人跟他学习,形成了古文经学派。

古文经学不太重视经文义理的阐释,而比较重视对词语的考释训诂,古文经学促进了训诂学的产生。

在汉代古文经学和今文经学是直接对立的学派,斗争激烈,结果是古文经学受到排斥,成为私学,直到魏晋以后才受重视。

东汉时期,古文经学派渐渐占了优势,当时的著名学者如杜林、班固、贾逵、许慎、马融、郑玄等人,都是古文经学家。古文经学派对经书、对语言文字的解释当然也有种种不正确之处,但他们继承了《尔雅》《毛诗诂训传》的传统,比较注意从语言事实本身去解释文意。一般说来,治学态度也比较严肃,后人所谓的"汉学""朴学""实事求是"之学,主要以古文经学派为代表。

延伸阅读

保氏掌谏王恶, 谏者,以礼义正之。《文王世子》曰:"保也者,慎其身以辅翼之,而归诸道者也。" [疏] "保氏掌谏王恶"。○释曰:"掌谏王恶"者,师氏掌三德、三行,以美道诏王;保氏以师氏之德行审喻王,王有恶则谏之,故云掌谏王恶。○注"谏者"至"者也"。○释曰:云"谏者以礼义正之"者,君臣主义,故知谏者以礼义谏正王也。引《文王世子》者,彼亦是教世子法,以教世子法保护王身同,故引之。以其保者是保安之义,故使王谨慎其身而归于道。

而养国子以道,乃教之六艺:一曰五礼,二曰六乐,三曰五射,四曰五驭,五曰六书,六

曰九数；乃教之六仪：一曰祭祀之容，二曰宾客之容，三曰朝廷之容，四曰丧纪之容，五曰军旅之容，六曰车马之容。养国子以道者，以师氏之德行审喻之，而后教之以艺仪也。五礼，吉、凶、宾、军、嘉也。六乐，《云门》《大咸》《大韶》《大夏》《大濩》《大武》也。郑司农云："五射，白矢、参连、剡注、襄尺、井仪也。五驭，鸣和鸾、逐水曲、过君表、舞交衢、逐禽左。六书，象形、会意、转注、处事、假借、谐声也。九数，方田、粟米、差分、少广、商功、均输、方程、赢不足、旁要。今有重差、夕桀、句股也。祭祀之容，穆穆皇皇。宾客之容，俨恪矜庄。朝廷之容，济济跄跄。丧纪之容，涕涕翔翔。军旅之容，阚阚仰仰。车马之容，颠颠堂堂。"[疏]"而养"至"教之"。○释曰：此道即上师氏三德、三行，故郑云"以师氏之德行审喻之，乃教之以艺"已下。此乃保氏所专教也。凡祭礼、宾客、会同、丧纪、军旅，王举则从。听治，亦如之。使其属守王闱。闱，宫中之巷门。○闱，音韦。[疏]"凡祭"至"王闱"○释曰：言"亦如之"已上，与师氏同从王之事。其属守王闱者，亦谓在国，其师氏守中门外，此保氏守王闱门。（《周礼·地官·保氏》）

练习题

一、名词解释

1. 古文经学
2. 今文经学
3. "小学"

二、简答题

1. 简述"小学"与经学的关系。
2. 如何理解"名"与"实"的关系？

第二章
古文献典籍注释的历史演进

传注或称注疏，指的是古代文献的注释书。训诂就是解释疏通古代文献的语言。清代著名学者戴震说："士生三古后，时之相去千百年之久，视夫地之相隔千百里之远无以异，昔之妇孺闻而辄晓者，更经学大师转相讲授，而仍留疑义，则时为之矣。"这说明由于时间的推移，语言发生了很大变化，因而古代文献中那些本来通俗易懂的词句，就是通过经学大师递相传授，还会留下一些难以克服的障碍。由此可见，古代文献如果无人为之训诂，没有适应后人需要的传注，则无以流传，继承这份文化遗产也就谈不到了。

人们最早的"训诂"还只是一些零散的、专门针对特定的字词展开的解释。这种零散的解释，积累到一定的时候，自然就有人出来加以整理并汇编成书。这种汇编成册的训诂书的出现，就意味着训诂学的产生。

第一节　先秦两汉典籍注释的发展

一、先秦时期

相传在西周时期，我国就有了采风制度，每年秋收后的农闲季节，天子就派人乘着轻便的辀轩车到各地收集民歌，这些民歌汇集到都城，藏在国家的图书馆里。

春秋战国时代，随着社会生产力的增长，语言也在不断发展。但由于诸侯割据，国家处于四分五裂的状态，因此出现"言语异声，文字异形"的现象，加以今语与古语的不同，人们阅读古典文献，往往不易理解。在此情况下，古文献注解、注释便应运而兴。今天我们从古籍中还可以发现一些古代注释、注解的资料。

《国语·周语下》记载周灵王二十二年（公元前550年）晋大夫叔向朝聘于周，单靖公接待他。他看见单靖公的一切举动都合乎礼的规范。叔向离周回晋，在送别的宴会上，单靖公向叔向谈到他特别喜爱《昊天有成命》这篇诗。单靖公的家臣为叔向送行，叔向盛赞单靖公的为人，并且向家臣讲解了这篇诗。

原诗是：

昊天有成命，二后受之。成王不敢康，夙夜基命宥密。於缉熙！单厥心。肆其靖之。

叔向的解释是：

是道成王之德也。成王能明文昭，能定武烈者也。夫道成命者，而称昊天，翼其上也。二后受之，让于德也。成王不敢康，敬百姓也。夙夜，恭也。基，始也。命，信也。宥，宽也。密，宁也。缉，明也。熙，广也。单，厚也。肆，固也。靖，和也。其始也，翼上德让，而敬百姓。其中也，恭俭信宽，帅归于宁。其终也，广厚其心，以固和之。始于德让，中于信宽，终于固和，固曰成。

这里有对全诗主题的阐明，有句义的串讲，也有单字的解释。"是道成王之德也"是点明全诗的主题。后面两句对诗里歌颂的成王做了介绍，也是对前一句的补充。接着解释诗的前三句，这三句在当时来说是文从字顺，没有逐句解释的必要，就用整句串讲的办法。从第四句开始逐词进行解释。最后将全诗分为三段，说明每段的意义和相互之间的关系。它已经具有注释的雏形。

词语的解释在古代注解中占重要的地位。不仅古书注释和辞书要解释词语，就是人们使用语言，叙述自己的思想，有时也会涉及词语的解释。如：

乾，健也；坤，顺也；震，动也；巽，入也；坎，陷也；离，丽也；艮，止也；兑，说也。(《周易·说卦》)

形而上者谓之道，形而下者谓之器，化而裁之谓之变，推而行之谓之通，举而措之天下之民谓之事业。(《周易·系辞》)

夏曰校，殷曰序，周曰庠，学则三代共之。(《孟子·滕文公上》)

视之不见名曰夷，听之不闻名曰希，搏之不得名曰微。(《老子·上篇十四章》)

这些例子所解，虽然不一定都很准确，但毕竟可以算是先秦注释的例证。

由于过去的资料很缺乏，我们无法明确断定最早的训解古代典籍的情况具体是从什么时候开始的。但从现有的资料来看，早在先秦时期，就已经有零星的训诂资料的记载了。如：

春为青阳，夏为朱明，秋为白藏，冬为玄冥。四气和，正光照，此之谓玉烛。甘雨时降，万物以嘉，高者不少，下者不多，此之谓醴泉。祥风，瑞风也，一名景风，一名惠风。(《尸子·仁意》)

天神曰灵，地神曰祇，人神曰鬼。鬼者，归也。(《尸子·卷下》)

勤，劳也。遵，循也。肇，始也。怙，恃也。享，祀也。锡，与也。典，常也。糠，

虚也。惠，爱也。敏，疾也。捷，克也。载，事也。(《逸周书·谥法解》)

至于为全书做注解的，又可分为经书的传注和子书的注解。

经书的传注：东汉徐防认为子夏的《易传》《丧服传》等，是儒家经注的鼻祖（见《后汉书·徐防传》）。清代陈澧认为，孔子所作《易》的《十翼》是儒家经注之祖（见《东塾读书记》卷四）。

子书的注解：儒家以外其他诸子的著作，先秦时就已出现了一些注解。不过，它都附在书中，与本文并列，意在阐明各篇的性质，以明体例。如《墨子》有《经上》《经下》两篇，又有《经说上》《经说下》，后两篇即为前两篇的注解。再如《管子》有《牧民解》《形势解》《立政九败解》《版法解》《明法解》，就是对《牧民篇》《形势篇》《立政篇》《版法篇》《明法篇》的注解。又如《韩非子》有《解老篇》和《喻老篇》，即是对《老子》的注解。但这些注解只是通其旨意，而不是逐字注解。

二、两汉时期

汉代在我国学术史上是一个重要时期，语言研究有很大的发展。古籍的注释、辞书的编纂都达到了空前的水平，在世界的文明古国中也遥居于领先地位。推究其原因主要有以下两个方面：

首先是社会的需要。秦始皇的焚书和楚汉的连年战争，书籍受到了严重的破坏。汉朝建立后，经过几十年的休养生息，生产得到恢复和发展，文化的要求提上了日程。政府颁发了征求遗书的命令，大量散失在民间的书籍又回到了国家图书馆，为了整理这些文献，研究它们的内容，必须在语言文字上下功夫。

其次是语言自身的演变。先秦的典籍，如《周易》《尚书》等，它们使用的语言和汉代已经有了一些差别。所以司马迁写《史记》，利用《尚书》的材料，就不能够照搬照抄，要先把它们转译成当时通行的语言。在汉代，要读懂先秦的不少典籍，不进行解释就很困难。这也就促进了人们对前代语言的研究。

训诂兴起于汉代，注解工作的对象一般限于儒家著作。汉武帝"罢黜百家，独尊儒术"以后，儒家思想逐渐成为正统思想，儒家著作随之成为经典著作。由于语言的发展以及口授、传抄的错误等原因，汉代一般人已经不能完全读懂。于是便有一些学者为这些儒家经典作注解，如毛亨作《毛诗诂训传》，孔安国作《尚书传》，郑玄作《毛诗笺》《周礼注》《仪礼注》《礼记注》，何休作《春秋公羊传解诂》，赵岐作《孟子章句》等。除儒家著作之外，还有王逸的《楚辞章句》，高诱的《战国策注》《吕氏春秋注》等。这些学者所处时代距离先秦较近，他们所作的注释当是正确的或接近正确的，直到今天还有很高的参考价值。

延伸阅读

一、《诗经注疏》 汉·毛亨传 汉·郑玄笺 唐·孔颖达正义

1.《诗经·周南·汝坟》

遵彼汝坟，伐其条枚。遵，循也。汝，水名也。坟，大防也。枝曰条，干曰枚。笺云：伐薪于汝水之侧，未见君子，惄如调饥。惄，饥意也。调，朝也。笺云：惄，思也。未见君子之时，如朝饥之思食。○惄本又作"愵"，乃历反，《韩诗》作"溺"，音同。调，张留反，又作"輖"，音同。[疏]"遵彼"至"调饥"。○正义曰：言大夫之妻，身自循彼汝水大防之侧，伐其条枝枚干之薪。以为己伐薪汝水之侧，非妇人之事，因闵己之君子贤者，而处勤劳之职，亦非其事也。既闵其劳，遂思念其事，言己未见君子之时，我之思君子，惄然如朝饥之思食也。

遵彼汝坟，伐其条肄。肄，余也。斩而复生曰肄。○肄，以自反。沈云："徐音以世反，非。"复，扶富反。既见君子，不我遐弃。遐，已。遐，远也。笺云：已见君子，君子反也。于已反得见之，知其不远弃我而死亡，于思则愈，故下章勉之。○思，如字，又息嗣反。[疏]"既见君子，不我遐弃"。○正义曰：不我遐弃，犹云不遐弃我。古之人语多倒，《诗》之此类众矣。妇人以君子处勤劳之职，恐避役死亡，今思之，觊君子事迄得反。我既得见君子，即知不远弃我而死亡，我于思则愈。未见，恐其逃亡；既见，知其不死，故忧思愈也。

鲂鱼赪尾，王室如燬。赪，赤也。鱼劳则尾赤。燬，火也。笺云：君子仕于乱世，其颜色瘦病，如鱼劳则尾赤。所以然者，畏王室之酷烈。是时纣存。○鲂，符方反，鱼名。赪，敕贞反，《说文》作"經"，又作"赬"，并同。燬音毁，《说文》同。一音火尾反。瘦，色救反。酷，苦毒反。虽则如燬，父母孔迩。孔，甚。迩，近也。笺云：辟此勤劳之处，或时得罪，父母甚近，当念之，以免于害，不能以疎远者计也。○"辟此"，一本作"辟此"。处，昌虑反。[疏]"鲂鱼"至"孔迩"。○正义曰：妇人言鲂鱼劳则尾赤，以兴君子苦则容悴。君子所以然者，由畏王室之酷烈猛炽如火故如。既言君子之勤苦，即勉之，言今王室之酷烈虽则如火，当勉力从役，无得逃避。若其避之，或时得罪，父母甚近，当自思念，以免于害，无得死亡，罪及父母，所谓勉之以正也。

2.《诗经·召南·采蘩》

于以采蘩？于沼于沚。蘩，皤蒿也。于，於。沼，池。沚，渚也。公侯夫人执蘩菜以助祭，神飨德与信，不求备焉，沼沚溪涧之草，犹可以荐。王后则荐菜也。笺云：于以，犹言"往以"也。"执蘩菜"者，以豆荐蘩菹。○沼，之绍反。沚音止。皤，薄波反，白也。蒿，好羔反。溪，苦兮反。杜预云"涧也"。于以用之？公侯之事。之事，祭事也。笺云：言[疏]"于以"至"之事"。○正义曰：言夫人往何处采此蘩菜乎？于沼池、于沚渚之傍采之也。既采之为菹，夫人往何处用之乎？于公侯之宫祭事，夫人当荐之也。此章言其采取，故卒章论其祭事。

于以采蘩？于涧之中。山夹水曰涧。○涧，古晏反。夹，古洽反，一音古协反。于以用之？公侯之宫。于以用之？公侯之宫。宫，庙也。

被之僮僮，夙夜在公。被，首饰也。僮僮，竦敬也。夙，早也。笺云：公，事也。早夜在事，谓视濯溉馔馨之事。《礼记》："主妇髲鬄。"○被，皮寄反。注及下同。僮音同。盖音早，本多作"早"，下同。濯，直角反。溉，古爱反。馔，昌志反，酒食也。馨，七乱反。髲，皮寄反，郑音发，本亦作髮，徒等反。刘昌宗吐历反，沈汤帝反，郑注《少牢礼》云"古者或剔贱者、刑人之发以被妇人之紒，因以名焉。《春秋》"以为吕姜髢"，是也。紒音计。被之祁祁，薄言还归。祁祁，舒迟也，去事有仪也。笺云：言，我也。祭事毕，夫人祭服而去髲鬄，其威仪祁祁然而安舒，无罢倦之失。我还归者，自庙反其燕寝。○祁，巨私反。罢音皮，本或作"疲"。[疏]"被之"至"还归"。○正义曰：言夫人首被被鬄之饰，僮僮然甚竦敬乎！何时为此竦敬？谓祭之时，早夜在事，当视濯溉馔馨之时甚竦敬矣。至于祭毕释祭服，又首服被鬄之释，祁祁然有威仪。何时为此威仪乎？谓祭事既毕，夫人云薄欲还归，反其燕寝之时，明有威仪矣。

3.《诗经·召南·殷其靁》

殷其靁，在南山之阳。殷，靁声也。山南曰阳。靁出地奋，震惊百里。山出云雨，以润天下。笺云：靁以喻号令于南山之阳，又喻其在外也。召南大夫以王命施号令于四方，犹靁殷殷然发声于山之阳。何斯违斯？莫敢或遑。何此君子也。斯，此。违，去。遑，暇也。笺云：何乎此君子，适居此，复去此，转行远，从事于王所命之方，无敢或閒暇时。閒音闲。○复，符福反。振振君子，归哉归哉！振振，信厚也。笺云：大夫信厚之君子，为君使，功未成，归哉归哉！劝以为臣之义，未得归也。○振音真。"为君"，于伪反，使，所吏反，或如字。[疏]"殷其"至"归哉"。○正义曰：言殷殷然靁声在南山之阳，以喻君子行号令在彼远方之国。既言君子行王政于远方，故因而闵之，云何乎我此君子，既行王命于彼远方，谓适居此一处，今复乃去此，更转远于余方，而无敢或閒暇时，何为勤劳如此。既闵念之，又因劝之，言振振然信厚之君子，今为君出使，功未成，可得归乎？劝以为臣之义，未得归也。

殷其靁，在南山之侧。亦在其阴与左右也。[疏]传"亦在"至"左右"。○正义曰：上"阳"直云"山南"，此云"侧"，不复为山南，三方皆是。阴，谓山北。左，谓东。右，谓西也。何斯违斯？莫敢遑息。息，止也。振振君子，归哉归哉！

殷其靁，在南山之下。或在其下，笺云：下谓山足。何斯违斯？莫或遑处。处，居也。○振振君子，归哉归哉！

二、《左传注疏》 晋·杜预注　唐·孔颖达正义

宋穆公疾，召大司马孔父而属殇公焉，曰："先君舍与夷而立寡人，先君，穆公兄宣公也。与夷，宣公子，即所属殇公。○属，章欲反，注同。殇，舒羊反。舍音舍。与，如字，一音余。[疏]"武氏"至"葬也"。○正义曰：苏氏云：案文九年"毛伯来求金"，传曰"不书王命，未葬也"。此传直云"王未葬"，不同者，毛伯直释，不称使，故"不书王命"。此武氏子，非但不称使，又称父族，二事皆由未葬，故直云"王未葬"也。○"而立寡人"。○正义曰：《曲礼》下曰："诸侯见天子曰臣某，侯某，其与民言自称曰寡人。"今与臣言亦云寡人，则知其对臣民自称同也。《老子》曰："孤寡不穀，王侯之谦称。"故以下诸侯自称，亦多寡人弗敢忘。若以大夫之灵，得保首领以没，先君若问与夷，其将何辞以对？请子奉之，以主社稷，寡人虽死，亦无悔焉。"对曰："群臣愿奉冯也。"冯，穆公之庄公也。○没，本亦作殁，音冒。冯，皮冰反，本亦作凭。公曰："不可。先君以寡人为贤，使主社稷，若弃德不让，是废先君之举也。岂曰能贤？言不让则不足称贤。光昭先君之令德，可不务乎？吾子其无废先君之功。"先君以举贤为功，我若不贤是废之。使公子冯出居于郑。辟殇公也。八月庚辰，宋穆公卒。殇公即位。君子曰："宋宣公可谓知人矣。立穆公，其子飨之，命以义夫。"命出于义也。夫，语助。大音扶，注同。[疏]"命以义夫"。○正义曰：义者宜也。错心方直，动合事宜，乃谓之义。宣公之立穆公，知穆公之贤，不弃其子。今穆公方卒，命孔父以义事而立殇公。是穆公命立殇公，出于仁义之中，故杜注"命出以义"。若杜注云"帅义而行，则殇公宜受此命，宜荷此禄"。"公子冯不帅父义"，"终伤咸宜之福"。明知殇公受穆公之命与殷汤、武丁同有"咸宜"，是知穆公命殇公是为义也。《商颂》曰：'殷受命咸宜，百禄是荷。'其是之谓乎！"《诗·颂》言殷汤、武丁受命皆以义，故任荷天之百禄也。帅义而行，则殇公宜受此命，宜荷此禄。公子冯不帅父义，忿而出奔，因郑以求入，终伤"咸宜"之福，故知人之称唯在宣公也。殷礼有兄弟相及，不必传子孙，宋其后也，故指称《商颂》。颂，似用反。荷，本又作何，何可反，又音何，注同，任也。任音壬。忿，芳粉反。称，尺证反。传，直专反。[疏]"商颂"至"谓乎"。○正义曰：《商颂·玄鸟》之卒章，言成汤、武丁，此二王者，受天之命，皆得其宜，故天之百种之禄，于是乎荷负之。言天禄皆归，故得而荷负也。今穆公立殇公亦得其宜，故殇公宜荷其禄，《诗》之意其是此事之谓乎！（隐公三年）

三、《公羊传注疏》 汉·何休注　唐·徐彦疏

三月，公及邾娄仪父盟于眛。及者何？与也。若曰公与邾娄盟也。○邾，音朱。娄，力俱反。邾人语声后日娄，故曰邾娄，《礼记》同，《左氏》《谷梁》无"娄"字。仪父，音甫，本亦作"甫"，人名字放此。眛，亡结反，《谷梁》同，《左氏》作"蔑"。会、及、暨，皆与也。都解经上会、及、暨也。○暨，其器反。下皆同。曷为或言会，或言及，或言暨？会，犹最也。最，聚也。直自若平时聚会，无他深浅意也。最之为言聚，若今聚民为投最。○曷为，如字，或作伪。下放此。○最，聚也。[疏]"及者何"。○解云：欲言汲汲，公仍在丧；欲言非汲汲，及是欲文，故执不知问。云曷为或言会者，即下六年"公会齐侯盟于艾"之徒是也。云或言暨者，昭七年春"暨齐平"，定十年"宋公之弟辰暨仲佗石彄出奔陈"是也。及，犹汲汲也。暨，犹暨暨也。及，我欲之暨，不得已也。我者，谓鲁也。内鲁，故言我。举及、暨者，明当随意善恶而原之。欲之者，善重恶深；不得已者，善轻恶浅，所以原心定罪。[疏]注"我者，谓鲁也"。○解云：此通内外皆然，但传据内言之，故言我谓鲁也。○注"欲之"至"恶深"。○解云：善重者，即此文"公及邾娄仪父盟于眛"是也，以其汲汲于善事，故曰善重。恶深者，即哀十三年"公会晋侯及吴子于黄池"是也，以其汲汲于恶事，故曰恶深也。○注"不得"至"恶浅"○解云：善轻，则"暨齐平"是也。恶浅者，"宋公之弟辰暨仲佗、石彄"是也。仪父者何？邾娄之君也。以言"公及"不讳，知为君也。[疏]"仪父者何"。○解云：欲言其君，经不书爵；欲言其臣，而不没公，故执不知问。○注"以言公及不"至"君也"。○解云：凡《春秋》上下，公与外大夫盟，皆讳公，传云"公则曷为不言公"之属也。今仪父不讳公，故知其为君矣。其庄九年"公及齐大夫盟于暨"之属不没公者，皆传注分明，不烦逆说。何以名？据齐侯以禄父为名。○注"据齐"至"为名"。○解云：即桓十四年冬，"齐侯禄父卒"，是言齐侯以禄父为名，故疑邾娄君亦以仪父为名，故云是君矣。字也。以当褒，知为字。[疏]注"以当褒，知为字"。○解云：《春秋》以隐新受命而王，仪父曷为慕之，故知当褒，是以《春秋说》云"褒仪父善趣圣者"是也。曷为称字？据诸侯当称爵。[疏]

注"据诸侯当称爵"。○解云:六年夏,"公会齐侯盟于艾"之属是也。**褒之也。**以宿与微者盟书卒,知与公盟当褒之。有土嘉之曰褒,无土建国曰封,称字所以为褒之者,仪父本在春秋前失爵,在名例尔。○褒之,保刀反。[疏]注"以宿"至"书卒"。○解云:所传闻之世,微国之卒,本不合书,而此年"九月,及宋人盟于宿",宿为地主,与在可知,以其与内微者盟,故至八年得变例书卒见恩矣。云有土嘉之曰褒者,谓加爵与字,即仪父、滕侯之属是也。云无土建国曰封者,即封邢、卫之属是也。**曷为褒之?** 据功不见。○不见,贤遍反,下皆同。**为其与公盟也。** 盟者,杀生歃血,诅命相誓,以盟约束也。传不足言托始者,仪父比宿、滕、薛最在前,嫌独为仪父发始,下三国意不见,故顾之。○为其,于伪反,注"为其""独为"皆同。歃,所洽反,又音所甲反。诅,庄虑反。约束,并如字,一音上于妙反;下音戍。[疏]注"传不"至"顾之"。○解云:此传应言为其始与公盟,今不具其文句言始者,若言始与公盟,即恐下二国不是始,是以**与公盟者众矣,曷为独褒乎此?** 据戎、齐侯、莒人皆与公盟,传不足托始,故复据公也。○复,扶又反,下"复为"同。○戎,如字。[疏]注"据"至"公盟"。○解云:二年秋八月,"公及戎盟于唐";六年夏,"公会齐侯盟于艾";八年秋,"公及莒人盟于包来"是也。○注"传不足"至"众也"。○解云:传者乡者足其文句,文道为其始与公盟之时,义势即尽矣,道理不复重言。与公盟者众矣,曷为独褒乎此?但上传既无始与之文,而得褒赏,犹自可怪,故更据众难之。云托始者,言隐公实非受命之王,但欲托之以为始也。**因其可褒而褒之。** 《春秋》王鲁,托隐公以为始受命王,因仪父先与隐公盟,可假以见褒赏之法,故云尔。○王鲁,于况反,下"而王"同,一音如字。后"王鲁"皆放此。**此其为可褒奈何? 渐进也。** 渐者,物事之端,先见之辞。去恶就善曰进。譬者隐公受命而王,诸侯有倡始先归之者,当进而封之,以率其后。不言先者,亦为所褒者法,明当积渐,深知圣德灼然之后乃往,不可造次陷于不义。○倡,尺亮反。造,七报反。[疏]注"渐者"至"之辞"。○解云:言物事之端者,犹言物事之首也。言先见之辞者,见读"如见其二子焉"之"见"也,若公子阳生闯然之类也。云去恶就善曰进者,言能去恶就善,即是行之进也。○注"不可"至"不义"。○解云:桓十五年夏,"邾娄人、牟人、葛人来朝",朝憎恶人而贬称人,夷狄之也者,是其造次陷于不义矣。(隐公元年)

四、《谷梁传注疏》 晋·范宁注 唐·杨士勋疏

内为志焉尔。 内谓鲁也。**仪,字也。父,犹傅也,男子之美称也。** 傅,师傅。附庸之君,未王命,例称名。善其结信于鲁,故以字配之。○美称,尺证反。**其不言邾子何也?** 据庄十六年"邾子卒",称邾子。**邾之上古微,未爵命于周也。** 邾自此以上是附庸国。○上,时掌反。**不日,其盟渝也。** 日者所以谨信,盟变,故不日。七年"公伐邾"是也。**不日,人实反;不**,谓不书日也,○谷《谷梁》皆以日月为例,他皆放此。渝,羊朱反,变也。[疏]"及者"至"渝也"。○释曰:此云"及",传云"内为志焉尔"。二年"公会戎于潜",传云:"会者外为主焉"。则下六年"公会齐侯,盟于艾",亦是外为主;"公及戎盟于唐",亦是内为志。外内之意别,故传辨彼此之情也。案齐侯禄父则以父为名,以父传者,以《春秋》之例,诸侯卒例名,经云"齐侯禄父卒",无取字义,故知父是名也。今仪父既有所善,故知父是男子之美称也。经善其结信,贵而字之。传又云"不日,其盟渝也",经传相违者,以附庸之君能结信于鲁,故以美称称之;但结盟之后,信义不固,鲁更伐邾,故去日以恶之。**昧,地名也。**(隐公元年)

五、《论语注疏》 魏·何晏集解 宋·邢昺疏

子曰:"学而时习之,不亦说乎? 马曰:"子者,男子之通称,谓孔子也。"王曰:"时者学者以时诵习之。诵习以时,学无废业,所以为说怿。"**有朋自远方来,不亦乐乎?** 包曰:"同门曰朋。"**人不知而不愠,不亦君子乎?"** 愠,怒也。凡人有所不知,君子不怒。[疏]"子曰学而"至"君子乎"。正义曰:此章劝人学为君子也。子者,古人称师曰子。子,男子之通称。此言子者,谓孔子也。曰者,《说文》云词也,从口,乙声。亦象口气出也。然则曰者发语词也。以此下是孔子之语,故以"子曰"冠之。或言孔子曰者,以记非一人,各以其载,无义例也。《白虎通》云:"学者,觉也,觉悟所未知也。"孔子曰:"学者而能以时,诵习其经业使无废弃,不亦说怿乎?学业稍成,能招朋友,有同门之朋从远方来与己讲习不亦乐乎?既有成德,凡人不知而不怒,不亦君子乎?言诚君子也。君子之行非一,此其一行耳,故云亦也。(学而)

子曰:"弟子入则孝,出则悌,谨而信,泛爱众,而亲仁,行有余力则以学文。" 马曰:"文者,古之遗文。"[疏]"子曰弟子"至"学文"。○正义曰:此章明人以德为本,学为末。男子后生为弟。言为人弟与子,人事父兄,则以孝与弟也;出事公卿,则当忠与顺也。弟,顺也。入不言弟,出不言忠者,互文可知也。下孔子云:"出则事公卿,入则事父兄。"《孝经》云:"事父孝故忠可移于君,事兄弟,故顺可移于长。"是也。"谨而信"者,理兼出入,言恭谨而诚信也。"泛爱众",泛者,宽博之语。君子尊贤而容众,或博爱众人也。"亲仁"者,有仁德者则亲而友之。能行已上诸事,仍有闲暇余力,则可以学先王之遗文。若徒学其文而不能行上事,则为言非行伪也。注言古之遗文者,则《诗》《书》《礼》《乐》《易》《春》《秋》六经是也。(学而)

六、《礼记正义》 汉·郑玄注 唐·孔颖达疏

贤者狎而敬之, 狎,习也,近也,谓附而近之,习其所行也。《月令》曰:"虽有贵戚近习。"○狎,户甲反。近,附近之近,下注内不出者皆同。戚音戚,本亦作戚。**畏而爱之。** 心服曰畏。曾子曰:"吾先子之所畏。"**爱而知其恶,憎而知其善。** 谓凡与人交,不可以心之爱憎诬人之善恶。○诬音无,后并同。**积而能散,** 谓己有蓄积,见贫穷者,则当能散以周救人,若宋乐

氏。○蓄，敕六反。周音周。乐音岳，谓宋司城乐喜。**安安而能迁。**谓己今安此之安，图后有害，则当能迁。晋咎犯与姜氏醉重耳而行，近义。○害如字，本亦作难，乃旦反。咎，其九反。重，直龙反。**临财毋苟得，**为伤廉也。○为，于伪反，下"为伤""为近"皆同。**临难毋苟免，**为伤义也。○难，乃旦反。**很毋求胜，分毋求多，**为伤平也。很，阋也，谓争讼也。《诗》云："兄弟阋于墙。"很，胡恳反。胜，舒证反。分，扶问反。**疑事毋质，**质，成也。彼已俱疑，而已成言之，终不然，则伤知。○知音智。**直而勿有。**直，正也。己若不疑，则当称师友而谦也。〔疏〕"贤者"至"勿有"。○正义曰：此一节总明爱敬安危忠信之事，各随文解之。○"贤者狎而敬之"者，贤是有德之称，狎谓近也，习也。贤者身有道艺，朋类见贤思齐焉，必须附而近之，习其德艺，侪伦易相亵慢，故戒令相敬也。（曲礼上）

第二节　魏晋至唐典籍注释的推进

一、魏晋时期注释的推进

魏晋南北朝时代，注释的范围进一步扩大，遍及经、史、子、集四部。经部有三国魏何晏的《论语集解》，晋杜预的《春秋经传集解》，范宁的《春秋谷梁传集解》等。史部有三国吴韦昭的《国语注》，南朝刘宋裴松之的《三国志注》，北朝魏郦道元的《水经注》等。子部有三国魏王弼的《老子注》，晋郭象的《庄子注》，南朝梁刘孝标的《世说新语注》等。集部有晋郭璞的《楚辞注》等。在这些注解中，别具一格的，有王弼的《老子注》、郭象的《庄子注》，受玄学的影响，他们不注重字句的解释，常常借以阐发自己的哲学思想；还有裴松之的《三国志注》、刘孝标的《世说新语注》、郦道元的《水经注》，均以补充材料为主，注文比原文长得多。

这一时期还盛行一种疏解经义的"义疏"和"注疏"，既注经文又释传注，十分详尽，但往往流于烦琐浮泛，因而大都亡佚了。只有南朝梁皇侃的《论语义疏》流传下来。

二、唐代注释的推进

到了唐代，儒家经典在前人"义疏"的基础上出现了九经的"疏"，即孔颖达等的《五经正义》（包括《周易》《尚书》《诗经》《礼记》《春秋左氏传》），贾公彦的《周礼疏》和《仪礼疏》，徐彦的《春秋公羊传疏》，杨士勋的《春秋谷梁传疏》。"正义"也就是"疏"，取义于"正前人之疏义"。唐人作疏的原则是"疏不破注"，只是遵循汉注精神，对经文和注文进行解释和阐述。即使汉注有误，也要曲为之说，极力弥缝，较之六朝人的义疏要保守得多。此外，唐人还为其他古书作了不少注解，举其要者有：司马贞的《史记索隐》、张守节的《史记正义》、颜师古的《汉书注》、李贤的《后汉书注》、杨倞的《荀子注》、尹知章托名房玄龄的《管子注》、成玄英的《庄子疏》、李善的《文选注》、五臣（刘良、张铣、吕向、吕延济、李周翰）的《文选注》等。

唐以前为《汉书》作注的已经有二十三家。颜师古奉唐太宗儿子李承乾之命为此书作注。他采用集注的方式，采用了服虔、应劭、蔡谟等人的说法，凡断以己意的地方就加"师古曰"来表示。

随着汉以后文章风格的改变，注解的内容也有一些变化，如汉代以后的作家用典成风，李善的《文选注》就以注明典故的来源和某些词语的出处为主。还有的注解是以考证人名、地名和考核史实为主的，如司马贞的《史记索隐》和张守节的《史记正义》。

延伸阅读

一、《诗经注疏》 汉·毛亨传 汉·郑玄笺 唐·孔颖达正义

1.《诗经·召南·摽有梅》

摽有梅，其实七兮。兴也。摽，落也。盛极则隋落者，梅也。尚在树者七。笺云：兴者，梅实尚余七未落，喻始衰也。谓女二十，春盛而不嫁，至夏则衰。○隋，道髓反，又徒火反。求我庶士，迨其吉兮。吉，善也。笺云：我，我当嫁者。庶，众。迨，及也。求女之当嫁者之众士，宜及其善时。善时谓年二十，虽夏未大衰。○迨音待，《韩诗》云："顾也。"[疏]"摽有"至"吉兮"。○毛以为隋落者是有梅，此梅虽落，其实十分之中，尚在树者七，其三始落，是梅始衰，兴女年十六七，亦女年始衰，求女之当嫁者之众士，宜及其此善时以为昏。比十五为衰，对十八九始为善，此同兴男女年，举女年则男年可知矣。○郑以梅落兴时衰为界，言间落者是有梅，此梅虽落，其实十分之中尚七分未落。已三分落矣，而在者盛，以兴消衰者善时。此时虽衰，其十分之中尚七分未衰，唯三分衰耳，而善者犹多，谓孟夏之月初承春后，仍为善时，求我当嫁者之众士，宜及孟夏善时以承昏事。

摽有梅，其实三兮。在者三也。笺云：此夏乡晚，梅之隋落差多，在者余三耳。○乡，本亦作"嚮"，又作"向"，同，许亮反。差，初卖反。求我庶士，迨其今兮。今，急辞也。

摽有梅，顷筐塈之。塈，取也。笺云：顷筐取之，谓夏已晚，顷筐取之于地。○顷音倾。塈，许器反。求我庶士，迨其谓之。不待备礼也。三十之男，二十之女，礼未备则不待礼会而行之者，所以蕃育民人也。笺云：谓勤也。女年二十而无嫁端，则有勤望之忧。不待礼会而行之者，谓明年仲春，不待以礼会之也。时礼虽不备，相奔不禁。○蕃音烦。禁，居鸩反，一音金。[疏]"摽有"至"谓之"。○毛以为隋落者是有梅，此梅落尽，故以顷筐取之，以兴女年二十，颜色甚衰，而用蕃育之礼以取之，求我当嫁者之众士，宜及其此时而谓之以成昏。谓者，以言谓女而取之，不待备礼。○郑以隋落者是梅，此梅落尽，顷筐取之于地，以兴渐衰者善时，此善时已尽，故待至明年仲春，以时过，不可复昏故也。求我当嫁者之众士，宜及明年仲春，女勤望之时，谓女年二十而不嫁，至明年仲春则有勤望之忧，宜及此时取之。

2.《诗经·召南·小星》

嘒彼小星，三五在东。嘒，微貌。小星，众无名者。三，心。五，噣。四时更见。笺云：众无名之星，随心、噣在天，犹诸妾随夫人以次序进御于君也。心在东方，三月时也。噣在东方，正月时也。如是终岁列宿更见。○嘒，呼惠反。噣，张救反，又都豆反，《尔雅》云："噣谓之柳。"更音庚，下同。见，贤遍反，下同。宿音秀。肃肃宵征，夙夜在公。寔命不同！肃肃，疾貌。宵，夜。征，行。寔，是也。命不得同于列位也。笺云：夙，早也。谓诸妾肃然夜行，或早或夜，在于君所，以次序进御者，众妾之数不同也。凡妾御者，不当夕。○寔，时职反，《韩诗》作"实"，云"有也"。[疏]"嘒彼"至"不同"。○言嘒然微者，彼小星。此星虽微，亦随三星之心、五星之噣以次列在天，见于东方，以兴礼会卑者，是彼贱妾虽卑，亦随夫人以次序进御于君所，由夫人不妒忌，惠及故也。众妾自知己贱，不敢同于夫人，故肃肃然夜行，或早或夜，在于君所。夜来早往，或夜往而早来，不敢当夕，是礼命之数不得同于夫人故也。

嘒彼小星，维参与昴。参，伐也。昴，留也。笺云：此言众无名之星，亦随伐、留在天。○参，所林反，星名也，一名伐。昴音卯，徐又音茅，一名留。二星皆西方宿也。留如字，又音柳，下同。[疏]传"参，伐，昴，留"。○正义曰：《天文志》云："参，白虎宿。三星直。下有三星，旒曰伐。其外四星，左右肩股也。"参实三星，故《绸缪》传曰："三星，参也。"以伐与参连体，参为列宿，统名之，故一同宿矣。但伐亦为大星，与参互见，皆得相统，故《周礼》"熊旂六旒以象伐"，注云："伐属白虎宿，与参连体，而六星言六旒，以象伐也。"明伐得统参也。是以《演孔图》"参以斩伐"，《公羊传》曰"伐为大辰"，皆互举相见之文也，故言"参，伐也"，见同体之义。《元命苞》"昴六星，昴为之言留"，言物成就系留"，是也。肃肃宵征，抱衾与裯。寔命不犹！衾，被也。裯，襢被也。犹，若也。笺云：裯，床帐也。诸妾夜行，抱衾与床帐，待进御之，次序不若，亦言尊卑异也。○衾，起金反。裯，直留反，徐云："郑音直俱反。"帐，张仗反。[疏]传"衾、被、裯、襢被"。○正义曰：《葛生》曰"锦衾烂兮"，是衾为卧物，故知为被也。今名曰被，古者曰衾，《论语》谓之寝衣也。以衾既是被，裯亦宜为被，故为襢被。

3.《诗经·鄘风·干旄》

孑孑干旄,在浚之郊。子子,干旄之貌,注旄于干首,大夫之旌也。浚,卫邑。古者,臣有大功,世其官邑。郊外曰野。笺云:《周礼》"孤卿建旃,大夫建物",首皆注旄焉。时有建此旄来至浚之郊,卿大夫好善也。○孑,居热反,又居列反。浚,苏俊反。旄,之然反,通帛为旃。素丝纰之,良马四之。纰,所以织组也。总纰于此,成文于彼,愿以素丝纰组之法御四马也。笺云:素丝者,以为缕。以缝纰旄旌之旄缕,或以维持之。浚郊之贤者,既识卿大夫建旄而来,又识其乘彼马。四之者,见之数也。○纰,毛符至反,郑毗移反。组音祖。旄音留。缕,所衔反,何、沈拼沾反。彼姝者子,何以畀之?姝,顺貌。畀,予也。笺云:时贤者既说此卿大夫有忠顺之德,又欲与善道与之,心诚爱厚之至。○姝,赤朱反。畀,必寐反,与也。注"予"同。说音悦。[疏]"孑孑"至"畀之"。○毛以为,卫之臣子好善,故贤者乐告之以善道。言建孑孑然之干旄,而食邑在于浚之郊。此好善者,我愿告之以素丝纰组之法,而御善马之四辔之数,以此法治民也。织组者裹纰于此,成文于彼,犹如御者执辔于此,马骋于彼,以喻治民立化于己,而德加于民,使之得所,有文章也。贤者愿以此道告之。贤者既愿告以御众之德,又美此臣之好善,言彼姝然忠顺之子之,知复更何以予之?言虽有所告,意犹未尽也。

孑孑干旄,在浚之都。鸟隼曰旄。下邑曰都。笺云:《周礼》州里建旟,谓州长之属。○旄音余。隼,荀尹反。长,张丈反。[疏]笺"周礼"至"之属"。○正义曰:笺以为,贤者见时臣子实建旄而来,此为州长,非卿大夫。若卿大夫,则将兵乃建旄,非贤者所当见也。《周礼》州长,中大夫,天子之州长也。素丝组之,良马五之。总以素丝而成组也。骖马五辔。笺云:以素丝缕缝组于旌旗以为之饰。五之者,亦为五见之也。○总,孔反。骖,七南反。[疏]传"骖马五辔"。○正义曰:凡马,士驾二,《既夕礼》云"公赗以两马",是也。大夫以上驾四,四马八辔矣。骖马五辔者,御车之法,骖马内辔纳于觖,唯执其外辔耳。骖马执一辔,服马则二辔俱执之,所谓六辔在手也。此经有四之、五之、六彼姝者子,何以予之?

孑孑干旌,在浚之城。析羽为旌。城,都城。祝,织也。四马六辔。笺云:祝当作"属"。属,著也。六之者,亦谓六见之也。○祝,毛之六反,郑蜀反。著,直略反,沈知略反。素丝祝之,良马六之。彼姝者子,何以告之?

二、《左传注疏》 晋·杜预注 唐·孔颖达正义

夏,公会郑伯于邾,谋伐许也。郑伯将伐许,五月甲辰,授兵于大宫。大宫,郑祖庙。○大音泰。公孙阏与颖考叔争车,公孙阏,郑大夫。○阏,於葛反。颖考叔挟輈以走,輈,车辕也。○挟音协。輈,张留反。[疏]"挟輈以走"。○正义曰:庙内授车未有马驾,故手挟以走。輈,辕也。《方言》云:"楚、卫谓辕为輈。"服虔云:"考叔挟车辕,梱马而走。古者兵车一辕,服马夹之。若已在辕,不可复挟。且梱马而走,非捷步所及,子都当复乘车逐之。"子都拔棘以逐之。子都,公孙阏。棘,戟也。及大逵,弗及,子都怒。逵,道方九轨也。○逵,求龟反。《尔雅》云:"九达谓之逵。"杜云:"道方九轨。"此依《考记》。[疏]注"逵,道方九轨也。"○正义曰:《冬官·考工记》:"匠人营国","经涂九轨",轨,车辙。谓王城之内,道广并九车也。《尔雅·释宫》云:"一达谓之道路,二达谓之歧旁,三达谓之剧旁,四达谓之衢,五达谓之康,六达谓之庄,七达谓之剧骖,八达谓之崇期,九达谓之逵。"说《尔雅》者,皆以为"四道交出,复有旁通"。故刘炫《规过》以逵为九道交出也。今以为"道方九轨"者,盖以九出之道,世俗所希,不应城内得有。故记有九轨,故以"逵"当之。言容九轨,皆得言达,是为九达之义。故李巡注《尔雅》亦取"并轨"之义。秋七月,公会齐侯、郑伯伐许。庚辰,傅于许。傅于许城下。傅音附,注同。颖考叔取郑伯之旗蝥弧以先登。蝥弧,旗名。○蝥,亡侯反。弧音胡。[疏]注"蝥弧,旗名"。○正义曰:《周礼》"诸侯建旂,孤卿建旜。"而《左传》郑有蝥弧,齐有灵姑銔,皆诸侯之旗也。赵简子有蜂旗,卿之旗也。其名当时为之,其义不可知也。子都自下射之,颠。颠队而死。○射,食亦反。队,直类反。瑕叔盈又以蝥弧登,瑕叔盈,郑大夫。周麾而呼曰:"君登矣!"周,徧也。麾,招也。麾,许危反,又许伪反。呼,火故反。徧音遍。郑师毕登。壬午,遂入许。许庄公奔卫。奔不书,兵乱遁逃,未知所在。○遁,徒顿反。齐侯以许让公。公曰:"君谓许不共,不共职贡,亦作供,音恭。注及下同。故从君讨之。许既伏其罪矣,虽君有命,寡人弗敢与闻。"乃与郑人。郑伯使许大夫百里奉许叔以居许东偏,许叔,许庄公之弟。偏,东鄙也。○与闻音预。曰:"天祸许国,鬼神实不逞于许君,而假手于我寡人。借手于我寡德之人以讨许。寡人唯是一二父兄不能共亿,父兄,同姓群臣。供,给也。亿,安也。○亿,于力反。其敢以许自为功乎?寡人有弟,不能和协,而使餬其口于四方,弟,共叔段也。餬,饘也。段出奔在元年。○餬音胡,《说文》云:"寄食。"饘,本又作粥,之育反,又与六反。[疏]注"弟共"至"元年"。○正义曰:庄公之弟逃于四方,故唯是共叔段也。《说文》云:"餬,寄食也。"以此传言"餬口四方",故"寄食"言之。昭七年传云:"馆于是,饘于是,以餬余口。"《释言》云:"餬,饘也。"则餬是饘,饘别名。今人以薄饘涂物谓之餬纸、餬帛,则餬者,以饘食之名,故云"餬其口"。其况能久有许乎?吾子其奉许叔以抚柔此民也,吾将使获也佐吾子。获,郑大夫公孙获。若寡人得没于地,以寿终。○寿如字,又音授。天其以礼悔祸于

许,言天加礼于许而悔祸之。无宁兹许公复奉其社稷。无宁,宁也。兹,此也。唯我郑国之有请谒焉。如旧昏媾,谒,告也。妇之父曰昏,重昏曰媾。○媾,古豆反。重,直龙反。[疏]注"谒告"至"曰媾"。○正义曰:"谒,告也",《释诂》文。"妇之父曰昏",《释亲》文也。"媾"与"昏"同文,故先儒皆以为"重昏曰媾"。其能降以相从也。降,降心也。无滋他族,实逼处此,以与我郑国争此土也。吾子孙其覆亡之不暇,而况能禋祀许乎?絜齐以享,谓之禋。祀,谓许山川之祀。○覆,芳服反。暇,行嫁反。禋音因。齐,侧皆反,本亦作斋。[疏]注"絜齐"至"之祀"。○正义曰:《释诂》云:"禋,祭也。"孙炎曰:"禋,絜敬之祭。"《周语》曰:"精意以享,禋也。"是"絜齐以享谓之禋"。享训献也。言絜清齐敬以酒食献神也。《礼》诸侯祭山川之在其地者。若其受许之土,则当祭许山川,故知"祀谓许山川之祀"。寡人之使吾子处此,不唯许国之为,亦聊以固吾圉也。"圉,边垂也。○为,于伪反,圉,鱼吕反。[疏]注"圉,边垂也"。○正义曰:《释诂》云:"圉,垂也。"舍人曰:"圉,边垂也。"(隐公十一年)

三、《公羊传注疏》 汉·何休注 唐·徐彦疏

夏,五月,郑伯克段于鄢。克之者何?加之者,问训诂,并问施于之为。○段,徒乱反。鄢,音偃。[疏]"克之者何"。○解云:欲言其杀,而经书克;欲言非杀,克者大恶之文,故执不知问。○注"加之"至"之为"。○解云:训诂者,即不言杀而言克是也。所以不直言克者何而并言之者,非直问其变杀为克,并欲问其施于鄢之所为矣。而不答于鄢之意者,欲下乃解为当国,故此处未劳解之。弟子以其不答于鄢之意,以下文复言"其地何"以难之。杀之也。杀之,则曷为谓之克?大郑伯之恶也。以弗纳,大郤缺之善,知加克大郑伯之恶也,义逆取,下兑悦取。[疏]注"以弗"至"之善"。○解云:文十四年秋,"晋人纳接菑于邾娄,弗克纳",传云"其言弗克纳何?大其弗克纳也"是也。曷为大郑伯之恶?据晋侯杀其世子申生,不加克以大之。[疏]注"据晋"至"大之"。○解云:在僖五年春。母欲立之,己杀之,如勿与而已矣。如即不如,齐人语也。加克者,有嫌也。段无弟文,称其甚之不明;又段出国,嫌郑伯杀之无恶,故变杀言克,明郑伯为人君,当如传辞,不当自己行诛杀,使执政大夫当诛之。克者诂为杀,亦为能,恶其能忍戾母而亲杀之。礼,公族有罪,有司谳于公,公曰宥之;及三宥,不对,走出,公又使人赦之,以不及反命;公素服不举,而为之变,如其伦之丧,无服,亲哭之。戾,力计反。宥之,音又。谳,鱼列反。赦也。[疏]注"明郑"至"诛之"。○解云:郑伯为人君之法,当如传辞,不与其国而已,不宜忍戾其母而亲杀之。其诛之者,自是执政大夫之事。段者何?郑伯之弟也。杀母亲,故直称君。[疏]"段者何"。○解云:欲言世子母弟,无世子母弟之辞;欲言大夫,复目斥言之,故执不知问。何以不称弟?据天王杀其弟夫称弟。[疏]注"据天"至"称弟"。○解云:在襄三十年夏。当国也。欲当国为之君,故如其意,使如国君,氏上郑,所以见段之逆。其地何?据齐人杀无知不地。[疏]注"据齐"至"不地"。○解云:即庄九年"春,齐人杀无知"是也。当国也。齐人杀无知,何以不地?据俱欲当国也。在内也。在内,虽当国不地也。其不当国而见杀者,当以杀大夫书,无取于地也。其当国者,杀于国内,祸已绝,故亦不地。不当国,虽在外亦不地也。明当国者,在外乃地尔,为其将交连邻国,复为内难,故录其地,明当急诛之。不当国,虽在外,祸轻,故不地之。月者,责臣子不以时讨,与杀州吁同例。不从讨贼辞者,主恶以失亲亲,故书之。○难,乃旦反,下"此难"同。呼,况于反。[疏]注"明当"至"地尔"。○解云:下四年"九月,卫人杀州吁于濮",及此皆是也。○注"不当"至"地也"。○解云:昭四年"秋,七月,楚子"云云"伐吴,执齐庆封,杀之";昭八年夏,"楚人执陈行人于徵师杀之",皆是也。○注"月者"至"同例"。○解云:下四年"九月,卫人杀州吁"时,注云"讨贼例时,此月者,久之也"是也。○注"不从"至"书之"。○解云:若作讨贼辞当,称人以讨,如齐人杀无知然。今不如此者,经本主为恶郑伯失亲亲而书,故曰郑伯而不称人也。(隐公元年)

四、《谷梁传注疏》 晋·范宁注 唐·杨士勋疏

三月,公会郑伯于垂。垂,卫地也。传例曰:"往月,危往也。"桓大恶之人,故会皆月以危之。[疏]注"垂卫"至"危之"。○释曰:传例者,定八年传文也。此"三月,公会郑伯于垂",二年"三月,公会齐侯、陈侯、郑伯于稷",是"会皆月以危之"。会者,外为主焉尔。郑伯所以欲为此会者,为易田故。○为也,于伪反。[疏]"会者"至"焉尔"。○释曰:重发传者,嫌《易》田与直会异故也。郑伯以璧假许田。假,不言以,言以非假也。实假,则不应言以璧。非假而曰假,讳易地也。礼:天子在上,诸侯不得以地相与也。诸侯受地于天子,不得自专。无田则无许可知矣。不言许,不与许也。但言以璧假许,而不继田,则许属鲁也。今言许田,明以许之田与郑,不与许。○借,子夜反。许田者,鲁朝宿之邑也。邴者,郑伯之所受命而祭泰山之邑也。用见鲁之不朝于周而郑之不祭泰山也。朝天子所宿之邑谓之朝宿,泰山非郑竟内,从天王巡守,受命而祭也。擅相换易,则知朝祭并废。○鲁朝,直遥反,下皆同。邴,彼病反,又音丙。见,贤遍反。竟音境。从,在用反。守音狩。擅,市战反。换,一本亦作逭,胡唤反。[疏]"许田"至"山也"。○释曰:经文无邴而传言之者,经讳易天子之地,故以璧假为文。若以地易地,不得云假,故经无邴文。传本鲁郑易田之由,不得不言邴也。先儒释《左氏》者,皆以为郑受天子祊田,为汤沐之邑。后世因立桓公、武公之庙,故谓之泰山之祀。案此传及注意,则以为祭泰山之

邑，谓从王巡狩，受命而祭泰山也。《羊》以为"田多邑少称田，邑多田少称邑"。（桓公元年）
《左氏》无传，或当史异辞。《谷梁》以为言田者，则不德其邑，是三传之说各异也。

五、《论语注疏》 魏·何晏集解 宋·邢昺疏

有子曰："信近于义言可复也，_{复，犹覆也。义不必信，信非义}恭近于礼远耻辱也，_{恭不合礼，}_{非礼也。以}其能远耻辱也，因不失其亲亦可宗也。"孔曰："因，亲也。言所亲不失其亲亦可宗敬。" [疏] "有子曰"至"宗也"。○正义曰：此章明信与义、恭与礼不同及人行可宗之事。信近于义，言可复也者，复犹覆也，人言不欺为信，于事合宜为义，不必守信，而信亦有非义者也。言虽非义，以其言可反复不欺，故曰近义。"恭近于礼，远耻辱也"者，恭惟卑巽，礼贵会时，若巽在床下是恭，不合礼则非礼也。恭虽非礼，以其能远耻辱，故曰近礼。"因不失其亲，亦可宗也"者，因亲也。所亲不失其亲，言义之与比也。既能亲仁比义，不有所失，则有知人之鉴，故可宗也。言"亦"者，人之善行可宗敬者非一，于其善行可宗之中，此为一行耳，故云"亦"也。 （学而）

六、《礼记正义》 汉·郑玄注 唐·孔颖达疏

故礼也者，义之实也。协诸义而协_{协，合也。合礼于义，}_{不乖剌。剌，力达反，本或作制。}则礼虽先王未之有，可以义起也。_{以其合于义，}_{可以义起作。}义者，艺之分，仁之节也。_{艺，协于艺，讲于仁，得之者强。}_{仰之人}仁者，义之本也，顺之体也，得之者尊。_{有仁则人}_{服之也。}故治国不以礼，犹无耜而耕也。_{无以入也。}_{○耜音似。为}礼不本于义，犹耕而弗种也。_{嘉谷无由生也。○种，之用反。不，亦弗也，何}_{休注《公羊》云："弗者，不之深也。"下皆放此。}为义而不讲之以学，犹种而弗耨也。_{苗不殖，}_{草不除。}讲之以学而不合之以仁，犹耨而弗获也。_{无以知收之丰荒也。○获，户}_{郭反。收，如字，又手又反。}合之以仁而不安之以乐，犹获而弗食也。_{不知味}_{之甘苦。}安之以乐而不达于顺，犹食而弗肥也。_{功不见也。○四体}_{见，贤遍反。}四体既正，肤革充盈，人之肥也。父子笃，兄弟睦，夫妇和，家之肥也。大臣法，小臣廉，官职相序，君臣相正，国之肥也。天子以德为车，以乐为御，诸侯以礼相与，大夫以法相序，士以信相考，百姓以睦相守，天下之肥也。是谓大顺。大顺者，所以养生送死事鬼神之常也。_{常谓皆有礼}_{匮乏也。}故事大积焉而不苑，并行而不缪，细行而不失，深而通，茂而有间，连而不相及也，动而不相害也，此顺之至也。_{言人皆明于礼，无有蓄乱滞合者，各得其分，理顺其}_{职也。○苑，于粉反。缪音谬。畜，丑六反。故}明于顺，然后能守危也。_{能守自危之道也。君子居安如危，小人}_{居危如安，《易》曰："危者安其位。"} [疏] "故治"至"危也"。○正义曰：此以下显前譬。人君治人情若无礼，犹夫耕而无耜也。○"为礼不本于义，犹耕而弗种也"者，治国虽用礼，不本其所宜，如农夫徒耕而不下种子也。○"为义而不讲之以学，犹种而弗耨也"者，治国虽用善道所宜，而不更为讲学，使民知其理道，如农夫虽种嘉谷而不耘壅，则苗不滋茂厚实也。○"讲之以学而不合之以仁，犹耨而弗获也"者，治国虽讲之以学，而不聚其仁行者，如农夫虽耘壅成熟，而不收获取之也。 （礼运）

第三节 宋元明时期注释的繁盛

一、北宋时期

唐代以后，宋代学者也做了不少古书注解的工作。北宋时邢昺为《论语》《孝经》《尔雅》作疏，孙奭为《孟子》作疏，至此，"十三经"的疏就齐备了。后人为了便于查阅，便把"十三经"的注和疏合到一起，再加上唐陆德明《经典释文》的注音刊成一部书，这就是通行的《十三经注疏》。宋代理学盛行，因而注解风格和汉唐

大不相同，一些理学家常常利用注释发挥自己的政治、哲学思想。其中对后世影响最大的是朱熹，他不囿于旧说，敢于疑古，往往能够创发新义，所著有《周易本义》《诗集传》《论语集注》《孟子集注》《楚辞集注》等，这些注解的长处是对于汉唐旧注取舍适当，简明平易。

十三经注疏：

儒家十三种经典及注疏的合集，共460卷，南宋时合刊。

《周易正义》 魏·王弼、韩康伯注 唐·孔颖达正义

《尚书正义》 托名汉·孔安国传 唐·孔颖达正义

《毛诗正义》 汉毛亨传、郑玄笺 唐·孔颖达等正义

《周礼注疏》 汉·郑玄注 唐·贾公彦疏

《仪礼注疏》 汉·郑玄注 唐·贾公彦疏

《礼记正义》 汉·郑玄注 唐·孔颖达等正义

《春秋左传正义》 晋·杜预注 唐·孔颖达等正义

《春秋公羊传注疏》 汉·何休注 唐·徐彦疏

《春秋谷梁传注疏》 晋·范宁注 唐·杨士勋疏

《论语注疏》 魏·何晏等注 宋·邢昺疏

《尔雅注疏》 晋·郭璞注 宋·邢昺疏

《孟子注疏》 汉·赵岐注 宋·孙奭疏

《孝经注疏》 唐·唐玄宗注 宋·邢昺疏

二、元明两代

元明两代的注释书可观者很少，值得一提的有：元胡三省的《资治通鉴音注》，元吴师道重校的《战国策校注》，元萧士赟的《分类补注李太白集》。这一时期出现了用白话译释经书的体裁，叫作"直解"，如明张居正的《书经直解》《四书集注直解》等。这种书虽无学术价值，但通俗易懂，便于普及。

延伸阅读

一、《诗经注疏》 汉·毛亨传 汉·郑玄笺 唐·孔颖达正义

1.《诗经·卫风·木瓜》

投我以木瓜，报之以琼琚。木瓜，楙木也，可食之木。琼，玉之美者。琚，佩玉名。○琼，求营反，《说文》云："赤玉也。"琚音居，徐又音渠。楙音茂，字亦作"茂"，《尔雅》云："楙，木瓜也。"

匪报也，永以为好也！ 笺云：匪，非也。我非敢以琼琚为报木瓜之惠，欲令齐长以为玩好，结己国之恩也。○为好，呼报反，篇内同。 [疏]"投我"至"为好"。○正义曰：以卫人得齐桓之大功，思厚报之而不能，乃假小事以言。设使齐投我以木瓜，我则报之而不能，乃假以琼琚。我犹未敢以此琼琚报齐之木瓜，欲令齐长以为玩好，结我以恩情而已。今国家败灭，出处于漕，齐桓救而封我，如此大功，知何以报之。

投我以木桃，报之以琼瑶。 琼瑶，美玉。○瑶音遥，《说文》云："美石。" 匪报也，永以为好也！

投我以木李，报之以琼玖。 琼玖，玉名。○玖音久，《书》云："玉黑色。" 匪报也，永以为好也！ 孔子曰："吾于《木瓜》，见苞苴之礼行。" 笺：以果实相遗者，必苞苴之。《尚书》曰："厥苞橘柚。"○苴，子余反。橘，均栗反。柚，余救反。 [疏]传"孔子"至"礼行"。○正义曰：《孔丛》云：孔子读《诗》，自二《南》至于《小雅》，喟然叹曰："吾于二《南》，见周道之所成。于《柏舟》，见匹夫执志之不易。于《淇奥》，见学之可以为君子。于《考槃》，见遁世之士而不闷于世。于《木瓜》，见苞苴之礼行。于《缁衣》，见好贤之至。"是也。传于篇末乃言之者，以《孔丛》所言，总论一篇之事，故篇终言之。《小弁》之引《孟子》亦然。

2.《诗经·王风·黍离》

彼黍离离，彼稷之苗。 彼，彼宗庙宫室。笺云：宗庙宫室毁坏，其地尽为禾黍。我以黍离离时至，稷则尚苗。 行迈靡靡，中心摇摇。 迈，行也。靡靡，犹迟迟也。摇摇，忧无所诉。笺云：行，道也。道行，犹行道也。○摇音遥，诉，苏路反。 知我者，谓我心忧； 笺云：知我者，知我之情。 不知我者，谓我何求。 笺云：谓我何求，怪我久留不去。 悠悠苍天，此何人哉！ 悠悠，远意。苍天，以体言之。尊而君之，则称皇天；元气广大，则称昊天；仁覆闵下，则称旻天；自上降鉴，则称上天；据远视之苍苍然，则称苍天。笺云：远乎苍天，仰诉欲其察己言也。此亡国之君，何等人哉！疾之甚。○苍天，本亦作"仓"，采郎反，《尔雅》云："春为苍天。"《庄子》云："天之苍苍，其正色邪？"昊，胡老反。夏为昊天。旻，眉巾反。秋为旻天。 [疏]"彼黍"至"人为苍天"。○正义曰：镐京宫室毁坏，其地尽为禾黍。大夫行役，见而伤之，言彼宗庙宫室之地，有黍离离而秀，彼宗庙宫室之地，又有稷之苗矣。大夫见之，在道而行，不忍速去，迟迟然而安舒，中心忧思，摇摇然而无所告诉。大夫乎言，人有知我之情者，则谓我为心忧，不知我之情者，乃谓我之何求乎。见我久留不去，谓我有何所求索。知我者希，无所告语，乃诉之于天。悠悠而远者，彼苍苍之上天，此亡国之君，是何等人哉！而使宗庙丘墟至此也？疾之太甚，故云"此何人哉"！

彼黍离离，彼稷之穗。 穗，秀也。诗人自黍离离见稷之穗，故历道其更见。○穗音遂。更音庚。 行迈靡靡，中心如醉。 醉于忧也。 知我者，谓我心忧；不知我者，谓我何求。悠悠苍天，此何人哉！

彼黍离离，彼稷之实。 自黍离离见稷之实。 行迈靡靡，中心如噎。 噎，忧不能息也。 知我者，谓我心忧；不知我者，谓我何求。悠悠苍天，此何人哉！ [疏]传"噎，忧不能息"。○正义曰：噎者，咽喉蔽塞之名，而言中心如噎，故知忧深，不能喘息，如噎之然。

3.《诗经·郑风·缁衣》

缁衣之宜兮，敝，予又改为兮。 缁，黑色，卿士听朝之正服也。改，更也。有德君子，宜世居卿士之位焉。笺云：缁衣者，居私朝之服也。天子之朝服，皮弁服也。敝，本又作"弊"，符世反。朝，直遥反，下同。 适子之馆兮，还，予授子之粲兮。 适，之。馆，粲，餐也。诸侯入为天子卿士，受采禄也。笺云：卿士所之之馆，在天子之宫庐，如今之诸侯也。自馆还于采地之都，我则设餐以授之。爰之，欲饮食之。○馆，古玩反。粲，七旦反。飧，苏尊反。庐，力于反。饮，于鸠反。食音嗣。 [疏]"缁衣"至"粲兮"。○毛以为，武公作周士，服缁衣，国人美之。言武公于此缁衣之宜服之兮，言其德称其服也。此衣若敝，我愿王家又复改而为之兮，愿其常居其位，常服此服也。卿士于王宫有馆舍，于畿内有采地。言武公去郑国，入王朝之适士卿士之馆舍兮，自朝而还，我愿王家授子武公以采禄兮，欲使常朝于王，常食采禄也。采禄，王之所授，衣服，王之所赐，而言为予授之者，其意愿王为然，非民所能改授之也。

缁衣之好兮，敝，予又改造兮。 好，犹宜也。笺云：造，为也。 [疏]笺"造"为"。○正义曰：《释言》文。 适子之馆兮，还，予授子之粲兮。

缁衣之蓆兮，敝，予又改作兮。 蓆，大也。笺云：作，为也。○蓆音席，《韩诗》云："储也"，《说文》云："广多"。 [疏]传"蓆，大"。○正义曰：《释诂》文。言服缁衣，大得其宜。 适子之馆兮，还，予授子之粲兮。

二、《左传正义》 晋·杜预注　唐·孔颖达正义

少师归，请追楚师，随侯将许之。 信楚之弱。 季梁止之曰："天方授楚，楚之嬴，其诱我也，君何急焉？臣闻小之能敌大也，小道大淫。所谓道，忠于民而信于神也。上思利民，忠也；祝史正辞，信也。 正辞，虚称君美。 今民馁而君逞欲， 逞，快也。○祝，奴罪反。馁，饿也。 祝史矫举以祭，臣不

知其可也。"诈称功德以欺鬼神。○矫,居兆反。[疏]"天方授楚"。○正义曰:楚之先君熊绎始封于楚,在蛮夷之间,食子男之地。至此君始强盛,威服邻国,似有天助,故云"天方授楚"。○"臣闻"至"可也"。○正义曰:臣闻小国之能敌大国也,必小国得道,大国淫辟,如是乃得为敌也。其言言随未有道,而楚未为淫辟,随不能敌楚也。既言随未有道,更说有道之事。道犹道路,行不失正,名之曰道。施于人君,则治民、事神,使之得所,乃可称为道矣。故云所谓道者,忠恕于民而诚信于神也。此覆说忠信之义,于文,公曰:"吾牲牷肥腯,粢盛丰备,何则不信?" 牲、中心为忠,言中心爱物也;人言为信,谓言不虚妄也。牛、羊、豕也。牷,纯色完全也。腯,亦肥也。黍稷曰粢,在器曰盛。○牷音全。腯,徒忽反。[疏]注"牲牛"至"曰盛"。○正义曰:诸侯祭用大牢,祭以三牲为主。知牲为三牲,牛、羊、豕也。《周礼•牧人》"掌共祭祀之牲牷,祭用纯色",故知牷谓纯色完全,言毛体全具也。《曲礼》曰:"豚曰腯肥",肥腯共文,知豚肥也。重言肥腯者,古人自有复语耳。服虔云:"牛、羊曰肥,豕曰腯",案《礼记》豚亦称肥,非独牛、羊也。粢是黍稷之别名,亦为诸谷之总号。祭之用米,黍稷为多,故云"黍稷曰粢",粢是谷之体也。盛谓盛于器,故云在器曰盛。对曰:"夫民,神之主也,言鬼神之情,依民而行。是以圣王先成民而后致力于神。故奉牲以告曰'博硕肥腯',谓民力之普存也。博,广也。硕,大也。谓其畜之硕大蕃滋也。谓其不疾瘯蠡也,谓其备腯咸有也。虽告神以博硕肥腯,其实皆当兼此四谓,民力适完,则六畜既大而滋也,皮毛无疥癣,兼备而无有所阙。○畜,许又反,下皆同。蕃音烦。瘯,七木反;本又作瘯,同。蠡,力果反;《说文》作瘰,云:瘯瘰,皮肥也。疥音介。癣,息浅反;《说文》云,乾疡。奉盛以告曰'絜粢丰盛',谓其三时不害而民和年丰也;三时,春、夏、秋。奉酒醴以告曰'嘉栗旨酒',嘉,善也。栗,谨敬也。谓其上下皆有嘉德而无违心也。所谓馨香,无谗慝也。馨,香之远闻。○慝,他得反。闻音问,又如字。故务其三时,修其五教,父义、母慈、兄友、弟恭、子孝。亲其九族,以致其禋祀。禋,絜敬也。九族谓外祖父、外祖母、从母子及妻父、妻母、姑之子、姊妹之子、女子之子,并己之同族,皆外亲有服而异族者也。○九族,杜释与孔安国、郑玄不同。禋音因。于是乎民和而神降之福,故动则有成。今民各有心,而鬼神乏主;民饥馁也○饥音饥。君虽独丰,其何福之有?君姑修政而亲兄弟之国,庶免于难。"随侯惧而修政,楚不敢伐。(桓公六年)

三、《公羊传注疏》 汉·何休注 唐·徐彦疏

郑伯以璧假许田。其言以璧假之何?据实假不当持璧也。易之也。易之则其言假之何?为恭也。为恭孙之辞,使若暂假借之辞。○孙,音逊。曷为为恭?据取邑不为恭敬辞。[疏]注"据取"至"敬辞"。○解云:即哀八年"齐人取讙及阐"之属是。有天子之存,则诸侯不得专地也。许田者何?地皆不得专,而此独为恭辞,疑非凡邑,故更问之。鲁朝宿之邑也。诸侯时朝乎天子,天子之郊,诸侯皆有朝宿之邑焉。时朝者,顺四时而朝也,缘臣子之心,莫不欲朝朝莫夕。王者与诸侯别治,势不得专朝,故即位比年使大夫小聘,三年使上卿大聘,四年又使大夫小聘,五年一朝。王者亦贵得天下之欢心,以事其先王,因祭以述其职,故分四方诸侯为五部,部有四辈,辈主一时,举以功,车服以庸"是也。宿者,先诫之辞。古者天子邦畿千里,远郊五百里,诸侯至远郊,不敢便人,必先告之,由如他国至竟而假涂也;皆所以防未然,谨事上之敬也。[疏]注"故即位"至"小聘"。○解云:此《孝经说》文。《聘义》亦云"天子制诸王者以诸侯远来朝,亦加殷勤之礼以接之。侯,比年小聘,三年大聘,相厉以礼也",是与此合。○注"五年一朝"。○解云:《虞》传文。○注"尚书曰"至"庸是也"。○解云:此逸书文。言群后四朝者,谓诸侯顺四时而朝也。敷奏以言者,谓诸侯来朝之时,遍奏以言语也。言明试以功者,国功曰功,谓明试以国事之功也。言车服以庸者,民功曰庸,若欲赐车服之时,以其治民之功高下。此鲁朝宿之邑也,则曷为谓之许田?讳取周田也。讳取周田则曷为谓之许田?系之许也。曷为系之许?近许也。此邑也,其称田何?田多邑少称田,邑多田少称邑。分别之者,古有分土无分民,明当察民多少,课功德。○近,附近[疏]"讳取周田也"。○解云:谓鲁人讳取周田而专用之。"近许也"。又云:《鲁颂》云:"居常与许,复周公之宇。"以此言之,似鲁国界内自有许,何言近许而系之许也?彼注云"常许,鲁南鄙西鄙"。此在王圻之内,则非此许也。○"田多"至"称邑"。○解云:田多邑少称田者,谓邑外之田多,邑内家数少,如此之时则称田,即此是也。言邑多田少称邑者,谓邑内家数多,而邑外之田顷亩少,如此之时则称邑,即哀八年"齐人取讙及阐"是也。(桓公元年)

四、《谷梁传注疏》 晋·范宁注 唐·杨士勋疏

夏,齐侯、卫侯胥命于蒲。蒲,卫地。胥之为言,犹相也。相命而信谕,谨言而退,以是为近古也。申约言以相达,不歃血而誓盟。古,谓五帝时。○近,附近之近。约如字,又子妙反。歃,本又作插,所洽反。[疏]注"古谓五帝时"。○释云:知古非三王者,以传云"诰誓不及五帝,盟诅不及三王",今"谨言而退",非诰誓之辞,"相命而信谕",无盟诅之事,二国能行三王五帝之法,而传云"近古",明知谓五帝也。是必一人先。其以相言之,何也?不以齐侯命卫侯也。江熙曰:"夫相与

亲比，非一人之德，是以同声相应，同气相求。齐卫胥盟，虽有先倡，倡和理均。若以齐命卫，则功归于齐；以卫命齐，则齐仅随从。言其相命，则泯然无际矣。○比，毗志反。应，应对之应。仅，巨靳反。泯，亡忍反。[疏]注"同声"至"相求"。○释曰：《易·文言》文也。今二国相命，则大者宜倡，小者宜和，大则齐也，小则卫也。故传云"不以齐侯命卫侯也"，明齐大也。但倡和理均，故直以"相命"言之。倡则同声相应，和则同气相求，声气相通，而相命之情见矣。（桓公三年）

五、《论语注疏》 魏·何晏集解 宋·邢昺疏

子曰："君子食无求饱，居无求安，郑曰："学者之志，有所不暇。"敏于事而慎于言，就有道而正焉，可谓好学也已。"孔曰："敏，疾也。有道，有道德者。正，谓问事是非。"[疏]"子曰君子"至"也已"。○正义曰：此章述好学之事。"君子食无求饱，居无求安"者，言学者之志乐道忘饥，故不暇求其安饱也。"敏于事而慎于言"者，敏，疾也。言当敏疾于所学事业则有成功。《说命》曰："敬逊务时敏，厥修乃来"是也。学有所得，又当慎言说之。"就有道而正焉"者，有道，谓有道德者。正，谓问其是非。言学业有所未晓，当就有道德之人，正定其是之与非。《易·文言》曰："问以辨之"是也。"可谓好学也已"者，总结之也。言能行在上诸事，则可谓之为好学也。（学而）

六、《礼记正义》 汉·郑玄注 唐·孔颖达疏

子路为季氏宰。宰，邑吏也。治季氏祭，逮暗而祭，日不足，继之以烛。谓旧时也。虽有强力之容、肃敬之心，皆倦怠矣。以其久也。有司跛倚以临祭，其为不敬大矣。偏任为跛，依物为倚。○跛，彼义反，注同。倚，于绮反，注同。他日祭，子路与，室事交乎户，堂事交乎阶，质明而始行事，晏朝而退。室事，祭时。堂事，傧尸。○与音豫。朝，直遥反，又张遥反。孔子闻之，曰："谁谓由也而不知礼乎！"多其知礼。[疏]"子路"至"礼乎"。○正义曰：前经既明礼为其重，故记者引子路能行礼之事。○"季氏祭，逮暗而祭"者，逮，及也。言季氏祭于宗庙，逮至日暗而行禁礼。○"日不足，继之以烛"者，谓祭祀未终，日已昏没，故云日不足。祀事未毕，故继明而以烛也。○"有司跛倚以临祭"者，以其事久，有司倦怠，故皆偏跛邪倚于物，临于祭祀，其为不敬甚大矣。○"他日祭，子路与"者，言往日以来所祭之时恒皆如此。他日谓别日，其后别日而祭，子路与在行礼之中。（礼器）

第四节　清代注释的鼎盛

清代是注解古书的鼎盛时期，学者们摆脱了宋明理学的影响，以深厚的文字、音韵、训诂知识，钻研汉唐人的注解，根据具体材料判断前人的是非，解决了许多疑难问题，几乎对每一种重要的经典都做了新的注解，其中影响较大的有陈奂的《诗毛氏传疏》、马瑞辰的《毛诗传笺通释》、刘宝楠的《论语正义》、焦循的《孟子正义》、王先谦的《庄子集解》和《汉书补注》、郭庆藩的《庄子集释》、王先慎的《韩非子集解》、孙诒让的《墨子间诂》等。清人注释的毛病是片面要求无一字无来历，不免流于烦琐。

延伸阅读

一、《诗经注疏》 汉·毛亨传 汉·郑玄笺 唐·孔颖达正义

1.《诗经·魏风·陟岵》

陟彼岵兮，瞻望父兮。山无草木曰岵。笺云：孝子行役，思其父之戒，乃登彼岵山，以遥瞻望其父所在之处。○岵，昌虑反。父曰：嗟，予子！行役夙夜

无已。笺云：予，我。夙，早。夜，莫也。上慎旃哉！犹来无止。旃，之。犹，可也。父尚义。笺云：上者，谓在军事作部列时。旃，之然反。[疏]"陟彼"至"无止"。○正义曰：孝子在役之时，以亲戚离散而思念之。言己登彼岵山之上兮，瞻望我父所在之处兮。我本欲行之时，而父教戒我曰："嗟汝我子也，汝从军行役在道之时，当早起夜寐，无得已止。"又言："若至军中，在部列之上，当慎之哉，可来乃来，无止军事而来。若止军事，当有刑诛。"故深戒之。○传"山无草木曰岵"。○正义曰：《释山》云："多草木岵，无草木屺。"传言"无草木曰岵"，下云"有草木曰屺"，与《尔雅》正反，当是转写误也。定本亦然。

陟彼屺兮，瞻望母兮。山有草木曰屺。笺云：此又思母之意。戒，而登屺山而望之也。○屺音起。母曰：嗟，予季！行役夙夜无寐。季，少子也。无寐，无著寐也。○上慎旃哉！犹来无弃。母，尚恩也。少，诗照反。著，常志反。

陟彼冈兮，瞻望兄兮。兄曰：嗟，予弟！行役夙夜必偕。偕，俱也。上慎旃哉！犹来无死。兄尚亲也。

2.《诗经·秦风·车邻》

有车邻邻，有马白颠。邻邻，众车声也。白颠，的颡也。○未见君子，寺人之令。寺人，内小臣也。颠，都田反。的，丁历反。颡，桑党反。笺云：欲见国君者，必先令寺人使传告之。时秦仲又始有此臣。○寺如字，又音侍，本亦作"侍"字。寺人，奄人，力呈反，注同。○又力政反。沈力丁反。《韩诗》作"伶"，云："使伶"传，直专反。[疏]"有车"至"之令"。○正义曰：此美秦初有车马、侍御之好。言秦仲有车马矣，其声邻邻然，有马众多，又有白颠之马。车马既成之臣，未见君子秦仲之时，若欲见，必先令寺人之官令请之，使寺人告秦仲，然后得见之。

阪有桑，隰有杨。既见君子，并坐鼓簧。簧，笙也。○簧音黄。"今者不乐，逝者其亡！"亡，丧弃也。

3.《诗经·秦风·驷驖》

驷驖孔阜，六辔在手。驖，骊。阜，大也。笺云：四马六辔。六辔在手，言马之良也。○阜，符有反。骊，力知反。公之媚子，从公于狩。能以道媚于上下者。冬猎曰狩。笺云：媚于上下，谓使君臣和合也。此人从公往徒，言襄公亲贤也。○媚，眉冀反。[疏]"驷驖"至"于狩"。○正义曰：言襄公乘一乘驷驖色之马，甚肥大也。马既肥大，而又良善，御人执其六辔在手而已，不须控制之也。公乘此良马，与贤人共猎。公之臣有能媚于上下之子，从公而往田狩。公又能亲贤如是，故国人美之。

奉时辰牡，辰牡孔硕。时，是。辰，时也。冬献狼，夏献麋，春秋献鹿豕群兽。笺云：奉是时者，谓虞人也。时牡甚肥大，言禽兽得其所。○麋，亡悲反。公曰左之，舍拔则获。拔，矢末也。笺云：左之者，从禽之左射之也。拔，括也。舍拔则获，言公善射。○舍音捨。拔，蒲末反。射，食亦反。括，苦活反。善射，音社。[疏]"奉时"至"则获"。○正义曰：言襄公田猎之时，虞人奉是时节之牡兽，谓驱以待公射之。此时节之牡兽甚肥大矣，戒御者曰：从左而逐之。公乃亲自射之，舍放矢括则获得其兽，言公之善射。

游于北园，四马既闲。闲，习也。笺云：公所以田则克获者，乃游于北园，园之时，已习其四马之良。○种，音勇反。辀车鸾镳，载猃歇骄。辀，轻也。猃歇骄，田犬也。长喙曰猃，短喙曰歇骄。笺云：轻车，驱逆之车也。置鸾于镳，异于乘车也。载，始也。始田犬者，谓达其搏噬，始成之也。此皆游于北园时所为也。○辀，由九反，又音由。鸾，卢端反。镳，彼俵反。猃，力验反，《说文》音力剑反。歇，本又作"獦"，许遏反，《说文》音火遏反。骄，本又作"猗"，同许乔反。轻，遣政反，又如字。[疏]"游于"至"歇骄"。○正义曰：此则倒本未猎之前调习车马之事。言公游于北园之时，四种之马既已闲习之矣。于是之时，调试轻车，置鸾于镳以试之。既调和矣，又始试习猃与歇骄之犬，皆晓其搏噬之事。游于北园，已试调习，故今狩于圃中，多所获得也。

二、《左传注疏》 晋·杜预注 唐·孔颖达正义

（1）楚伐绞，军其南门。莫敖屈瑕曰："绞小而轻，轻则寡谋，请无扞采樵者以诱之。"扞，卫也。樵，薪也。轻，遣政反。扞，户旦反。樵，在遥反。从之。绞人获三十人。获楚人也。明日，绞人争出，驱楚役徒于山中。楚人坐其北门，而覆诸山下，坐战守也。覆，设伏兵也。待之○覆，扶又反，注同。大败之，为城下之盟而还。城下盟，诸侯所深耻。[疏]注"城下"至"深耻"。○正义曰：宣十五年，楚围宋。传称华元谓子反曰："敝邑易子而食，析骸以爨。虽然，城下之盟，有以国毙，不能从也。"宁以国毙，不肯从城下之盟，是其深耻也。必为深耻者，诸侯当好事四邻，以卫社稷，相时而动，量力而行。今乃构怨强敌，兵临城下，力屈势沮，求服受盟，是其不知之甚，将为邻国所笑，故深耻之。（桓公十二年）

（2）十四年，春，会于曹。曹人致饩，礼也。熟曰饔，生曰饩。[疏]注"熟曰饔，生曰饩"。○正义曰：《周礼》外内饔皆掌割亨之事。亨人给外内饔之爨亨煮。饔者，煮肉之名，知熟曰饔。哀二十四年传称晋人饩赵石甫，以生牛赐之，知生曰饩。又《聘礼》致饔饩五牢，饪一牢，腥二牢，饩二牢。饪是熟肉，腥是生肉，知饩是未杀。郑玄云：腥曰饩，欲牵为牵，故饩亦为杀，非正解也。定解犹以生为饩。传诸言饩者，

皆致生物于宾也。（桓公十四年）

三、《公羊传注疏》 汉·何休注　唐·徐彦疏

春，纪季姜归于京师。其辞成矣，则其称纪季姜何？自我言纪。父母之于子，虽为天王后，犹曰吾季姜。明子尊不加于父母。京师者何？天子之居也。以季姜言归，[疏]"京师者何"。○解云：欲言天子之居，而文不言王；欲言凡国，而为王后所归，故京者何？大也。师者何？众也。天子之居，必以众大之辞言之。地方千里，周城千雉，宫室官府，制度广大，四方各以其职来贡，莫不备具，所以必自有地者，治自近始，故摽土，与诸侯分职而听其政焉，即《春秋》所谓内治其国也。书季姜归者，明鲁为媒，当有送迎之礼。○治自，直吏反。[疏]"京者"至"言之"。○解云：京师之名，理须训解，故分而问之。○注"地方千里"。○解云：即《诗》云"邦畿千里"是也。○注"周城千雉"。○解云：在定十二年。○注"即春"至"之礼"。○解云：《春秋》据鲁为王，故内鲁，若周公制礼，内京师然也。（桓公九年）

四、《谷梁传注疏》 晋·范宁注　唐·杨士勋疏

夏，四月，辛卯昔，恒星不见。恒星者，经星也。经，常也，谓常列宿。昔如字，或作暮，同。不见，贤遍反，下不音者同。列宿，夙又反，下皆同。[疏]注"谓常列宿"。○释曰：周之四月，夏之二月，"常列宿"者，谓南方七宿也。日入至于星出，谓之昔。不见者，可以见也。夜中，星陨如雨。如，而也。星既陨而复雨。○陨，云敏反。复，扶又反。其陨也如雨，是夜中与。星既陨而雨，必晦暝，安知夜中乎？与音余。暝，亡定反。[疏]传"其陨"云云。○释曰："其陨如雨，是夜中与"，谓星陨而天必晦暝，何知是夜中乎？《春秋》之意，著以传著，疑以传疑，皆以实录，故夜中。《春秋》著以传著，疑以传疑明实录也。○中之几也，而曰夜中，著焉尔，几，微也。星既陨而雨，中微难知，而曰夜中，自以实录尔，非亿度而知。○度，徒大反。[疏]"中之几也"至"著焉尔"。○释曰：谓雨晦暝几微也。"中微难知，而曰夜中"者，是事之著见焉尔，非亿度而知也。何用见其中也？[疏]"何用见其中也"。○释曰：谓经以何事知其夜中者，以失星变之始，而录其已陨之时，揆度漏刻，则应正当夜中矣。失变而录其时，则夜中矣。失星变之始，而录其已陨之时，检禀漏刻，以知夜中。其不曰恒星之陨，何也？[疏]"其不"至"何也"。○释曰：解经上文云"恒星不见"，下文"其不曰恒星之陨"者，又自解之。我知恒星之不见，而不知其陨者是何星，故不得言之也。又解不言陨星，而言陨星意者，言我见从上而陨，又下接于地，则可以雨说之。今唯见其下，不见其上，故曰陨星，又总说陨之与雨二者之别，"著于上，见于下，谓之雨；著如下，不见如上，谓之陨，岂雨说哉？"言不见在上，故我知恒星之不见，而不知其陨也；我见其陨而接于地者，则是雨说也。徐邈云："著于上，言云著上。"言我见从上来，接于下，然后可言雨星。今唯见在下，曰陨星。○我见，见音现字，注同。雨，于付反，注同。故著于上，见于下，谓之雨；著于下，不见于上，谓之陨，岂雨说哉！解经不得言雨星，而言陨星也。郑君曰："众星列宿，诸侯之象。不见者，是诸侯弃天子礼义法度也。"刘向曰："陨者象诸侯陨坠，失其所也。又中夜而陨者，象不终其性命，中道而落。"见于下，如字，或贤遍反。不见，贤遍反。队，直类反。（庄公七年）

五、《论语注疏》 魏·何晏集解　宋·邢昺疏

（1）子曰："不患人之不己知，患不知人也。"[疏]子曰："不患人之不己知，患不知人也。"○正义曰：此章言人当责己而不责人。凡人之情，多轻易于知人而患人不知己，故孔子抑之云："我则不耳，不患人之不己知，但患己不能知人也。"（学而）

（2）子曰："诗三百，孔曰："篇之大数。"一言以蔽之，包曰："蔽，犹当也。"曰思无邪。"包曰："归于正。"[疏]"子曰"至"无邪"。○正义曰：此章言为政之道在于去邪归正。故举《诗》要当一句以言之。"诗三百"者，言诗篇之大数也"一言以蔽之"者，蔽，犹当也。古者谓一句为一言。诗虽有三百篇之多，可举一句，当尽其理也。"曰思无邪"者，此诗之一言，《鲁颂·駉》篇文也。诗之为体，论功颂德，止僻防邪，大抵皆归于正。故此一句可以当之也。○注"孔曰篇之大数"。○正义曰：案今《毛诗序》凡三百一十一篇，内六篇亡，今其存者有三百五篇。今但言三百篇，故曰篇之大数。（为政）

六、《礼记正义》 汉·郑玄注　唐·孔颖达疏

宾客主恭，祭祀主敬，丧事主哀，会同主诩。恭在貌也，而敬又在心。诩，谓敏而有勇，若齐国佐。○诩，况矩反。[疏]"宾客"至"主诩"。○

正义曰：恭在貌，敬在心。宾客轻，故主恭。祭祀重，故主敬。"会同主诩"者，诩，谓敏大言语。会同之时，贵在敏捷勇武，自光大。○注"诩谓"至"国佐"。○正义曰：成二年《左传》齐、晋战于鞍，齐国佐陈辞以拒晋师，是"敏而有勇"也。军旅思险，隐情以虞。险，阻，出奇覆谖之处也。隐，意也，思也。虞，度也。当思念己情之所能，以度彼之将然否。○阻，侧吕反。覆，芳富反。谓伏兵也，徐音赴。谖，况烦反。谖，诈也，或云："谖，譁"处，昌虑反。度，大各反。[疏]"军旅"至"以虞"。○正义曰："军旅思险"者，言军旅行处，思其险阻之地，出奇设谋，以覆败前敌。○"隐情以虞"者，隐，意也，思也。虞，度也。谓以意思念彼情，豫测度前敌，知其所欲为事。记者明军旅之中，当须如此。○注"险阻"至"然否"。○正义曰："险，阻，出奇覆谖之处也"者，郑解经中"险"字，"险"是地形险阻。谖，诈也。地形既险，得出奇谋覆诈，故云"险，阻，出奇覆谖之处"。若其平地，则不得设奇谋设诈也。虞，度也。《释言》文。（少仪）

练习题

一、写出下列学者的主要著作

1. 朱骏声
2. 王逸
3. 俞樾
4. 李善
5. 释慧琳
6. 戴震
7. 蒋礼鸿
8. 毛亨
9. 陆德明
10. 张相

二、填空题

1. 清代训诂大师孙诒让的代表作是_____。
2. 魏晋南北朝出现了不少辞书类的训诂专书，主要有_____、_____、_____。
3. 宋代学者朱熹著述宏富，重要的古书注解著作有_____、_____、_____等。
4. 对《说文解字》的研究，在清代达到了空前兴盛的局面。清代《说文》注家中以_____、_____、_____、_____四人成就最卓著，通常称他们为《说文》四大家；四家中，_____的成就又首屈一指。
5. 东汉经学大师郑玄除了作《毛诗笺》外，还撰写了_____、_____、_____三部著作，合称《三礼注》。
6. 《读书杂志》是清代训诂学家_____的代表作。
7. 注解古书的工作开始于_____代。汉代著名注释家有_____、_____、_____、_____等。

8. 司马迁的《史记》在唐代的注解有_____的《史记索隐》和_____的《史记正义》。

9. 萧统的《文选》，在唐代有_____注和_____注。五臣指：_____、_____、_____、_____和_____。

10. "史记三家注"包括唐张守节_____、刘宋裴骃_____和唐司马贞_____。

11. 《庄子》注本到清代有_____的《庄子集解》和_____的《庄子集释》。

12. 唐代孔颖达所做的五经正义包括《_____》《_____》《_____》《_____》和《_____》。

13. "训"和"诂"两个字连用，最早见于汉代毛亨所作的《_____》。

14. 现在最早的《楚辞》注本是东汉王逸的《_____》。

三、选择题

1. 以注明典故出处来源著称的注解著作是_____。
   A. 郭璞《尔雅注》　　　　B. 张守节《史记正义》
   C. 毛传　　　　　　　　D. 李善《文选注》

2. 下列不属于《史记三家注》的作者是_____。
   A. 裴骃　　　　　　　　B. 张守节
   C. 司马贞　　　　　　　D. 孔颖达

3. 先秦有六经，秦以后只有五经，亡佚的是_____。
   A. 易经　　　B. 书经　　　C. 诗经　　　D. 乐经

4. 唐以前常把司马迁的《史记》、班固的《汉书》和范晔的《后汉书》合称"三史"。后来又加上陈寿的_____，又称"四史"。
   A.《魏书》　　B.《晋书》　　C.《三国志》　　D.《周书》

5. 《史记》的注释历来颇受重视，现存最早的旧注是刘宋时_____的《史记集解》。
   A. 司马贞　　B. 裴骃　　C. 张守节　　D. 褚少孙

6. 清人_____的《孟子正义》，对后世孟学的研究具有很大的参考价值。
   A. 陈奂　　B. 马瑞臣　　C. 刘宝楠　　D. 焦循

7. 历史上训诂学发展的兴盛期出现在_____。
   A. 先秦　　B. 两汉　　C. 魏至唐　　D. 宋至明

8. 历史上训诂学发展的复兴期出现在_____。
   A. 先秦　　B. 两汉　　C. 魏至唐　　D. 清代

9. 历史上训诂学发展的保守期出现在_____。

A. 先秦　　　　B. 两汉　　　　C. 魏至唐　　　D. 宋至明

10. 历史上训诂学发展的中落期出现在_____。

A. 先秦　　　　B. 两汉　　　　C. 魏至唐　　　D. 宋至明

11. 汉朝人注释经籍，为训诂学奠定了基础，其中的代表人物之一是_____。

A. 毛亨　　　　B. 郑樵　　　　C. 马瑞辰　　　D. 王念孙

12. 汉朝人注释经籍，为训诂学奠定了基础，其中的代表人物之一是_____。

A. 毛晋　　　　B. 郑玄　　　　C. 孔颖达　　　D. 邢昺

13. 汉朝人注释经籍，为训诂学奠定了基础，其中的代表人物之一是_____。

A. 毛晋　　　　B. 郑樵　　　　C. 马融　　　　D. 邢昺

14. 汉朝人注释经籍，为训诂学奠定了基础，其中的代表人物之一是_____。

A. 毛晋　　　　B. 许慎　　　　C. 孔颖达　　　D. 邢昺

15. 《三国志注》的作者是_____。

A. 杜预　　　　B. 范宁　　　　C. 何晏　　　　D. 裴松之

16. 南梁刘孝标完成的训诂著作是_____。

A.《水经注》　　　　　　　　B.《世说新语注》

C.《论语义疏》　　　　　　　D.《一切经音义》

17. 东晋皇侃完成的训诂著作是_____。

A.《水经注》　　　　　　　　B.《世说新语注》

C.《论语义疏》　　　　　　　D.《一切经音义》

18. 北魏郦道元完成的训诂著作是_____。

A.《水经注》　　　　　　　　B.《世说新语注》

C.《论语义疏》　　　　　　　D.《一切经音义》

19. 训诂学的肇始时期是_____。

A. 先秦　　　　B. 西汉　　　　C. 东汉　　　　D. 南北朝

20. 训诂学的形成时期是_____。

A. 先秦　　　　B. 两汉　　　　C. 南北朝　　　D. 唐宋

21. 训诂学的鼎盛和集大成时期_____。

A. 先秦　　　　B. 两汉　　　　C. 唐宋　　　　D. 清代

22. 下列训诂学家中，属于汉代的是_____。

A. 刘熙　　　　B. 郭璞　　　　C. 朱熹　　　　D. 孔颖达

23. 下列训诂学家中，属于宋代的是_____。

A. 扬雄　　　　B. 郑玄　　　　C. 陆德明　　　D. 朱熹

24. "同声必同部"这一理论的提出者是清代著名学者＿＿＿＿。
A. 王念孙　　　B. 王引之　　　C. 段玉裁　　　D. 戴震

四、简答题

1. 阮刻《十三经注疏》是何时何人所注、所疏？

2. 阅读下面古书的注解，并回答问题。

阪有漆，隰有栗。_{兴也。陂者曰阪。下湿曰隰。笺云：兴者，喻秦仲之君臣所有各得其宜。○阪音反，又扶板反。陂，彼寄反，又普罗反，又彼皮反。}既见君子，并坐鼓瑟。又见其礼乐焉。_{笺云：既见，既见秦仲也。并坐鼓瑟，君臣以闲暇燕饮相安乐也。○闲音闲。乐音洛，下文并同。}"今者不乐，逝者其耋！"_{耋，老也。八十曰耋。笺云：今者不于此君之朝自乐，谓仕焉。而去仕他国，其徒自使老，言将后宽禄也。○耋，田结反，一音下反。朝，直遥反。后，胡豆反，又如字。}[疏]"阪有"至"其耋"。○正义曰：言阪上有漆木，隰中有栗木，各得其宜，以兴秦仲之朝，上有贤君，下有贤臣，上下各得其宜。既见此君子秦仲，其君臣闲暇无为，燕饮相乐，并坐鼓瑟也。既见其善政，则愿仕焉。我今者不于此君之朝仕而自乐，若更之他国者，其徒自使老。言将后宽禄，无有得乐之时。美秦仲之贤，故人皆愿仕也。

（1）哪几句话是毛传？哪些话是郑笺？
（2）哪些话是孔疏？孔疏是解释谁的话？哪些话是陆德明《经典释文》中的？

五、名词解释

1. 五经正义
2. 春秋三传
3. 四书集注

六、将下列选篇标出标点。

《周易正义》
魏·王弼　晋·韩康伯注　唐·孔颖达疏

乾元者始而亨者也利贞者性情也_{不为乾何能通物之始不性其情何能久行其正是故始而亨者必乾元也利而正者必性情也}[疏]_{乾元者至性情也○正义曰此一节是第五节复明上初章及乾四德之义也乾元者始而亨者也以乾非自当分有德元亨利贞为乾元是四德之首故夫子恒以元配乾而言之欲见乾元相将之义也以有乾之元故能为物之始而亨通也此解元亨二德也利贞者性情也者所以能利益于物而得正者由性制于情也}乾始能以美利利天下不言所利大矣哉大哉乾乎刚健中正纯粹精也六爻发挥旁通情也时乘六龙以御天也云行雨施天下平也[疏]_{乾始能以美利至天下平也○正义曰乾始谓乾始能生万物解元也能以美利利天下解利也谓能以生长美善之道利益天下也不复说亨贞者前文亨既连始贞又连利举始举利则通包亨贞也不言所利大矣哉者若坤卦云利牝马之贞及利建侯利涉大川皆言利之事此直云利不言所利者欲见无不利也非唯止一事而已故云不言所利大矣哉其实此利无所不利此贞亦无所不贞是乾德大也大哉乾乎}君子以成德为行日可见之行也潜之为言也隐而未见行而未成是以君子弗用也[疏]_{君子以成德为行至君子弗用也○正义曰此一节是文言第六节复明六爻之义此节明初九爻辞氏云上第六节乾元者始而亨者也是广明乾与四德之义此君子以成德为行亦是第六节明六爻之义总属第六节不更为第七节义或当然也君子以成德为行者明初九潜龙之故先此此语而言君子之人当以成就道德为行令其德行彰显使人日可见其德行之事此君子之常也不应潜隐所以今日潜者以时未可见故须潜也潜之为言也隐而未见行而未成也夫子解释潜龙之义此经中潜龙之言是德之幽隐而未宣见所行之行未可成就是以君子弗用者德既幽隐又未成是君子阴未可用也}

（乾卦）

第三章
古文献典籍注释的基本内容

训诂是中国传统研究古书中词义的学科，是中国传统的语文学——小学的一个分支。古文献典籍注释在译解古代词义的同时，也分析古代书籍中的语法、修辞现象，从语言的角度研究古代文献，帮助人们阅读古典文献。注释的内容是非常丰富的，主要包括以下十个方面。

第一节 解释词义、分析句读、阐释语法

一、解释词义

这是传注训诂的第一步，也是传注训诂的基本内容。因为词是语言中最小的表义单位，即语义的基本单位，不了解文章所使用的每一个词的词义，就无法理解文章的整个意思。戴震说："经之至者，道也；所以明道者，其词也；所以成词者，未有能外小学文字者也。由文字以通乎语言，由语言以通乎古圣贤之心志，譬之适堂坛之必循其阶，而不可以躐等。"又说："文字之鲜能通，妄谓通其语言；语言之鲜能通，妄谓通其心志，而曰傅合不谬，吾不敢知也。"以上戴震从正反两方面论述了掌握古书的词义与理解古人的思想的重要关系：要理解古人的思想，必须从掌握古书的词义开始；反之，不掌握古书的词义，要说能够理解古人的思想，便是妄言。正因为如此，注释古书务必首先解决疑难词语问题。黄侃说："训诂之事，在解明字义和词义。"他进而指出："小学家之训诂与经学家之训诂不同。盖小学家之说字，往往将一切义包括无遗；而经学家之解文，则只能取字义中之一部分。……小学之训诂贵圆，而经学之训诂贵专。"这就是说，训诂专书解释字义、词义在于其概括意义，应有广泛性，而传注训诂解释字义、词义在于其具体意义，应有针对性。如：

《孟子·梁惠王上》:"上下交征利而国危矣。"赵注:"征,取也。"

《国语·齐语》:"桓公知天下诸侯多与己也。"韦昭注:"与,从也。"

二、分析句读

古人行文不做断句,读书首先就要进行断句。古代学校把分析句读作为教学的基本内容之一。《礼记·学记》:"比年入学,中年考校,一年视离经辨志。"郑玄注:"离经,断句绝也。"这是理解经书思想内容的起码条件,正因为如此,分析句读乃是传注训诂的基本内容之一。

《韩非子·外储说左下》有一个关于句读辨析的故事:

哀公问于孔子曰:"吾闻夔一足,信乎?"曰:"夔,人也。何故一足?彼其无他异,而独通于声,尧曰:'夔一而足矣。使为乐正。故君子曰:夔有一足,非一足也。'"

鲁哀公不知道"夔有一足"的意思,向孔子请教。孔子根据史实做了回答,指出这四个字应该作两句读。"夔有一"为一句,"足"又为一句。意思是有一个夔就够了,并不是说夔有一只足。

三、阐释语法

我国古代虽然没有成系统的语法学,但是古代学者还是有较为清楚的语法观念的。传注训诂从阐述语法规则,分析虚词用法入手的例子是屡见不鲜的。

《诗经·周南·芣苢》:"采采芣苢,薄言采之。"《毛传》:"薄,辞也。"

《诗经·周南·汉广》:"汉有游女,不可求思。"《毛传》:"思,辞也。"

《诗经·召南·草虫》:"亦既见止,亦既觏止。"《毛传》:"止,辞也。"

《诗经·鄘风·载驰》:"载驰载驱,归唁卫侯。"《毛传》:"载,辞也。"

《楚辞·九歌·湘君》:"君不行兮夷犹,蹇谁留兮中洲?"王逸注:"蹇,词也。"

《礼记·檀弓上》:"檀弓曰:'何居?我未之前闻也。'"郑玄注:"居,读如姬姓之姬,齐鲁之间语助也。"

以上注释都是对虚词的说明,所谓:"辞""词""语助"之类,都是语气词。

《诗经·周南·葛覃》:"葛之覃兮,施于中谷。"《毛传》:"中谷,谷中也。"

"中谷"在毛公时代要说成"谷中"。用今天的语言学来解释,"中谷"是古代汉语的语法结构,中心词放在修辞词语的前面。

《诗经·郑风·山有扶苏》:"不见子都,乃见狂且。"《毛传》:"且,辞也。"

《诗经·周南·麟之趾》:"于嗟麟兮。"毛传:"于嗟,叹辞。"

《诗经·齐风·猗嗟》:"猗嗟昌兮,颀而长兮。"《毛传》:"猗嗟,叹辞。"

《诗经·大雅·文王》:"文王在上,於昭於天。"《毛传》:"於,叹辞。"

《诗经·商颂·那》:"猗与那与,置我鞉鼓。"《毛传》:"猗,叹辞。"

《史记·项羽本纪》:"亚父受玉斗,置之地。拔剑撞而碎之曰:'唉!竖子不足与谋。'"司马贞索隐:"唉,叹恨发声之辞。"

《礼记·檀弓上》:"夫祖者,且也。"郑注:"且,未定之辞。"

两汉时期的学者还注意到方言里的虚词。对它做解释时,除了指明它们的意义,还强调它们的方言来源。如:

《楚辞·离骚》:"羌内恕己以量人兮,各兴心而嫉妒。"王逸注:"羌,楚人语词也,犹言卿何为也。"

《礼记·檀弓上》:"檀弓曰:'何居我未之前闻也。'"郑玄注:"居,读为姬姓之姬,齐鲁之间语助也。"

《公羊传·哀公六年》:"陈乞使人迎阳生于诸其家。"何休解诂:"于诸,寘也。齐人语也。"

毛诗对《诗经》里的词的顺序也有分析。最明显的是方位词"中"。《诗经》里方位词"中"的位置在名词前面。毛公时代,这个"中"的位置移到了名词的后面。《毛传》用当时的语言解释前代的语言。如:

《诗经·周南·葛覃》:"葛之覃兮,施于中谷。"《毛传》:"中谷,谷中。"孔颖达正义:"中谷,谷中。倒其言者,古人之语皆然,诗中多此类也。"

《诗经·周南·兔罝》:"肃肃兔罝,施于中林。"《毛传》:"中林,林中。"

《诗经·邶风·柏舟》:"泛彼柏舟,在彼中河。"《毛传》:"中河,河中。"

延伸阅读

一、《诗经注疏》 汉·毛亨传 汉·郑玄笺 唐·孔颖达正义

1.《诗经·秦风·终南》

终南何有?有条有梅。 兴也。终南,周之名山中南也。条,槄。梅,柟也。宜以戒不宜也。笺云:问何有者,意以为名山高大,宜木茂木也。兴者,喻人君有盛德,乃宜有显服,犹山之木有大小也,此之谓戒劝。○条,本又作"樤",音同。槄,吐刀反,山榎也。柟,君子至止,锦衣狐裘。 锦衣,采色也。狐裘,朝廷之服。笺云:至止者,受命服于天盐反。沈云:"孙炎称荆州曰梅,扬州曰柟,重实扬州人不闻名柟。"子而来也。诸侯狐裘,锦衣以裼颜如渥丹,其君也哉?笺云:渥,厚渍也。颜色如厚渍之丹,言赤而泽也。其君也哉,仪之。朝,直遥反。星历反。貌尊严也。○渥,于角反,淳渍。丹如字,《韩诗》作"沰",挞各反。沰,赭也。淳,之纯反,又如字,本亦作"厚"字。渍,辞赐反。 [疏] "终南"至"也哉"。○正义曰:彼终南大山之上何所有乎?乃有条有梅之木,以兴彼盛德人君之身何所有乎?乃宜有荣显之服。然山以高大之故宜有茂木,人君以盛德之

故宜有显服。若无盛德，则不宜矣。君当务崇明德，无使不宜。言其宜以戒其不宜也。既戒令修德，又陈其美之劝诱之。君子襄公自王朝至止之时，何所得乎？受得锦衣狐裘而来。既受得显服，德亦称之，其颜色容貌赫然如厚渍之丹，其仪貌尊严如是，其得人君之度也哉？

终南何有？有纪有堂。纪，基也。堂，毕道平如堂也。笺云：毕也堂也，亦高大之山所宜有也。[疏]传"纪基"至"如堂"。○正义曰：案《集注》本作"屺"，定本作"纪"，以下文有堂，故以为基，谓山基也。《释丘》云："毕，堂墙。"李巡曰："堂墙名崖，似堂墙，曰毕。"郭璞曰："今终南山道名毕，其边若堂之墙。"以终南山见有此堂，知是毕道之侧，其崖如堂也。定本又云"毕道平如堂"，据经文有基有堂，便是二物。今笺唯云"毕也堂也"，毕，终南山之道名，边如堂之墙然。○纪如字，本亦作"屺"，沈音起。君子至止，黻衣绣裳。黑与青谓之黻。五色备谓之绣。○黻音弗。[疏]传"黑与"至"之绣"。○正义曰：《考工记·缋人》文也。郑于《周礼》之注差次章色，黻皆在裳。言黻衣者，衣大名，与绣裳异其文耳。佩玉将将，寿考不亡。○将，七羊反。

2.《诗经·秦风·渭阳》

我送舅氏，曰至渭阳。母之昆弟曰舅。笺云：渭，水名也。秦是时都雍，至渭阳者，盖东行送舅氏于咸阳之地。○雍，于用反，县名，今属扶风。何以赠之？路车乘黄。赠，送也。乘黄，四马也。○乘，绳证反，注同。[疏]传"母之昆弟曰舅"。○正义曰：《释亲》文。孙炎曰："舅之言旧，尊长之称。"笺"渭水"至"之地"。○正义曰：雍在渭南，水北曰阳，晋在秦东，行必渡渭。今言至于渭阳，故云"盖东行送舅氏于咸阳之地"。《地理志》云："右扶风渭城县，故咸阳也。"其地在渭水之北。

我送舅氏，悠悠我思。何以赠之？琼瑰玉佩。琼瑰，石而次玉。○思，息嗣反。瑰，古回反。[疏]传"琼瑰"至"次玉"。○正义曰：琼者，玉之美名，非玉名也。瑰是美石之名也。以佩玉之制，唯天子用纯，诸侯以下则玉石杂用。此赠晋侯，故知琼瑰是美石，次玉。成十七年《左传》称"声伯梦涉洹，或与己琼瑰食之，泣而为琼瑰盈其怀，惧不敢占"。后三年而言，"言之，至莫而卒"。服虔云："声伯恶琼瑰赠死之物，故畏而不言。"然则琼瑰是赠死之玉，康公以赠舅者，玉之所用，无生死之异。丧礼饭含用玉，声伯梦见食之，故恶之耳。

3.《诗经·曹风·下泉》

洌彼下泉，浸彼苞稂。兴也。洌，寒也。下泉，泉下流也。苞，本也。稂，童粱。非溉草，得水而病也。笺云：兴者，喻共公之施政教，徒困病其民。稂当作"凉"，凉草，萧蓍之属。○洌音列，本作"浸"，子鸩反。稂音郎，徐音亮，《说文》云："大息也。"忾火既反。觉音教。又音凓，古爱反。著尸户。忾我寤叹，念彼周京。笺：忾，苦爱反，叹息之意。寤，觉也。念周京者，思其先王之明者也。[疏]"洌彼"至"周京"。○正义曰：洌然而寒者，彼下流之泉，浸彼苞稂之草。稂非灌溉之草，得水则病，以喻共公之政教其酷虐于民，下民不堪苛刻，遭之亦困病。民既困病，思古明王，忾然我寝寐之中，觉而叹息，念彼周室京师之明王。言时有明王，则无此困病也。○郑唯稂草有异，其文义则同。

洌彼下泉，浸彼苞萧。萧，蒿也。○忾我寤叹，念彼京周。蒿，好刀反。

洌彼下泉，浸彼苞蓍。蓍，草也。忾我寤叹，念彼京师。

芃芃黍苗，阴雨膏之。芃芃，美貌。○芃，薄工反，又薄雄反。膏，古报反。四国有王，郇伯劳之。郇伯，郇侯也。诸侯有事，二伯述职。笺云：有王，谓朝聘于天子也。郇侯，文王之子，为州伯，有治诸侯之功也。今无贤伯，致曹国之不治，故思之。○郑唯说伯有异，其文义则同。[疏]"芃芃"至"劳之"。○正义曰：言芃芃然盛者，黍之苗也。此苗所以得盛者，由上天以阴雨膏泽之故也。以兴四方之国，有从王之事，所以得治者，由有郇国之侯为伯，以恩德劳来之故也。

二、《左传注疏》 晋·杜预注 唐·孔颖达正义

冬十二月，齐侯游于姑棼，遂田于贝丘，姑棼、贝丘，皆齐地。田，猎也。乐安博昌县南有地名贝丘。○棼，扶云反。贝，补盖反。乐音洛。见大豕，从者曰："公子彭生也。"公见大豕，而从者见彭生，皆妖鬼。公怒曰："彭生敢见！"射之，豕人立而啼。公惧，队于车，伤足丧屦。反，诛屦于徒人费，诛，责也。敢见，贤遍反。射，食亦反。啼，田兮反。队，直类反。丧，息浪反。屦，九具反。费音祕。弗得，鞭之，见血。走出，遇贼于门，劫而束之。费曰："我奚御哉！"袒而示之背，信之。费请先入，诈欲助贼。○御，鱼吕反。袒音但。伏公而出，斗，死于门中。石之纷如死于阶下。石之纷如，齐小臣，亦斗死。○纷，敷文反。遂入，杀孟阳于床。孟阳，亦小臣，伐公。○床，士良反。曰："非君也，不类。"见公之足于户下，遂弑之，而立无知。经书十一月癸未，《长历》推之，月六日也。传云十二月，传误。（庄公八年）

三、《公羊传注疏》 汉·何休注 唐·徐彦疏

夏，四月，辛卯，夜，恒星不见。夜中，星霣如雨。恒星者何？列星也。_{恒，常也。常以时列见。○辛卯夜，一本无"夜"字，《谷梁》作"昔"。不见，贤遍反，注及传皆同。}[疏]"恒星者何"。○解云：欲道星称，宿无恒星；欲言非星，而连星言之，故执不知问。○"恒，常也"至"列见"。○解云：恒者，常也，天之常宿，故经谓之恒星矣。言以时列见于天，故传谓之列星矣。列星不见，则何以知夜之中？星反也。_{反者，星复其位。}[疏]"列星"至"之中"。○解云：谓无所准度故也。○注"反者，星复其位"。○解云：谓星反附在半夜之后，则知乡者不见之时，是夜中矣。如雨者何？如雨者，非雨也。非雨，则曷为谓之如雨？"不修春秋"曰"雨星不及地尺而复"，_{"不修春秋"，谓史记也。古者谓史记为"春秋"。○雨星，于付反，一音如字，下注"雨星"同。}[疏]"如雨者何"。○解云：欲言是雨，不应言如；其实非雨，而文言雨，故执不知问。○注"不修春秋"。○解云：据此传及注言，则孔子未修之时，已谓之《春秋》矣。而旧解云，孔子修之，春作秋成，谓之《春秋》者，失之远矣。云云之说，在首卷。君子修之曰"星霣如雨"。_{明其状似雨尔，不当言雨星。不言尺者，霣则为异，不以尺守录之。}何以书？记异也。列星者，天之常宿，分守度，诸侯之象。周之四月，夏之二月，昏，参伐狼注之宿当见，参伐主斩艾立义，狼注主持衡平也。皆灭者，法度废绝，威信陵迟之象。时天子微弱，不能诛卫侯朔，是后遂失其政，诸侯背叛，王室日卑，星霣未坠而夜中星反者，房心见其虚危斗。房心，天子明堂布政之宫也。虚危，齐分，其后齐桓行霸，阳谷之会有王事。○常宿，音秀，下同。参伐，所林反，下同。狼注，张又反，一音同。朱鸟口呈也；一音之住反。艾，鱼废反。坠，有类反。分，扶问反。[疏]"分守"至"之象"。○解云：言分者，谓十二之分野矣。言守度者，守三十度为一次矣。言诸侯之象者，谓星度有多少，若诸侯之国有大小耳。○"昏参"至"当见"。○解云：正以参伐狼注，为西南之维候故也。○注"参伐"至"立义"。○解云：以其在西方，金主断割之义故也。○注"狼注"至"平也"。○解云：正以其在南方，南方主礼故也。○注"而夜"至"危斗"。○解云：火见于周为五月者，谓昏时。今在周之四月，是以半夜之后，乃房星见。其虚危斗者，谓在夜半时明矣。（庄公七年）

四、《谷梁传注疏》 晋·范宁注 唐·杨士勋疏

八年，春，王正月，师次于郎，以俟陈人、蔡人。_{时陈、蔡欲伐鲁，故出师以待之。}次，止也。俟，待也。甲午，治兵。出曰治兵，习战也。入曰振旅，习战也。_{振，整也。旅，众也。}[疏]传"习战也"。○释曰：此治兵振旅，皆云"习战"者，《周礼》仲春教治兵，仲春教振旅，出入幼贱虽殊，同是教战之法，故此传二者皆以"习战"言之。《公羊》以"治兵"为"祠兵"，亦云"其礼一也"。《周礼》仲秋教治兵，此非秋，亦云治兵者，《周礼》四时讲武，故各立别名，此据出师之事，故虽春亦得以治兵为名。治兵而陈、蔡不至矣。兵事以严终，_{以严整终事，故敌人不至。}故曰：善陈者不战，此之谓也。善为国者不师，_{导之以德，齐之以礼。江熙曰："邻国望我，欢若亲戚，何师之为？"}善师者不陈，_{师众素严，不须耀军列阵。江熙曰："上兵伐谋，何乃至陈。"}善陈者不战，_{军陈严整，敌望而畏之，莫敢战。}善战者不死，_{投兵胜地，故无死者。江熙曰："辟实攻虚则不死。"}善死者不亡。_{民尽其命，无奔背败亡者也。江熙曰："见危授命，义存君亲，虽没犹存。"}○津忍反。背音佩。[疏]传"善为"至"不亡"。○释曰："善为国者不师"，谓有明王时，导之以德，齐之以礼，不起军师，而四海宾服，则黄帝尧舜时是也。"善师者不陈"，若齐桓公伐楚，不设行陈而服罪也。"善陈者不战"，即使鲁能严整终事，而陈、蔡不至也。"善战者不死"，若文王伐崇，因垒而崇自服也。"善死者不亡"，若柏举之战，吴虽入楚，父老致死，还复楚国也。此引文以证颇允，传文一准此解，则与注少僻，但旧有此说，故今亦存之。其注虚，观文则晓，故不复烦释。（庄公八年）

五、《论语注疏》 魏·何晏集解 宋·邢昺疏

（1）子曰："学而不思则罔，_{包曰："学不寻思其义，则罔然无所得。"}思而不学则殆。"_{不学而思，终卒不得，徒使人精神疲殆。}[疏]"子曰"至"则殆"。○正义曰：此章言教学法也。"学而不思则罔"者，言为学之法，既从师学，则自思其余蕴。若虽从师学而不寻思其义，则罔然无所得也。"思而不学则殆"者，言但自寻思而不往从学，终卒不得其义，则徒使人精神疲劳倦殆。（为政）

（2）子语鲁大师乐，曰："乐其可知也，始作，翕如也；_{大师，乐官名。音始奏，翕如，盛。}从之，纯如也，从读曰纵，言五音既发，放纵尽其音声，纯纯和谐也。皦如也，_{言其音节明也。}绎如也，以成。"_{纵之以纯如、皦如、绎如、乐始作翕如，又纵尽以纯如、皦如、绎如，则正乐之而成矣。}[疏]"子语"至"以成"。○正义曰：此章明乐。"子语鲁大师乐"者，大师，乐官名，犹《周礼之大司》乐也。于时鲁国礼乐崩坏，故孔子以正乐之法语之，使知也。曰"乐其可知也"者，言五音翕然盛也。翕，盛貌。如，皆语辞。"从之、纯如也"者，从读曰纵，谓放纵也。纯，和也，言五音既发，放纵尽其声，纯纯和谐也。"皦如也"者，皦，明也，言其音节分明也。"绎如也"者，言其音络绎然相续不绝也。"以成"者，言乐始作翕如，又纵尽以纯如、皦如、绎如，则正乐之而成矣。（八佾）

六、《礼记正义》 汉·郑玄注　唐·孔颖达疏

燕侍食于君子，则先饭而后已。^{所以劝也。○饭，烦晚反，下"小饭"同。}毋放饭，毋流歠，小饭而亟之，^{亟，疾也。备哕噎反，注同。哕噎，上于月反，下伊结反。}数噍，毋为口容。^{口容，弄口。○数，色角反。噍，字又作嚼，子笑反，又在笑反。}客自彻，辞焉则止。主人辞其彻。[疏]"燕侍"至"则止"。○正义曰：此一节明侍食之法。○"先饭而后已"者，先饭，先君子之饭，若尝食然，君子食罢而后已，若劝食然。○"小饭而亟之"者，小饭，谓小口而饭。亟，谓疾速而咽小饭，而备哕噎也。速咽之，备见问也。○"数噍，毋为口容"者，数噍，谓数数嚼之。"无为口容"者，无得弄口以为容也。○"客自彻，辞焉则止"者，谓食讫，客欲自彻其俎，主人辞其彻俎，客则止而不彻。（少仪）

第二节　揭示辞格、讲述文意、诠解典故、说明典制

一、揭示辞格

古文献注释对于修辞手段的说明也是很注意的，不乏其例。《毛诗序》列入"六义"的赋、比、兴，既是表现手法的分类，也是修辞手段的分类。三者之中，《毛诗》着意说明的是兴，凡是起句为兴的诗则一一揭示之。

（1）《诗经·周南·桃夭》："桃之夭夭，灼灼其华。之子于归，宜其室家。"《毛传》："兴也。桃，有华之盛者。夭夭，其少壮也。灼灼，华之盛也。"《郑笺》："兴者，喻时妇人皆得以年盛时行也。"

这就是说，前两句所描写的花儿灼灼的夭夭桃树，是喻于归之子的芳龄美貌的。这种本体不在本句出现、径直以喻体代替本体的修辞方法就是借喻。什么是兴？朱熹说："兴者，先言他物以引起所咏之辞也。"

这里需要指出，《诗经》中的兴，先言之他物与所咏的事物，并不都是喻体与本体的关系，有的甚至在意义上没有什么联系；但是有相当一部分是喻体与本体的关系，是借喻。后来《楚辞》中所用的兴，绝大多数都是借喻。王逸《楚辞章句·离骚经序》说："《离骚》之文，依《诗》取兴，引类譬喻，故善鸟香草以配忠贞，恶禽臭物以比谗佞，灵修美人以媲于君，宓妃佚女以譬贤臣，虬龙鸾凤以托君子，飘风云霓以为小人。"

（2）比兴之外，也有说明其他辞格的例子，如《礼记·坊记》："大夫不坐羊，士不坐犬。"郑玄《注》："古者杀牲食其肉，坐其皮；不坐犬羊，是不无故杀牲。"由郑玄《注》可知，这是说大夫不坐羊皮，士不坐犬皮。羊皮说成羊，犬皮说成犬，这是以整体代部分，是借代，而不坐犬羊之皮，等于说不无故杀牲，这又是避忌。

（3）《毛诗·魏风·伐檀》："坎坎伐檀兮，置之河之干兮，河水清且涟猗。"《毛传》："坎坎，伐檀声。置，置也。风行水成文曰涟。伐檀以俟世用，若俟河水清且涟。"

从这里可以看出，它解释了许多词，还串讲了句子的意义和修辞手段，如："伐檀以俟世用，若俟河水清且涟。"它已经超出了解释词义的范围。

二、讲述文意

传注训诂讲述文意的方式多种多样，或翻译，或串讲，或概括章旨。

（1）《诗经·郑风·扬之水》："扬之水，不流束楚？"《毛传》："激扬之水，可谓不能流漂束楚乎？"

（2）《诗经·召南·野有死麕》："有女怀春，吉士诱之。"《郑笺》："有贞女思仲春以礼与男会，吉士使媒人遂成之。"

以上二例是翻译，前者是直译，后者是意译。

（3）《诗经·鄘风·相鼠》："人而无仪，不死何为？"《郑笺》："人以有威仪为贵，今反无之，伤化败俗，不如其死无所害也。"

（4）《孟子·梁惠王上》："孟子见梁惠王。王立于沼上，顾鸿雁麋鹿，曰：'贤者亦乐此乎？'"赵岐注："沼，池也。王好广苑囿，大池沼，与孟子游观，顾视禽兽之众多，心以为娱乐，夸咤孟子曰：'贤者亦乐此乎？'"

以上二例是串讲。

（5）《诗经·小雅·采薇》第六章："昔我往矣，杨柳依依。今我来思，雨雪霏霏。"《郑笺》："上三章言戍役，次二章言将率之行，故此章重序其往反之时，极言其苦以说之。"

以上是概括章旨。

三、诠解典故

用典本是一种修辞手段，古亦有之，至东汉以后日益盛行，因此诠解典故便成为注疏的重要内容。

（1）《文选·王仲宣·从军诗》："从军有苦乐，但闻所从谁？"李善《注》："《汉书》曰：'李广、程不识为名将。程不识击刁斗，吏治军簿至明，军不得自便。李将军极简易，其士卒亦佚乐。然士卒多乐从广，而苦程不识。'"

（2）《魏文帝·燕歌行》："秋风萧瑟天气凉，草木摇落露为霜。"李善《注》："《楚辞》：'悲哉！秋之为气也。萧瑟兮，草木摇落而变衰。'《毛诗》曰：'蒹葭苍苍，白露为霜。'"

四、说明典制

在我国漫长的封建社会中，典章制度不断变化，情况极其复杂，乃是阅读古书的严重障碍。因此说明典制也是注释古书的重要内容，在此仅举几个简单的例子：

（1）《礼记·昏义》孔颖达《疏》："五帝以前，为昏不限同姓异姓；三王以来，文家异姓为昏，质家同姓为昏。"这是说明婚姻制度的。

（2）《汉书·文帝纪》："代王乃令宋昌骖乘。"颜师古《注》："乘车之制，尊者居左，御者居中，又有一人处车之右，以备倾侧。是以戎事则称车右，其余则曰骖乘。骖者，三也，盖取三人为名义耳。"这是说骖乘制度的。

（3）《资治通鉴·秦纪一》："昭襄王五十三年，河东守坐与诸侯通，弃市。"胡三省《注》："刑人于市，与众弃之。秦法论死于市，谓之弃市。"这是说明刑罚制度的。

延伸阅读

一、《诗经注疏》 汉·毛亨传 汉·郑玄笺 唐·孔颖达正义

1.《诗经·小雅·鹿鸣》

呦呦鹿鸣，食野之苹。兴也。苹，蓱也。鹿得蓱，呦呦然鸣而相呼，恳诚发乎中。以兴嘉乐宾客，当有恳诚相招呼以成礼也。笺云：苹，藾萧。○呦音幽。苹音平。蓱，本又作"萍"，薄丁反，江东谓之藻。藻音瓢，扶遥反。恳，苦很反。乐音岳，又音洛。藾音赖。我有嘉宾，鼓瑟吹笙。吹笙鼓簧，承筐是将。簧，笙也。吹笙而鼓簧矣。筐，篚属，所以行币帛也。笺云：承犹奉也。《书》曰："篚厥玄黄。"○簧音黄。人之好我，示我周行。周，至。行，道也。笺云："示"当作"置"。置也。周行，周之列位也。好犹善也。人有以德善我者，我则置之于周之列位。言己维贤是用。○好，呼报反，注同。示，毛如字，郑作"置"。之豉反。行，毛如字，郑胡郎反。[疏]"呦呦"至"周行"。○毛以为，呦呦然为声者，乃是鹿鸣。所以为此声者，鸣而相呼，食野中之苹草言。鹿既得苹草，有恳笃诚实之心发于中，相呼而共食。以兴文王既有酒食，亦有恳笃诚实之心发于中，召其臣下而共行飨燕之礼以致之。王既有恳诚以召臣下，臣下被召，莫不皆来。我有嘉善之宾，则为之鼓其瑟而吹其笙。吹笙之时，鼓其笙中之簧以乐之，又奉筐篚盛币帛于是而行与之。由此燕食以享之，瑟琴以乐之，币帛以将之，故嘉宾皆爱好我，以敬宾如是，乃输诚矣，示我以先王至美之道也。

呦呦鹿鸣，食野之蒿。蒿，菣也。○蒿，呼毛反。菣，去刃反，字又作"堅"，同。本或作"牡菣"，"牡"，衍字耳。我有嘉宾，德音孔昭。视民不恌，君子是则是傚。恌，愉也。是则是傚，言可法傚也。笺云：德音，先王道德之教也。孔，甚。昭，明也。视，古示字也。饮酒之礼，于旅也语。嘉宾之语先王德教甚明，可以示天下之民，使之不愉于礼义。是乃君子所法傚，言其贤也。○视音示。恌，他彫反。傚，胡教反。愉，他侯反，又音逾。我有旨酒，嘉宾式燕以敖。敖，游也。[疏]"我有"至"以敖"。○正义曰：言文王既有酒殽，以召臣下。臣下既来。我有嘉宾，既共燕乐。至于旅酬之时，语先王道德之音甚明。以此嘉宾所语示民，民皆象之，不愉薄于礼义。又此宾之德音，不但可示民而已，是乃君子于是法则之，于是仿傚之。嘉宾之贤如是，故我有旨美之酒，与此嘉宾用之，燕饮以敖游也。

呦呦鹿鸣，食野之芩。芩，草也。○芩，其今反。笺云：蒿也，又其炎反。我有嘉宾，鼓瑟鼓琴。鼓瑟鼓琴，和乐且湛。湛，乐之久。皆同。湛，都南反，字又作"耽"。我有旨酒，以燕乐嘉宾之心。燕，安也。夫不能致其乐，则不能得其志，不能得其志，则嘉宾不能竭其力。○夫音符。[疏]传"芩，草"。○正义曰：陆机云："茎如钗股，叶如竹蔓，生泽中下地咸处，为草贞实，牛马亦喜食之。"

2.《诗经·小雅·皇皇者华》

皇皇者华，于彼原隰。皇皇，犹煌煌也。高平曰原。下湿曰隰。如华不以高下易其色。笺云：无远无近，维所之然。○煌音皇，又音晃。忠臣奉使，能光君命，无远无近。骎骎征夫，每怀靡及。骎骎，众多之貌。征夫，行人也。每，虽。怀，和也。笺云：《春秋外传》曰："怀和为每怀"，"和"当为"私"。行夫既受君命当速行，每人怀其私相稽留，则于事将无及矣。○骎，许金反。[疏]"皇皇"至"靡及"。○正义曰：此述文王敕使臣之辞。言煌煌然而光明者是草木之华，于彼原与隰皆煌煌而明明，不以高下而易其色也。以言臣之出使，当光显其君，常不辱命于彼遐之与迩，皆使光扬，不以远近而易其志也。汝骎骎众多之行夫，受命当速行。每人怀其私，以相稽留，则于事无所及矣。既不稽留，恐无所及，故当速行，驱驰访善也。

我马维驹，六辔如濡。笺云：如濡，言鲜泽也。○驹音俱，本亦作"驕"。濡，如朱反。载驰载驱，周爰咨诹。忠信为周。访问于善为咨。咨事为诹。爰，于也。大夫出使，驰驱而行，见忠信之贤人，则于之访问，求善道也。○咨，本亦作"谘"。诹，子须反，《尔雅》云："谋也。"《说文》云："聚谋也。" [疏]"我马"至"咨诹"。○正义曰：此文王教使臣曰："我使臣出使，所乘之马维是驹矣。所御六辔，如污物之被洗濯，濡湿甚鲜泽矣。汝当乘是车饰，自谓无及，则驱驰速行，求忠信之贤人，咨访其诹事焉。"

我马维骐，六辔如丝。言调忍也。○骐音其。忍音刃。载驰载驱，周爰咨谋。咨事之难易为谋。○易，以豉反。

我马维骆，六辔沃若。载驰载驱，周爰咨度。咨礼义所宜为度。○沃，乌毒反，沈又于缚反。度，待洛反，注同。

我马维骃，六辔既均。阴白杂毛曰骃，调忠信也。○骃音因。均，载驰载驱，周爰咨询。亲戚之谋为询。兼此五者，虽有中和，当自谓"无所及成于六德"也。笺云：中和，谓忠信也。五者：咨也，诹也，谋也，度也，询也。虽得此于忠信之贤人，犹当云"已将无所及于事，则成六德"。言慎其事。○询音荀。谘亲为询。[疏]传"兼此"至"六德"。○正义曰：《左传》云："臣获五善。"是也。《鲁语》曰："重之以六德。"是传之所据。

3.《诗经·小雅·伐木》

伐木丁丁，鸟鸣嘤嘤。兴也。丁丁，伐木声也。嘤嘤，惊惧也。笺云：丁丁、嘤嘤，相切直也。言昔日未居位，在农之时，与友生于山岩，伐木为勤苦之事，犹以道德相切正也。嘤嘤，两鸟声也。其鸣之志，似于有友道然，故连言之。○丁丁，陟耕反。嘤，于耕反。出自幽谷，迁于乔木。幽，深。乔，高也。笺云：迁，徙也。谓乡时之鸟，出从深谷，今移处高木。○乔，其骄反，本又作"嶠"，同许乔反。嘤其鸣矣，求其友声。君子虽迁于高位，不可以忘其朋友。笺云：嘤其鸣矣，迁处高木者，求其友声，求其尚在深谷者。其相得，则复鸣嘤嘤然。○复，扶又反。

相彼鸟矣，犹求友声。矧伊人矣，不求友生。矧，况也。笺云：相，视也。鸟尚知居高木呼其友，况人之为之？○相，息亮反。矧，尸忍反。神之听之，终和且平。笺云：以可否相增减，曰和平齐等也。此言心诚求之，神若听之，使得以志，则友终相与和而齐功也。[疏]"伐木"至"且平"。○毛以为，有人伐木于山阪之中，丁丁然为声。鸟闻之，嘤嘤然而惊惧。以兴朋友二人相切磋，设言辞以规其友，切切节节然。其友闻之，亦自勉励，犹鸟闻伐木之声然也。鸟既惊惧，乃飞出，从深谷之中，迁于高木之上。以喻朋友既自勉励，乃得迁升于高位之上。鸟既迁高木之上，又嘤嘤然其为鸣也，作求其友之声。以喻君子虽迁高位，而亦求其故友。视彼鸟之为鸣，犹尚作求其友之声，况人之有知矣，焉得不求其友生乎？君子为此而求友也，既居高位而不忘故友，若神明之所听祐之，则朋友终久必志意和且功业平。

伐木许许，酾酒有藇。许许，柿貌。以筐曰酾。以薮曰湑。藇，美貌。笺云：此言前者伐木许许之人，今则有酒而酾之，本其故也。○许，沈呼古反。酾，徐所宜反，又所余反，葛洪所寄反，谓以筐盝酒。盝音鹿。藇音叙，又羊汝反。柿，孚废反。薮，素口反。湑，思叙反。既有肥羜，以速诸父。羜，未成羊也。天子谓同姓诸侯，诸侯谓同姓大夫，皆曰父。异姓则称舅。国君友其贤臣，大夫士友其宗族之仁者。笺云：速，召也。有酒有羜，今以召族人饮酒。○羜，直吕反。宁适不来，微我弗顾。微，无也。笺云：宁召之，适自不来，无使召我不顾念也。

於粲洒埽，陈馈八簋。粲，鲜明貌。圆曰簋。天子八簋。笺云：粲然已洒攘矣，陈其黍稷矣，谓为食礼。○如字，旧音乍。粲，采旦反。洒，所懈反，徐所寄反。埽，素报反。馈，其位反。簋，居伟反。酒，所蟹反，又所懈反。攘，本又作"拼"，甫问反。食音嗣。既有肥牡，以速诸舅。宁适不来，微我有咎。咎，过也。[疏]"伐木"至"有咎"。○毛以为，伐木其柿许许然，故鸟惊而飞去，以喻朋友之相劝，故德进而业修也。此所以切磋之故旧，今以筐酾其酒，有藇然而美，与之燕饮焉。王非直燕其故旧，又既有肥羜之羊，以召朋友诸父而燕之。俱有羊酒，各举其一也。王意又殷勤诸父兄弟，必尽召之。王言曰：宁召之，适自不来，则已无得不召之，使言我不顾念之而怀怨也。于是粲然洒埽其室庭，陈饮食之馈，黍稷之等有八簋也。既有肥羜之牡，以召诸舅而食之。宁召之，适自不来则止，无使怀怨，令我有咎过焉。言王厚其朋友故旧，为设燕食兼有焉。

伐木于阪，酾酒有衍。衍，美貌。笺云：此言笾豆有践，兄弟无远。笺云：践，陈列貌。兄伐木于阪，亦本之也。弟，父之党，母之党。民之失德，干餱以愆。餱，食也。笺云：失德，谓见谤讪也。民尚以干餱之食获愆过于人，况天子之馔，反可以恨兄弟乎？故不当远。○餱音侯，《尔雅》云："餐、餱，食也。"愆，起虔反。讪，讥反。恨，户恳反。无远，于万反，沈如字。有酒湑我，无酒酤我。湑，茜之也。酤，一宿酒也。笺云：酤，买也。此族人陈王之恩也。王有酒则湑洒之，王无酒酤买之，要欲厚于族人。○湑，本又作"醑"，思叙反。酤，毛音户，《说文》同，郑音顾，又音沽。茜，所六反，与《左传》缩酒同。义谓以茅湑之而去其糟也，字从艸。沛，子礼反。坎坎鼓我，蹲蹲舞我。蹲蹲，舞貌。笺云：为我击鼓坎坎然，为我兴舞蹲蹲然，谓以乐乐己。○坎如字，《说文》作竷，云："舞曲也。"蹲，七伦反，本或作"僔"，同，《尔雅》云："喜也。"《说文》云："士舞也。从士、尊。"为，于伪反，下同。乐乐，上音岳，下音洛。迨我暇矣，饮此湑矣。笺云：迨，及也。此又述王意也。王曰：及我今之闲暇，共饮此湑酒。欲其无不醉之意。○迨音待。[疏]"伐木"至"湑矣"。○毛以为，伐木于阪以惊鸟，喻朋友切磋以成道也。由朋友相成如此，故今以筐酾其酒，衍然而美以燕之。既有酒，又笾豆有践然列行而陈之矣，兄弟亲戚，无有疏远，皆使召之而与之燕也。王又自言不可不召族人之意。下民之失德见谤讪者，以何故乎？正由干餱之食不分于人，以获愆过。干餱之食尚以获愆，况天子之馔，可不召亲戚，令之恨乎？故尽召而燕之。族人陈王之恩，言王有酒则湑沛之以饮我，王无酒则卒造一宿之酤酒以与我，于时坎坎然击鼓以娱我，蹲蹲然兴舞以乐我，是王恩甚厚矣。

二、《左传注疏》 晋·杜预注　唐·孔颖达正义

夏四月戊辰，晋侯、宋公、齐国归父、崔夭、秦小子慭次于城濮。_{国归父、崔夭，齐大夫也。小子慭，秦穆公子也。城濮，卫地。}○楚师背酅而舍，_{酅，丘陵险阻名。}[疏]_{注"酅，丘陵险阻名"。○正义曰：兵法右背山陵，前左水泽，楚师背酅而舍，知其背丘陵也。盖所舍之处有丘陵名酅，其处有险阻出，于表反。}晋侯患之，听舆人之诵_{恐众畏险，故听其歌诵。}曰："原田每每，舍其旧而新是谋。"_{高平曰原。喻晋军美盛，若原田之草每每然，可以谋立新功，不足念旧惠。○每，亡回反，又梅对反。}公疑焉。_{疑众谓己背旧谋新。}子犯曰："战也。战而捷，必得诸侯。若其不捷，表里山河，必无害也。"_{晋国外河而内山。}公曰："若楚惠何？"栾贞子曰："汉阳诸姬，楚实尽之，_{贞子，栾枝也。水北曰阳。姬姓之国在汉北者，楚尽灭之。}思小惠而忘大耻，不如战也。"晋侯梦与楚子搏，_{搏，手搏。○搏音博。}楚子伏己而盬其脑，_{盬，啑也。○盬音古，脑，乃老反。啑，子答反，又所答反，又子甲反。}[疏]_{注"盬，啑也"。○正义曰：盬之为啑，未见正训，盖相传为然。服虔云："如俗语相骂云：'啑女脑矣。'"}是以惧。子犯曰："吉。我得天，楚伏其罪，吾且柔之矣。"_{晋侯上向故得天，楚子下向地故伏其罪。脑所以柔物。子犯ូ见事宜，故权言以答梦。○向，或作乡，许亮反。}（僖公二十八年）

三、《公羊传注疏》 汉·何休注　唐·徐彦疏

十有六年，春，王正月，戊申，朔，霣石于宋五。是月，六鹢退飞，过宋都。曷为先言霣而后言石？_{据星霣后言霣。○十六年，本或从此下别为卷。案《七志》《七录》何注此十一卷，《公羊》以闵附庄故也，后人以僖卷大，辄分之尔。霣，于敏反。是月，如字，或一音徒尒反。六鹢，五历反，水鸟。}[疏]_{注"据星霣后言霣"。○解云：即庄七年"夜中，星霣如雨"是也。}霣石记闻，闻其硠然，视之则石，察之则五。是月者何？仅逮是月也。_{是月边也。鲁人语也。在正月之几尽，故曰劣是月也。硠然，之人反，又大年反，声响也；一音芳君反，本或作"砰"，八耕反。仅，其靳反，劣也。逮，音代，又大计反，及也。几，音祈。}[疏]_{"是月者何"。○解云：正以言异常例，故执不知问。○注"是月"至"语也"。○解云：案上十年传云"踊为文公讳"，何氏云"踊，豫也，齐人语。若关西言豫矣"，是《春秋》之内，于此乎悉解为齐人语，而此一文独为鲁人语者，以是经文孔子作也，孔子鲁人，故知鲁人语。彼皆是诸传文，乃胡母生、公羊氏皆为齐人，故解为齐人语。注"在正月之几尽者，谓晦日乃在正月之欲尽矣。}何以不日？据五石言日。[疏]_{注"据五石言日"。○解云：等是灾异，何故五石书言戊申朔，而六鹢不书日乎？故难之。}晦日也。凡灾异晦日不日，日食是也。日食尝于晦朔，不日，晦可知也。六鹢无常，故言是月以起晦也。[疏]_{注"凡灾"至"不日"。○解云：即庄十八年"三晦则何以不言晦？据上《春秋》不书晦也。事当日者日，平居无他卓傀，无所求取，言晦朔趯盟奚战是也。○傀，尤袁反。趯，翠轨反。}[疏]_{注"平居无他卓傀"。○解云：谓无他卓异倨庆，平常之事也。注"无所"至"战是也"。○解云：桓十七年"二月，丙午，及邾娄仪父盟于趯"，《春秋》说以为二月晦矣；"五月，丙午，及齐侯战于奚"，《春秋说》以为五月之朔也。然则此传云《春秋》不书晦，谓平常之事；下文"朔有事则书，晦虽有事不书"者，谓卓傀之事也，合书晦朔矣。}朔有事则书，_{重始，故书以录事。若泓之战及此皆是也。}[疏]_{注"若泓"至"是也"。○解云：即下二十二年"冬，十有一月，己巳，朔，宋公及楚人战于泓"，及此经皆书朔，是其卓傀之事书。}晦虽有事不书。_{重始而终自正，故不复书以录事。○不复，扶又反，下同。}曷为先言六而后言鹢？_{据霣石六鹢退飞，记见也；}视之则六，察之则鹢，徐而察之则退飞。_{鹢小而飞高，故视之如此，事势然也。宋都者，宋国所治也。人所聚曰都。言过宋都者，时独过宋都житель。○所治，直更反。}五石六鹢，何以书？记异也。外异不书，此何以书？为王者之后记异也。_{王者之后有亡徵，非亲王安存也。石者，阴德之专者也；鹢者，鸟中之耿介者，皆有似宋襄公之行。襄欲行霸事，不纳公子目夷之谋，事事耿介自用，卒以五年见执，六年终败，如五石六鹢之数。天之与人，昭昭著明，甚可畏也。于晦朔者，示其立功善甫始而败，将不克察，故详录天意也。○为王，于伪反，注同。耿介，音戒。之行，下孟反。}[疏]_{注"卒以五年见执"。○解云：即下二十一年"执宋公以伐宋"是。计有六年而言五年者，据实日月言之，以合五石之数故也。又六年终败者，即下二十二年"战于泓，宋师败绩"是也。计有七年而言六年者，如上说。○注"天之与人"至"畏也"者，解云：《春秋说》文也。}（僖公十六年）

四、《谷梁传注疏》 晋·范宁注　唐·杨士勋疏

十有六年，春，王正月，戊申，朔，陨石于宋五。_{刘向曰："石，阴类也。五，阳数也。象阴而阳行，将致队落。"陨，云敏反。行，下孟反。下"阴行"同。队，直类反。}[疏]_{注"刘向"至"队落"。释曰：何休云："石者，阴德之专者也。鹢者，鸟中之耿介者，皆有似宋襄公之行。宋襄欲行霸事，不纳公子目夷之谋，事事耿介自用，卒以五年见执，六年终败，如五石六鹢之数。天之与人，昭}

昭著明，其可畏也。"贾逵云："石，山岳之物。齐，大岳之胤。而五石陨宋，象齐桓卒而五公子作乱。宋将先陨而后石，何得诸侯而治五公子之乱，鹢退，不成之象，后六年，霸业退也。鹢，水鸟，阳中之阳，象君臣之象阒走。"也？据庄七年"星陨如雨"，先言星，后言陨。既陨后，乃知是石。于宋四竟之内曰宋。后数，散辞也，耳治也。

陨石，记闻也。闻其磌然，视之则石，察之则五。○竟音境。[疏]"于宋"至"治也"。○释曰：散辞者，对下聚辞而言。为言治，直吏反。下"目治"同。磌，之人反，又大年反；声响也。此石散在宋四竟之内，故后言其数，以散辞言之。鹢则聚在宋都之上，故先言其数，以聚辞之。又云耳治也者，谓陨石先以耳闻，故先言陨。鹢退先以目见，故先言数。是各以闻见先后为次。○注"闻其磌然"。○释曰：范取《公羊》为说，彼传云"陨石记闻，闻其磌然，视之则石，察之则五"是也。磌字，《说文》《玉篇》《字林》等无其字，学士多读为砰。据《公羊》古本是月，六鹢退飞，过宋都。是月，陨石之月。刘向云："鹢，阳并为磌字，张揖读为磌，是石声之类，不知出何书也。欲著石曰鹢月，故言是月。[疏]决不日而月也。○释曰：传言此者，解经书"是退。"五历反。○鹢是月也，决不日而月也若不言是月，则嫌与戊申同。月"之意，言鹢退不日而月，与月明与石陨异曰也。若然，案桓十二年"丙戌，公会郑伯盟于武父。丙戌，卫侯晋卒"，若下事得蒙上日，何为彼经重举丙戌者？彼公盟必须书日，卫侯不正前见，亦当书日，经以卫侯不正，而恐不得蒙上日，故书二日以明之。此石陨鹢退，是记异之事，恐蒙上日，故言是月以别之。如下事得蒙上日者，获且之卒，得连日食之下；六鹢退飞，过宋都，先数，聚辞也，目治也。六鹢退叔弓之卒，得与祭同，日是经举一日得苞两日之验也。飞，记见也。视之则六，察之子曰：石，无知之物；鹢，微有知之物。石无知，故日之石无知而陨，必天使鹢则鹢，徐而察之则退飞。微有知之物，故月之。鹢或时自欲退飞耳，君子之于物，无所苟而已。石、鹢且犹尽其辞，而况之然，故详而日之。○鹢是以略，而月之。于人乎？故五石六鹢之辞不设，则王道不亢矣。不遗微细，故王道可民所聚曰都。（僖公十六年）举。○亢，苦浪反。

五、《论语注疏》　魏·何晏集解　宋·邢昺疏

子曰："见贤思齐焉，包曰："思见不贤而内自省也。"[疏]"子曰"至"省也"。○正义曰：此与贤者等。章勉人为高行也。见彼贤则思与之齐等，见彼不贤则内自省（里仁）察，得无如彼人乎？

六、《礼记正义》　汉·郑玄注　唐·孔颖达疏

玉不琢，不成器；人不学，不知道。是故古之王者建国君民，教学为先。谓内则设师、保以教，使国子学焉；外则有大学、庠、序之官。○琢，丁角《兑命》曰：念终始典于学。其此之谓乎！典，经也。言学之不舍业反，治玉曰琢。太音泰，后"大学"皆同。也。兑，当为"说"字之误也。高宗梦傅说，求而得之，作《说命》三篇，在《尚书》，今亡。[疏]"玉不"至"谓乎"。○正义曰：此一节论学之为○兑，依注作"说"，音悦，下《兑命》放此，音命反。美，故先立学之事。○"王者建国君民，教学为先"，建国，谓建立其国。君民，谓君长其民。内则设师、保，外则设庠、序以教之，故云"教学为先"也。○《兑命》曰：'念始典于学'"者，记者明教学事重，不可暂废，故引《兑命》以证之。言殷相傅说告高宗云"意恒思念，从始至终，习经典于学"也。○"其此之谓乎"者，言此经所谓教学为先，则《兑命》"念终始典于学也"。○注"典经"至"今亡"。○正义曰：典，经也，《释言》文。言"学不舍业"，即经言"终始思念经典"，是不舍业也。（学记）

第三节　增补内容、校正文字、标注音读

一、增补内容

古文献注释还有因原文简略而增补内容的。大约始于《左传》，它是增补《春秋》的（因此名为《春秋左氏传》，简称《左传》）。最有代表性的是南朝宋裴松之的《三国志注》和北魏郦道元的《水经注》。

《三国志注》在考核史实中增补了许多珍贵的史料。《水经注》不仅增补了许多宝贵的史料，而且颇为细致地描绘了祖国多娇的山川。

二、校正文字

古书不是辗转传抄的,就是递相翻刻的。传抄翻刻的次数越多,"鲁鱼亥豕"的情形就越多。清王引之指出:"经典之字往往形近而讹,仍之则义不可通,改之则怡然理顺。"因此注释家是必须精于雠校的。

形讹之外,还有音讹的例子,《诗经·鄘风·君子偕老》:"瑳兮瑳兮,其之展也。"郑玄《笺》:"展衣字误,《礼记》作襢衣。"

三、标注音读

其中包括难字的音读,也包括破字、易字的音读,有时还要考求古读、俗读,纠正误读。

(1)《诗经·周南·汝坟》:"鲂鱼赪尾,王室如燬。"《毛传》:"燬,火也。"《经典释文》:"燬,音毁,齐人谓火曰燬。郭璞又音货,字书作煅,《说文》同。一音火尾反。或云:楚人名火曰燥,齐人曰燬,吴人曰煅,此方俗讹语也。"这是说明音读以及方俗讹读的例子。

(2)《汉书·高帝纪》:"王陵可,然少戆,陈平可以助之。"颜师古《注》:"戆,愚也。古音下绀反,今音竹巷反。"这是说明古今异读、声韵演变的例子。

(3)《礼记·儒行》:"虽危,起居竟信其志,犹将不忘百姓之病也。"郑玄注:"信,读如屈伸之伸,假借字也。"

延伸阅读

一、《诗经注疏》 汉·毛亨传 汉·郑玄笺 唐·孔颖达正义

1.《诗经·小雅·蓼萧》

蓼彼萧斯,零露湑兮。既见君子,我心写兮。燕笑语兮,是以有誉处兮。

蓼彼萧斯,零露瀼瀼。既见君子,为龙为光。其德不爽,寿考不忘。

蓼彼萧斯,零露泥泥。既见君子,孔燕岂弟。

同，后"岂弟"放此。弟如字，本亦作"悌"，音同，后皆放此。乐音洛，下篇同。易，夷豉反。**宜兄宜弟，令德寿岂。**为兄亦宜，为弟亦宜。[疏]"既见"至"寿岂"。○正义曰：远国之君既朝见君子，为君子所接遇，故皆甚安，而情又喜乐以怡易也。君子既接，远国得所，而又燕见，以尽其欢，是君子为人之能，宜为人兄，宜为人弟，随其所为，皆得其宜，故能有善德之誉，寿凯乐之福也。

蓼彼萧斯，零露浓浓。浓浓，厚貌。○浓，奴同反，又女龙反。**既见君子，鞗革冲冲。和鸾雝雝，万福攸同。**鞗，辔也。革，辔首也。冲冲，垂饰貌。在轼曰和，在镳曰鸾。笺云：此说天子之车饰也，诸侯燕见天子，天子必乘车迎于门，是以云然。攸，所也。○鞗，徒彫反。冲，直弓反，徐音同，又音敕勇反。轼音式。镳，彼苗反。[疏]"既见"至"攸同"。○正义曰：言远国之君，既见君子之王者，又蒙垂意燕见于己，说其燕之车饰。君子所乘燕见之车，鞗皮以为辔首之革，垂之冲冲然。其在轼之和铃，与衡镳之八鸾，其声雝雝然。乘是车服，屈己之尊，降接卑贱，恩遇若是，是王为主得所，故宜为万福之所同，皆得归聚之。

2. 《诗经·小雅·菁菁者莪》

菁菁者莪，在彼中阿。兴也。菁菁，盛貌。莪，萝蒿也。中阿，阿中也。大陵曰阿。君子能长育人材，如阿之长莪菁菁然。笺云：长育之者，既教学之，又不征役也。**既见君子，乐且有仪。**笺云：既见君子者，官爵之而得见也。见则心既喜乐，又以礼仪见接。[疏]"菁菁"至"有仪"。○正义曰：言菁菁然茂盛者，萝蒿也。此萝蒿所以得茂盛者，由生在阿中，得阿之长养，故茂盛。以兴德盛者，是学士也。此学士所以致德盛者，由升在彼学中，得君之长育，故使德盛。人君既能长育人材，教学之，又能官而用之，故此学士既见君子则心喜乐，且又有礼仪见接也。又君子能养材与官，又接之以礼，故下所以歌之也。言此养莪者，以沚则有水之润，阿、陵有所居之势，草得于中而长遂，故言长也。

菁菁者莪，在彼中沚。中沚，沚中也。○沚音止。**既见君子，我心则喜。**喜，乐也。

菁菁者莪，在彼中陵。中陵，陵中也。**既见君子，锡我百朋。**笺云：古者货贝，五贝为朋。赐我百朋，得禄多，言得意也。

汎汎杨舟，载沉载浮。杨木为舟，载沉亦浮，载浮亦浮。笺云：舟者，沉物亦载，浮物亦载，喻人君用士，文亦用，武亦用，于人之材，无所废。○汎，方剑反。**既见君子，我心则休。**笺云：休者，休休然也。○休，虚虬反，美也。[疏]"汎汎"至"则休"。○正义曰：言汎汎然杨木之舟，则载其沉物，则载其浮物，俱浮水上。以兴当时君子，用其文者，用其武者，俱致在朝。言是子为人，唯才是用，故既见君子，而得官爵，我心则休休然而美也。"载飞载止"，及"载震载育"之类，笺、传皆以"载"为"则"，然则此"载"亦为"则"，言则载沉物，则载浮物也。传言"载沉亦浮"，笺云"沉物亦载"，则以载解义，非经中之载也。

3. 《诗经·小雅·鸿雁》

鸿雁于飞，肃肃其羽。兴也。大曰鸿，小曰雁。肃肃，羽声也。鸿雁知辟阴阳寒暑。笺云：兴者，喻民知去无道，就有道。○肃，所六反，本或作"翻"，同。**之子于征，劬劳于野。**之子，侯伯卿士也。劬劳，病苦也。笺云：侯伯卿士，谓诸侯之伯与天子卿士也。是时民既离散，邦国有坏灭者，侯伯久不述职，王使废于存省，诸侯于是始复之，故美焉。○劬，其俱反。注及下文同。《韩诗》云："数也。"使，所吏反。**爰及矜人，哀此鳏寡。**矜，怜也。老无妻曰鳏，偏丧曰寡。笺云：爰，曰也。王之意，不徒使此为诸侯之事，与安集万民而呈反。鳏音周，救也。忾，许气反。[疏]"鸿雁"至"鳏寡"。○正义曰：言鸿雁避期忌，就所欲，往飞之时，肃肃其羽为声也。以兴万民去处所恶，就有道，而归往之时，其心喜乐也。此万民所以有可就者，以时干遭使是子侯伯卿士，于是巡行其邦国，劳来天下之民，病苦于外野，故万民得归之。此侯伯卿士既安集万民，又称王命己曰：不但安民而己，亦当及此可怜之人，贫穷者，令鳏忾焉。又哀此无妻之鳏夫，偏丧之寡妇，当收敛之，使有所依附也。王命己，己当行焉。

鸿雁于飞，集于中泽。中泽，泽中也。笺云：鸿雁之性，安居泽中，今飞又集于泽中，犹民去其居而离散，今见还定安集。**之子于垣，百堵皆作。**一丈为版，五版为堵。笺云：侯伯卿士，又于坏灭之国，征民起屋舍，筑墙壁，百堵同时而起。言趋事也。《春秋传》曰："五版为堵，五堵为雉。"雉长三丈，则版六尺。垣音袁。堵，丁古反。**虽则劬劳，其究安宅。**究，穷也。笺云：此劝万民之辞。女今虽病劳，终有安居。○究，音救，居又反。[疏]"鸿雁"至"安宅"。○正义曰：言鸿雁性好居泽，今往飞而集于泽中，得其志也。以兴万民亦情乐处家，今还归于家中，亦得其处故也。万民得以安处者，其是子侯伯卿士，又于坏灭之国，征民起筑垣墙，令万民俱就，由是得还定也。又言侯伯卿士劝已万民曰：筑墙兴造，虽则今劬劳，其于久得安居，欲使不惮劳也。民喜王使之劝己，故陈辞而美之。

鸿雁于飞，哀鸣嗸嗸。未得所安集则嗸嗸。然笺云：此之子所未至者。○嗸，本又作"嗷"，五刀反，声也。**维此哲人，谓我劬劳。**笺云：此哲人谓知王之意及之子之事者。**维彼愚人，谓我宣骄。**宣，示也。笺云：谓我役作，众民为骄奢也。

二、《左传注疏》 晋·杜预注　唐·孔颖达正义

初，魏武子有嬖妾，无子。武子疾，命颗曰："必嫁是。"武子，魏犨。颗之父。○嬖，必计反。**疾病**，则曰："必以为殉。"及卒，颗嫁之，曰："疾病则乱，吾从其治也。"及辅氏之役，颗见老人结草

以亢杜回。亢，御也。○殉，似俊反。本或作"必以殉"。杜回踬而颠，故获之。夜梦之曰："余，而所嫁妇人之父也。而，女也。○踬，陟尔用先人之治命，余是以报。"传举此以示教。（宣公十五年）

三、《公羊传注疏》 汉·何休注 唐·徐彦疏

二十有八年，春，晋侯侵曹，晋侯伐卫。曷为再言晋侯？据楚人围陈，纳顿子于顿，亦两事，不再出楚人。[疏]注"据楚"至"出楚人"。○解云：在上二十五年秋也。非两之也。然则何以不言遂？据侵蔡遂伐楚言遂。[疏]"非两之也"。○解云：上二十五年顿子之下，传云"何以不言遂？两之也"。注云："微者不别遂，但别两称耳。别之者，恶国家不重民命，一出兵为两事也。"以此言之，初发国，即有两伐之意。○注"据侵蔡伐楚言遂"。○解云：即上四年"春，王正月，公会齐侯"以下"侵蔡，蔡溃，遂伐楚"是也。未侵曹也。未侵曹，则其言侵曹何？致其意也。其意侵曹，则曷为伐卫？晋侯将侵曹，假涂于卫，卫曰不可得，则固将伐之也。曹有罪，晋文行霸征之，卫壅遏，不得使义兵以时进，故言侵曹，以致其意，所以通贤者之心，不使壅塞也。宋襄公伐齐月，此不月者，晋文公功信未著，且当修文德，未当深求于诸侯，故不美也。○卫壅，于勇反，下同；又作"雍"，同。遏，于葛反。[疏]"卫曰不"至"伐之也"。○解云：言卫不可得涂，则固将先伐之，其意犹自欲得侵曹矣。○注"曹有"至"征"。○解云：言征之者，谓伐而正之，上讨下之辞，如上十八年传云"与襄公之征齐也"。（僖公二十八年）

四、《谷梁传注疏》 晋·范宁注 唐·杨士勋疏

五月，戊寅，宋师及齐师战于甗。甗，齐地。○甗，鱼辇反。又音言。齐师败绩。战不言伐，客不言及；言及，恶宋也。何休曰："战言及者，所以别客主直不直也。故文十二年，晋人、秦人战于河曲两不直，故不云及。今宋言及，明在宋，非所以恶宋也。即言为恶，说《谷梁》以河曲之战为两善乎？又《谷梁》以河曲两不言及，略之也，则自相反矣。"[疏]"战不"至"宋也"。○释曰《春秋》之例，战伐不并举，此上有伐文，今又言战，是违常例也。又伐人者为客，受伐者为主，此言及齐师，是亦违常例也。故复释之以为恶宋也。○注"何休"至"先后"。○释曰：何休《废疾》云，此言及为恶宋，则文十二年河曲之战不言及，为两善乎？故知言及者，分别客主直不直也。狄救齐。善救齐也。[疏]"善救齐也"。○释曰：楚与上文鲁师救齐并为善者，此善狄能忧中国。上文与鲁昔与齐仇雠，恐救之非善，故并发善救之例也。（僖公十八年）

五、《论语注疏》 魏·何晏集解 宋·邢昺疏

子贡问曰：孔文子何以谓之文也？孔曰："孔文子，卫大夫孔圉。文，谥也。"子曰："敏而好学，不耻下问，是以谓之文也。"孔曰："敏者，识之疾也。"下问，谓凡在己下者。"[疏]"子贡"至"文也"。○正义曰：此章言文为美谥也。"子贡问曰：'孔文子何以谓之文也'"者，言文是谥之美者，故问大夫孔圉有何善行，而得谓之文也。"子曰：'敏而好学，不耻下问，是以谓之文也'"者，此夫子为子贡说文子之美行也。敏者，疾也。下问，问凡在己下者。言文子知识敏疾，而又好学，有所未辨，不羞耻于问己下之人。有此美行，是以谥谓之文也。○注"孔曰"至"谥也"。○正义曰：云"孔文子，卫丈夫孔圉"者，《左传》文也。云"文，谥也"者，案《谥法》云："勤学好问曰文。"（公冶长）

练习题

一、分析简答题

阅读下面古书的注解，并回答问题。

1. 哪几句话是毛传？哪些话是郑笺？
2. 哪些话是孔疏？孔疏是解释谁的话？哪些话是陆德明《经典释文》中的？

《诗经·周南·兔罝》

肃肃兔罝椓之丁丁 肃肃敬也兔罝兔罟也丁丁椓杙声也笺云兔罝之人鄙贱之事犹能恭敬则是贤者众多也○椓陟角反丁陟耕反罝音古周也杙本又作弋羊职反郭羊北反尔雅云杙李巡云橛也杙音特橛音其月反 [疏] 赳赳武夫公侯干城 赳赳武貌干扞也笺云干也城也皆以御难也此兔罝之人贤者也有武力可任为将帅之德诸侯可任以国守扞城其民折冲御难于未然○赳居黝反尔雅云武也干字孙炎注云干橹所以自蔽扞也旧户旦反沈音于扞户旦反御鱼吕反难乃旦反下同任音壬将子匠反帅色类反沈所愧反可任而鸠反后不音者放此守手又反折之役至冲昌容反 [疏] 肃肃兔罝椓之丁丁赳赳至干城○毛以为肃肃然恭敬之人方为兔作罝身椓杙其椓杙之声丁丁然虽为鄙贱之事甚能恭敬此人非直能自肃敬又是赳赳然威武之夫可以为公侯之扞城言可以蕃屏公侯之为防固也○郑唯干城为异言此兔罝之人有赳赳然威武之德公侯可任以国守令扞城其民使之折冲御难于未然也谓公侯使之与民作扞城也

肃肃兔罝施于中逵 逵九达之道○施如字逵求龟反杜预注春秋云涂方九轨 [疏] 传逵九达之道○正义曰释宫云一达谓之道路二达谓之歧旁郭氏云岐旁旁出三达谓之剧旁孙炎云旁出歧多故曰剧四达谓之衢孙氏云交道四出五达谓之康孙炎云康乐乐也六达谓之庄孙氏云庄盛也道烦盛七达谓之剧骖孙炎云三道交复有一歧出者八达谓之崇期郭氏云四道交出九达谓之逵郭璞云四道交出复有旁通者庄二十八年左传楚伐郑入自纯门及逵市杜预云逵卽九轨 赳赳武夫公侯好仇 笺云怨耦曰仇此兔罝之人敌国有来侵伐者可使和好之亦言贤也 [疏] 赳赳至好仇○毛以为赳赳然有威武之夫有文有武能匹敌于公侯之志为公侯之好匹此虽不传以毛仇皆为匹和唯好优为异

肃肃兔罝施于中林 中林林中○施如字沈以豉反 赳赳武夫公侯腹心 可以制断公侯之腹心笺云此兔罝之人于行攻伐可用为策谋之臣使之虑事亦言贤也○断丁乱反 [疏] 公侯腹心○毛以为兔罝之人有文有武可以为腹心之臣言公侯有腹心之谋事能制断其是非○郑以为此兔罝之人贤者若公侯行攻伐时可使之为腹心之计虑虑前事

二、阅读下面古书的注解,并回答问题

1. 哪几句话是毛传?哪些话是郑笺?

2. 哪些话是孔疏?孔疏是解释谁的话?哪些话是陆德明《经典释文》中的?

《诗经·周南·葛覃》

葛之覃兮施于中谷维叶萋萋 兴也覃延也葛所以为絺绤女功之事烦辱者施移也中谷谷中也萋萋茂盛貌笺云萋者妇人之所有事也此因葛之性以兴焉兴者葛延蔓于谷中喻女在父母之家形体浸浸日长大也叶萋萋然喻其容色美盛也 黄鸟于飞集于灌木其鸣喈喈 黄鸟抟黍也灌木丛木也喈喈和声之远闻也笺云葛延蔓之时则抟黍飞鸣亦因以兴焉飞集藂木兴女有嫁于君子之道和声之远闻兴女有才美之称达于远方 [疏] 葛之至喈喈○正义曰葛之渐长稍稍延蔓兮而移于谷中非直枝干渐长维叶则萋萋茂盛以兴后妃之生浸浸日大而长于父母之家非直形体日大其容色又美盛此当葛延蔓之时有黄鸟往飞集于丛木之上其鸣之声喈喈然远闻以兴后妃形体既大宜往归嫁于君子之家其才美之称亦达于远方也

葛之覃兮施于中谷维叶莫莫 莫莫成就之貌笺云成就者其可采用之时○莫美博反 是刈是濩为絺为绤服之无斁 濩煮之也精曰絺粗曰绤斁厌也古者王后织玄统公侯夫人纮綖卿之内子大带大夫命妇成祭服士妻朝服庶士以下各衣其夫笺云服整也女在父母之家未知将所适故习之以絺绤烦辱之事乃能整治之无厌倦是其性贞专 [疏] 葛之至无斁○正义曰葛之渐延蔓兮所移在于谷中生长不已其叶莫莫然成就葛既成就已可采用故后妃于是刈取之于是濩煮之煮治已讫后妃乃缉绩之为絺为绤言后妃整治此葛以为絺绤之时志无厌倦是后妃之性贞专也

言告师氏言告言归 言我也师女师也古者女师教以妇德妇言妇容妇功祖庙未毁教于公宫三月祖庙既毁教于宗室妇人谓嫁曰归○谓嫁曰归本亦无曰字 薄汙我私薄澣我衣 汙烦也私燕服也我有副袆盛饰以朝事舅姑接见于宗庙进见于君子余则私也笺云烦撋之用功深澣谓濯之耳衣谓袆衣以下至襛衣 害澣害否归宁父母 害何也私服宜澣公服宜否宁安也父母在则有时归宁耳笺云我之衣服今者何所当见澣何所当否乎言常自洁清以事君子○害户葛反下同方九反清如字沈音净 [疏] 言告至父母○毛以为上下二我如其身中我我师后妃言我身本见 [疏] 教告于师氏我师氏告我以归嫁人之道欲令我躬俭节用不务奢华故今日薄欲烦撋之私服薄欲澣濯我之襛衣然我之衣服有公有私议量而言我之衣服何者当见澣乎私服宜澣之何者当不澣乎公服宜否既以受师教诲澣衣节俭复以时归宁父母

三、阅读下面古书的注解,并回答问题

1. 哪几句话是毛传?哪些话是郑笺?

2. 哪些话是孔疏?孔疏是解释谁的话?哪些话是陆德明《经典释文》中的?

《诗经·周南·桃夭》

桃之夭夭灼灼其华^{兴也桃有华之盛者夭夭其少壮也灼灼华之盛也笺}之子于归宜其室家^{之子嫁子也于往也宜以}^{云兴者逾时妇人皆得以年盛时行也○少诗照反}^{有室家无逾时者笺云宜}

[疏] 桃之至室家○毛以为少壮之桃夭夭然复有灼灼然此桃之盛华以兴有十五至十九少壮之女亦夭夭然复有灼灼之美色正于秋冬行嫁然是此行嫁之子往归嫁于夫正得善时宜其为室家矣○郑唯据年月不同又宜者谓年时者谓男女年时俱当○当丁浪反俱善为异

桃之夭夭有蕡其实^{蕡实貌非但有华色又}^{有妇德○蕡浮云反}之子于归，宜其家室^{家室犹}^{室家也}

桃之夭夭其叶蓁蓁^{蓁蓁至盛貌有色有德形}^{体至盛也○蓁侧巾反}之子于归宜其家人^{一家之人尽以为宜笺云家人犹室}^{家也○尽津忍反或如字他皆放此} [疏] ^{笺家人}^{犹室家}^{家家}

○正义曰易传者以其与上相类同有宜其之文明据宜其为夫妇据其年盛得时之美不宜横为一家之人桓十八年左传曰女有家男有室室家谓夫妇也此云家人家犹夫也犹妇也以异章而变文耳故云家人犹室家也

第四章
古文献注释的体例

古文献注释的体例可以分为两大类，即随文释义的注疏和通释语义的专著。

随文释义：对古书中某些词语根据原文进行注解，注解不脱离原文，如《周礼注》《仪礼注》。

通释语义：对古书中词语进行总括性解释，一般用于词典、字典的释义，如《尔雅》《说文解字》就是通释语义的训诂书。

古书注释是训诂体式的一个重要方面，从古到今，我国古书注释的数量非常之大，名目也繁多。下面择重要的做一些介绍。

第一节 传、注、章句、笺

一、传

传指阐述经义的文字，或以发挥经义为主，如相传孔子作的《易经》、子夏作的《丧服传》和左丘明等的《春秋》三传，其中虽然偶有解释词语或说明语法的文字，但还不是以训诂为主旨的传；或以解释词语为主，如毛亨的《诗故训传》、马融的《周易传》、孔安国的《尚书传》，这才是以训诂为主旨的传，后世通称为注。

"传"的意思是传述，它是最早解释古书的体裁。传说孔子曾经为《周易》作传，就是通常所说的"十翼"。但是这个说法恐怕靠不住。为孔子修的《春秋》作传的有左丘明的《春秋左氏传》（省称《左传》），此外还有公羊高的《公羊传》，谷梁赤的《谷梁传》。《左传》偏重于史实的补充，也有少量词语的解释。《公羊传》和《谷梁传》则偏重于定义的阐释和事理的说明。

二、注

注指解释古书词句的文字。孔颖达《春秋左传正义》说:"毛君、孔安国、马融、王肃之徒,其所注书,皆称为传,郑玄则谓之为注。"据此,传本为注释的通称,改称为注是从郑玄开始的。如郑玄有《周礼注》《仪礼注》《礼记注》。继之,高诱有《战国策注》《吕氏春秋注》《淮南子注》等。于是注又成了古书注解的通称,如《十三经注疏》的注,包括毛亨的《诗故训传》、郑玄的《毛诗笺》、何休的《公羊解诂》、何晏的《论语集解》等。

何以称解释古书词句的文字为注?取义于灌注,《说文》:"注,灌也。"贾公彦《仪礼·士冠礼疏》:"注者,注义于经下,若水之注物也。"段玉裁《说文注》:"注之云者,引之有所适也,故释经以明其义曰注。"注有注解之义后又写作"註",段玉裁《说文注》云:"汉唐人经注文字无有作註者,明人始改注为註。"

另外,这类注解还有"训故""解故""注训""故""微"等名目,如见于《汉书·艺文志》的有鲁申公《诗训故》,大、小夏侯的《书解诂》,何休《孝经注训》,《诗》类的《诗鲁故》《诗齐孙氏故》《诗韩故》,《春秋》类的《左氏微》《铎氏微》《张氏微》等。显然"故"是"训故""解故"的省称,而"微"颜师古注曰:"微谓究其微指。"微指,即由语言变迁所造成的隐微难晓的旨意。

三、章句

章句是汉代注释家所创的一种注释体例。《后汉书·桓谭传》注:"章句谓离章辨句,委曲枝派也。"清沈钦韩《汉书疏证》:"章句者,经师指括其文,敷畅其义,以相教授。"可见章句的体例,就是分章析句以说明其大意。汉代采用这种方法注释典籍的很多,如著录于《汉书·艺文志》的,《书》有欧阳章句、大小夏侯章句,《春秋》有公羊章句、谷梁章句。东汉章句之学更为发达,如蔡邕有《月令章句》,刘表有《周易章句》,赵岐有《孟子章句》,王逸有《楚辞章句》。关于章句与故、传的区别,近人刘师培《国学发微》指出:"故、传二体,乃疏通经文之字句者也;章句之体,乃分析经文之章句者也。"其实,疏通经文字句者有的也串讲文意,分析经文之章句者往往从疏通字句入手,只不过是各有侧重罢了。

从传注到章句,应该说是注解体例更加完善了,但是当时的章句之学有个弊病,就是比传注烦琐得多,所以《文心雕龙·论说篇》云:"通人恶烦,羞学章句。"

四、笺

《说文》:"表识书也。从竹,戋声。"《篇海》:"古者纪其事以竹编次为之。"根据"笺"字的字形和以上两家对笺字定义的解释可知,笺本是一种小竹片,读书时随即用以记下心得,然后把它系在相关的竹简下以备考查。因而郑玄用它作为一种注解的名称。郑玄《六艺论》云:"注诗宗毛为主。毛义若隐略,则更表明;如有不同,则下己意。"可见他所作的笺是一种补充订正性的注解。晋张华《博物志》云:"毛为北海相,郑是郡人,故称笺以为敬。"段玉裁指出:"此泥魏晋上书称笺之例,绝非郑意。"(按:魏晋的公文格式,公府用记,郡将用笺。)《四库提要》亦驳其说:"康成生于汉末,乃修敬于四百年前之太守,殊无所取。……康成特因毛传而表识其旁,如今人之笺记,积而成帙,故谓之笺,无庸别曲说也。"这里应该指出,后人注书称"笺注""笺证"者,大都以"笺"为谦词,未必对他人的注有所补正。

延伸阅读

一、《诗经注疏》 汉·毛亨传 汉·郑玄笺 唐·孔颖达正义

1.《诗经·大雅·棫朴》

芃芃棫朴,薪之槱之。 兴也。芃芃,木盛貌。棫,白桵也。朴,枹木也。槱,积也。山木茂盛,万民得而薪之。贤人众多,国家得用蕃兴。笺云:白桵相朴属而生者,枝条芃芃然,豫斫以为薪。至祭皇天上帝及三辰,则聚积以燎之。○芃,薄红反。栖音西,字亦作"㮕",弋九反,云:"积木烧也。"枹,必茅反。蕃音烦。属,之欲反。斫,一本作"斩"。燎,力召反。**济济辟王,左右趣之。** 趣,趋也。笺云:辟,君也。君王,谓文王。王临祭祀,其容济济然敬。左右之诸臣,皆促疾于事,谓相助积薪。○辟音璧。注及下同。趣,七喻反。[疏]"芃芃"至"趣之"。○毛以为,芃芃然枝叶茂盛者,是彼棫木之朴相朴而丛生也。我农人得析而薪之,又载而积之于家,使农人得以济用。兴德行俊秀者,乃彼贤人之丛集而众多也。我国家得征而取之,又引而置之于朝,使国得以蕃兴。既得贤人,置之于位,故济济然多容仪之君王,其举行政,此贤臣皆左右辅助而疾趋之。言贤人在官,各司其职,是其能官人也。○郑以为,芃芃然枝叶茂盛之棫,相朴属而丛生也,故使人豫斫而薪之。及祭皇天上帝,则又聚积而燎之。济济然其临祭祀容貌肃敬之君王,薪燎以祭之时,左右诸臣趋疾而助之。

济济辟王,左右奉璋。 半圭曰璋。笺云:璋,璋瓒也。祭祀之礼,王祼以圭瓒,诸臣助之,亚祼以璋瓒。○璋音章。瓒,在但反,字或作"赞"。祼,古乱反。**奉璋峨峨,髦士攸宜。** 峨峨,盛壮也。髦,俊也。笺云:士,卿士也。奉璋之仪峨峨宜然,故今俊士之所宜。○峨,本又作"俄",五歌反。髦音毛。[疏]"济济"至"攸宜"。○毛以为,文王能任贤为官,助之礼也。济济然多容仪之君王,为臣奉璋,其能官人也。○郑以此章说宗庙之祭,贤臣取之。言济济然其临祭祀敬美之君王,其祭之时,亲执圭瓒以祼。其左右之臣,奉璋瓒助之而亚祼。奉璋亚祼之时,容仪峨峨然甚得其礼。此奉璋之事,俊士之所宜行也。宜以助祭,是官得其人也。

淠彼泾舟,烝徒楫之。 淠,舟行貌。楫,棹也。笺云:烝,众也。淠淠然泾水中之舟,顺流而行者,乃众徒船人以楫棹之故也。兴众臣之贤者,行君政令。○淠,匹世反,沈孚计反。泾音经。烝,之承反。楫音接,徐音集。《方言》云:"楫谓之桡,或谓之櫂。"郭注云:"楫,桡头索也,所以县櫂谓之楫。"《说文》云:"楫,舟棹也。"《释名》云:"在傍拨水曰櫂。又谓之楫。"櫂,直教反。**周王于迈,六师及之。** 天子六军。笺云:于,往。迈,行。及,与也。周王往行,谓出兵征伐也。二千五百人为师。今王兴师行者,殷未之制,未有《周礼》《周礼》"五师为军,军万二千五百人"。[疏]"淠彼"至"及之"。○正义曰:文顺流而行者,是泾水之舟船。今乃由舟船以得顺流而行者,乃由众徒船人以楫棹之故也。以兴随民而化者,是文王之政令也。此政令所以得随民而化者,乃由诸臣贤者以力行之故也。既有贤人王布政,故可以征讨有罪。周王往行征伐,则六师与之而俱进也。

倬彼云汉,为章于天。 倬,大也。云汉,天河也。笺云:云汉之在天,其为文章,譬犹天子为法度于天下。○倬,陟角反。**周王寿考,遐不作人。** 遐,远也。远

不作人也。笺云：周王，文王也。文王是时九十余矣，故云"寿考"。"遐不作人"者，其政变化纣之恶俗，近如新作人也。 [疏] 笺"周王"至"作人"。○正义曰：上已有周王，何嫌非文王？而于此言谓文王者，欲因取文王之名，以解寿考，故于此言之也。受命之时，已九十矣。六年乃称王，此虽述受命时事，故云九十余矣。作人者，变旧造新之辞，故云变化纣之恶俗，近如新作人也。

追琢其章，金玉其相。 追，彫也。金曰彫，玉曰琢。相，质也。笺云：《周礼·追师》"掌追衡笄"，则追亦治玉也，相，视也，犹观视也。追琢玉使成文章，喻文王为政，先以心研精，合于礼义，然后施之。万民视而观之，其好而乐之，如睹金玉然。言其政可乐也。○追，对回反。注同。琢，陟角反。注同。彫，都挑反。相如字。一云："郑息亮反。"研，倪延反。好，呼报反。乐音洛。下同。**勉勉我王，纲纪四方。** 笺云：我王，谓文王也。以罔罟喻为政，张之为纲，理之为纪。○罟音古。 [疏] "追琢"至"四方"。○毛以为，上言文王之表章，此又说其有文章之事。言治宝物为器，所以彫琢其体以为文章者，以金玉本有其质性故也。以喻文王所以可修饰其道以为圣教者，由本心性有睿圣故也。心性有睿圣，故彫饰以成美。言文王之有圣德，其文如彫琢，其质如金玉，以此文章教化天下，故叹美之。言勉勉勤于善道不倦之我王，以此圣德，纲纪我四方之民，善其能在民上治天下。郑以为，申上政教可美之意。言工人追琢此玉，使其成文章而后用之。以兴文王研精此政教，合于礼义，其出，民皆贵而爱之，好而乐之，如金玉之宝，其皆视而观之。

2.《诗经·大雅·崧高》

崧高维岳，骏极于天。维岳降神，生甫及申。 崧，高貌。山大而高曰崧。岳，四岳也。东岳岱，南岳衡，西岳华，北岳恒。尧之时，姜氏为四伯，掌四岳之祀，述诸侯之职。于周则有甫、有申、有齐、有许也。骏，大。极，至也。岳降神灵，和气以生，申甫之大功。笺云：降，下也。四岳，卿士之官，掌四时者也。因主方岳巡守之事，在尧时姜女为之，德当岳神之意，而福兴其子孙，历虞、夏、商，世有国土，周之甫也、申也、齐也、许也，皆其苗胄。○岳，字亦作岳，鱼角反。《白虎通》云："岳者何？桷功德也。"骏音峻。守音狩，本亦作"狩"。夏，户雅反。**维申及甫，维周之翰。四国于蕃，四方于宣。** 翰，干也。蕃，屏也。甫，甫侯也。皆以贤知入为周之桢干之臣。四国有难，则往扞御之，为之蕃屏。四方恩泽不至，则往宣畅之。甫侯相穆王，训夏赎刑，美此俱出四岳，故连言之。○翰，户旦反，又户案反。蕃，方元反。知音智，本或作"哲"。桢音贞。难，乃旦反。扞，户旦反。相，息亮反。赎音树，一音常欲反。 [疏] "崧高"至"于宣"。○正义曰：此ично美申伯之见赏，其本先祖所由之兴。言有崧然而高者，维是四岳之山。其山高大，上至于天。维其至天之大岳，降其神灵和气，以福祚伯夷之后，生此甫国之侯及申国之伯。以伯夷常掌其神祀，故祐助其后，使其国则历代常存，子孙则多有贤智。维此申伯及此甫侯，维为周之卿士，桢干之臣。若四表之国，有所患难，则往捍御。为之蕃屏，四方之处，恩泽不至，则往宣畅之，使沾王化。是由神所祐，故有此贤智也。

亹亹申伯，王缵之事。于邑于谢，南国是式。 谢，周之南国也。笺云：亹亹，勉也。缵，继。于，往。於，於。式，法也。亹亹然勉于德不倦之臣有申伯，以贤人为王之卿士，佐王有功。王又欲使继其故诸侯之事，往作邑于谢，南方之国皆统理施其法度，时改大其邑，使为侯伯，故云然。○亹，亡匪反。缵，祖管反，《韩诗》作"践"。践，任也。**王命召伯，定申伯之宅。登是南邦，世执其功。** 召伯，召公也。登，成。功，事也。笺云：之，往也。申伯忠臣，不欲离王室，故王使召公定其意，令往居谢，成法度为南邦，世世持其政事，传子孙也。○离，力智反。下"欲离"同。令，力呈反。下皆同。传，直传反。 [疏] "亹亹"至"其功"。○正义曰：言亹亹然勉力于德行之不倦者，申伯也。以其行德不倦，王使之继其故诸侯之事，令往作邑于谢之地，以统理南方之国，于是施其法度以治之。又以申伯忠臣，不欲离背王室，当先营彼国，以安定其心，故王乃命召伯，先营谢邑，以定申伯往居之处，得使申伯居之，以成是法度于南方之邦国，世世恒执持其政教之事，传之子孙。

王命申伯："式是南邦，因是谢人，以作尔庸。" 庸，城也。笺云：庸，功也。召公既定申伯之居，王乃亲命之，使为法度于南邦。今因是故谢邑之人而为国，以起女之功劳。**王命召伯，彻申伯土田。** 彻，治也。笺云：治者，正其井牧，定其赋税。○牧，手又反，又如字。后放此。**王命傅御，迁其私人。** 御，治事之官也。私人，家臣也。 [疏] "王命"至"私人"。○毛以为，王既命召伯，令定申伯之居，又申伯以将封之意，王乃命谁申伯云：我欲使汝为法度于是南方之国，今因是故谢邑之人，以改作汝之国城也。召公于时犹尚未发，王又命召伯云：汝往谢邑，非徒营立申伯之居宅而已，又当治理申伯国内土田，使之正其井牧，定其赋税也。

申伯之功，召伯是营。有俶其城，寝庙既成。 俶，作也。笺云：申伯居谢之事，召公营其位而作城郭及寝庙，定其人神所处。○俶，木又作"伓"，尺叔反。**既成藐藐，王锡申伯。四牡蹻蹻，钩膺濯濯。** 藐藐，美貌。蹻蹻，壮貌。钩膺，樊缨也。濯濯，光明也。笺云：召公营之，筑之已成，其形貌生于王。王乃赐申伯，为将遣之。○藐，亡角反。蹻，渠略反。濯，直角反，沈土学反。樊，步丹反。为，于伪反。 [疏] "申伯"至"濯濯"。○正义曰：此说往营谢邑讫而告王，言申伯居谢之事，乃召伯于是营其位。处于营之处有所作者，其是谢邑之城郭也。既作其城，又作寝庙。寝庙既已成矣，此既成之形貌，藐藐然而美也。王知其美，将遣申伯，乃赐申伯以四牡之马，蹻蹻然而强壮。又赐以在首之金钩，在膺之樊缨，濯濯然而光明。将欲遣之，故赐以此物也。○传"俶，作"。○正义曰：《释诂》文。

王遣申伯，路车乘马。"我图尔居，莫如南土。 乘马，四马也。笺云：王以正礼遣之国，故复有车马之赐。图告之曰：我谋女之所处，无如南土之最善。○乘，绳证反。注同。**锡尔介圭，以作尔宝。** 宝，瑞也。笺云：圭长尺二寸谓之介，非诸侯之往近王舅，南土是保。"** 近，已也。申伯，宣王之舅也。笺云：近，辞也。声如"彼记之子"。保，守也。安也。○近如字。守音狩。记音记。 [疏] "王遣"至"是保"。○毛以为，王于是发遣申伯，令使之国，故赠送之以大路之车及乘驷之马，因告之曰：我谋度汝之所居，无如谢邑之最善。汝宜往居之。又特赐汝以大圭，谓桓圭九寸也，以为汝之执瑞。既赐其物，又叹而送之。往去已，此王之舅也，当于南方之土，于是安居之矣。皆命遣之辞。○郑唯介圭谓长尺二寸之圭，以作国之珍宝为异。余同。

申伯信迈，王饯于郿。_{郿，地名。笺云：迈，行也。申伯之意不欲离王室，王告语之复重，于是意解而信行。饯，送行饮酒也。时王盖省岐周，故于郿云。○饯，贱浅反，沈祖见反，一音贱，《字林》子扇反，云："送去食也。"郿，亡悲反，又亡冀反，属扶风，今为县。语，鱼据反。重，直用反。解音蟹。}申伯还南，谢于诚归。_{笺云：还南者，北就王命于岐周而还反也。谢于诚归，诚归于谢。}王命召伯，彻申伯土疆。以峙其粻，式遄其行。_{笺云：粻，粮。式，用。遄，速也。王使召公治申伯土界之所至，峙其粮者，令庐市有止宿之委积，用是速申伯之行。○疆，居良反。峙如字，本又作"庤"，直纪反，两通。粻音张。遄，市专反。委，于伪反。积，子赐反。}[疏]"申伯"至"其行"○正义曰：申伯初意不欲离王，王告语复重，心开意解，申伯于是信实欲行。王乃以酒饯之于郿，申伯乃旋反而南行。此南方谢国申伯于是诚实归之矣。言其不得顾恋也。又言先者，申伯未发之时，王豫命召伯，令治申伯之国土界所至之疆境，又以峙其粮食，谓自京至国，在道所须，令皆预备委积，用是以速其申伯之行。由在道无所阙乏，故得疾之。言王厚申伯也。俗本峙作"时"者，误也。

申伯番番，既入于谢，徒御啴啴。_{番，勇武貌。诸侯有大功则赐虎贲徒御。啴啴，徒行者、御车者啴啴喜乐也。礼，入国不驰。○番音波，吐丹反。贲音奔。乐音洛。}周邦咸喜，戎有良翰。_{笺云：周，遍也。戎，犹女也。幹，干也。周邦之内皆喜曰：女有善君子也。相庆之言。○翰，协句音塞。}不显申伯，王之元舅，文武是宪。_{不显申伯，显矣申伯也。文武是宪，言有文有武也。笺云：宪，表也。言为文武之表式。}[疏]"申伯"至"是宪"○毛以为，此言申伯至国之事，言申伯有勇武之貌番番然，谓在路之时，有此威貌也。既已入于谢邑，其徒行者、御车者皆啴啴然安舒得宜，不妄驰骋。谢人观其仪貌，知是贤君，遍邦之内，悉皆喜悦，而相庆曰：今有大良善干事之君申伯，既受封而为民所悦如是，岂不光显申伯乎！言实光显矣。又叹美申伯，此王之长舅，文人武人皆于是以为表宪而法则之也。言申伯有文有武，可为人之表式也。○郑惟戎为女为异。余同。

申伯之德，柔惠且直。揉此万邦，闻于四国。_{笺云："柔，顺也。四国，犹言四方也。"○揉，本亦作"柔"，汝又反，又如字，一音柔。注同。闻音问。}吉甫作诵，其诗孔硕。其风肆好，以赠申伯。_{吉甫，尹吉甫也。作是工师之诵也。肆，长也。赠，增也。笺云：硕，大也。吉甫为此诵也。言此诗之意甚大矣，风切申伯，又使之长行善道。以此赠申伯者，送之令以为乐。○风，福凤反，注同。王如字，云："音也。"赠}[疏]"申伯"至"申伯"○正义曰：《诗》之本皆尔，郑王申毛同用。崔《集注》本作"赠，增也"，崔云："增益申伯之美。"此章以申伯归谢事终，总叹其美，且言作诗之意。言申伯之德，安顺而且正直，以此顺直之德，揉服此邦不顺之国，使之皆顺。其善声誉皆闻达于彼四方之国。是申伯之德实大美矣。今吉甫作是工师之诵，其诗之意甚美矣，其风切申伯又使之长行善道，故以此诗增长申伯之美。言使申伯歌诵此诗，见人言己之美，更复自强不息，以增德行也。郑唯赠送一字别。

二、《左传注疏》 晋·杜预注　唐·孔颖达正义

晋侯观于军府，见钟仪，问之曰："南冠而絷者，谁也？"_{南冠，楚冠。絷，拘执。○[疏]注"南冠楚冠"。○正义曰：应劭《汉官仪》云："法冠一曰柱后惠文。"《左传》'南冠而絷'，则楚冠也。秦灭楚，以其冠赐近臣，御史服之，即今解豸冠也。古有解豸兽，触不直者，故执犯以其角形为冠，令触人也。}有司对曰："郑人所献楚囚也。"使税之，_{郑献锺仪在七年。税，解也。○税，吐活反，徐始锐反，注同。}召而吊之。再拜稽首。问其族，对曰："泠人也。"_{泠人，乐官。○泠，力丁反，依字作伶。}[疏]注"泠人乐官"。○正义曰：《诗·简兮序》云："卫之贤者仕于泠官。"郑玄云："泠官，乐官之长。"泠氏世掌乐官而善焉，故后世多号泠官为泠官。《吕氏春秋》称黄帝使泠伦自大夏之西，昆仑之阴，取竹，断两节而吹之，以为黄钟之宫。昭三十一年传，景王铸无射，泠州鸠其之。是泠氏世掌乐官也。《周语》云："景王铸钟成，泠人告和"，《鲁语》云"泠箫咏歌及《鹿鸣》之三"，此称"泠人"，《诗》称"泠官"，是泠为乐官之名也。公曰："能乐乎？"对曰："先父之职官也，敢有二事？"_{言不敢使学他事}使与之琴，操南音。_{南音，楚声。操，七刀反，下同。}公曰："君王何如？"对曰："非小人之所得知也。"固问之，对曰："其为大子也，师保奉之，以朝于婴齐而夕于侧也。_{婴齐，令尹子重。侧，司马子反。言其尊卿敬老。}不知其他。"公语范文子，文子曰："楚囚，君子也。言称先职，不背本也。乐操土风，不忘旧也。称大子，抑无私也。_{舍其近事，而远称少小，以示中情本所自然，明至诚。○语，鱼据反。背音佩，下同。舍音舍。少，诗照反。}[疏]注"舍其"至"至诚"。○正义曰：楚王既为君矣，不言为君时事，而远称大子者，若言君时事，嫌为君隐恶，或疑已在君位，矫情为善。舍其当时近事，远称大子少小者，未为君时不须隐蔽，以示王性自然。言其从小如此，以明己之至诚，无所私。名其二卿，尊君也。_{尊晋君也。《礼》，君前臣名字，则贵于名，此道二卿之名，不言字，是尊晋君也。}不背本，仁也。不忘旧，信也。无私，忠也。尊君，敏也。_{敏，达也。}仁以接事，信以守之，忠以成之，敏以行之。事虽大，必济。_{言有此四德，必能成大事。}君盍归之，使合晋、楚之成。"公从之，重为之礼，使归求成。_{为下十二月晋、楚结成张本。○盍，户腊反。}（成公九年）

三、《公羊传注疏》 汉·何休注 唐·徐彦疏

六月，癸酉，季孙行父、臧孙许、叔孙侨如、公孙婴齐帅师会晋郤克、卫孙良夫、曹公子手及齐侯战于鞌，齐师败绩。曹无大夫，公子手何以书。_{据鄫无氏。○公子手，一本作"午"，《左氏》作"首"，鞌，音安。}[疏]注"据鄫无氏"。○解云：即庄二十四年冬，"曹羁出奔陈"，传曰"曹羁者何？曹大夫也"，注云"以小国知无氏为大夫"。然则曹为小国，例无大夫，假有须见者，仍名氏不具。以此言之，则是不合有大夫之限，故传云"曹无大夫，公子手何以书"忧内也。《春秋》托王于鲁，因假以见王法，明诸侯有能从王者征伐不义，克胜有功，当褒，故与大夫。大夫敌君不贬者，随从王者大夫得敌诸侯也。不从内言敌之者，君子不掩人之功，从外言战也。鲁举四大夫不举重者，恶内多虚，国家悉出用兵，重录内也。○以见，贤遍反，年未注同。恶，乌路反。[疏]注"大夫"至"侯也"。○解云：欲决僖二十八年夏，晋侯以下"及楚人战于城濮，楚师败绩"，传云"此大战也，曷为使微者？子玉得臣也。子玉得臣则其称人何？贬。曷为贬？大夫不敌君也"，注云"臣无敌君战之义，故绝正也"。然则彼是大夫敌君，故贬之，此不贬者，随从王者大夫有得敌诸侯之义故也。以此言之，即知宣十二年晋荀林父序于楚子之上，为恶者，时无王者大夫故也。（成公二年）

四、《谷梁传注疏》 晋·范宁注 唐·杨士勋疏

冬，十有一月，己巳，朔，宋公及楚人战于泓，_{泓宏反。}宋师败绩。日事遇朔曰朔。《春秋》三十有四战，未有以尊败乎卑，以师败乎人者也。以尊败乎卑，以师败乎人，则骄其敌。襄公以师败乎人，而不骄其敌，何也？责之也。泓之战，以为复雩之耻也。_{前年，宋公为楚所执。}雩之耻，宋襄公有以自取之。伐齐之丧，执滕子，围曹，为雩之会，不顾其力之不足而致楚成王，成王怒而执之。故曰，礼人而不答，则反其敬；爱人而不亲，则反其仁；治人而不治，则反其知。过而不改，又之，_{又，复。○知音智，又如字。复，扶又反。}是谓之过。襄公之谓也。古者被甲婴胄，非以兴国也，则以征无道也，岂曰以报其耻哉！宋公与楚人战于泓水之上。司马子反曰："楚众我少，鼓险而击之，胜无幸焉。"_{若要而击之，必可破，非侥倖也。○被，皮既反。胄，而救反。司马子反，《左传》作子鱼。要，于遥反。侥，古尧反。倖音幸。}[疏]"司马子反"。○释曰：麋信云："子反当为子夷，未审范意然不？"○"胜无幸"。○释曰：以小敌大，恐其不若，克不名徼幸也。襄公曰："君子不推人危，不攻人厄。须其出。"_{须其出险。○推如字，又它回反。}既出。旌乱于上，陈乱于下。子反曰："楚众我少，击之，胜无幸焉。"襄公曰："不鼓不成列。"_{列，陈。陈，直靓反。}须其成列而后击之，则众败而身伤焉，七月而死。_{何休曰："即宋公身伤，当言公不当言师，成十六年'楚师败绩'是也。又成十六年传曰：'不言师，君重于师也。'即成十六年是，二十二年虚言也。即二十二年是，十六年非也。"郑君释之曰："传说楚子败绩，曰四体偏断，此则目也。此言君之目与手足有破断者，乃为败矣。今宋襄公身伤耳，当持鼓，军事无所害，而师犹败，故不言宋公败绩也。传所以言'则众败身伤焉'者，疾其信而不道，以取大辱。"}[疏]"七月而死"。○释曰：此云七月而死，则是身伤。不云宋公败绩者，郑玄云非四体偏断，又非伤倍则攻，敌则战，少则守。人之所以为人者，言也。人而不能言，何以为人？言之所以为言者，信也。言而不信，何以为言？信之所以为信者，道也。信而不道，何以为道？道之贵者时，其行势也。_{凯曰："道有时，事有势，何贵于道？贵合于时。何贵于时？贵顺于势。宋公守匹夫之狷介，徒蒙耻于夷狄，焉识大通之方，至道之术哉！"○攻如字，又音贡。守如字，又手又反。狷音绢。介音界。焉，于虔反。}[疏]"焉识"至"术哉"。释曰：老子至道之人，犹曰"以政治国，以奇用兵"，今宋襄国弱于楚，而行敌战之礼，故传讥其师败身伤，注谓之不识至道之术也。（僖公二十二年）

五、《论语》注疏 魏·何晏集解 宋·邢昺疏

子曰："质胜文则野，_{包曰："野，如野人，言鄙略也。"}文胜质则史。_{包曰："史者，文多而质少。"}文质彬彬，然后君子。"_{包曰："彬彬，文质相半之貌。"}[疏]"子曰"至"君子"。○正义曰：此章明君子也。"质胜文则野"者，谓人若质多胜于文则如野人，言鄙略也。"文胜质则史者"言文多胜于质则如史官也。"文质彬彬，然后君子"者，彬彬，文质相半之貌，言文华质朴相半，彬彬然，然后可为君子也。（雍也）

第二节　补注、集解、音义、义疏

一、补注

补注是导源于《郑笺》的一种注释类别，盛行于宋，如宋咸作《易补注》、洪兴祖作《楚辞补注》。到清代补注就更多了，如钟文烝作《谷梁补注》，王先谦作《汉书补注》，杭世骏作《三国志补注》。还有人称之为"补传"或"注补"，如宋范处义作《诗补传》，清赵一清作《三国志注补》等。

二、集解

三国魏何晏注《论语》叙云："前世传受师法，虽有异同，不为之训解。中间为之训解至于今多矣，所见不同，互有得失。今集诸家之善，记其姓名，有不安者，颇为改易，名曰《论语集解》。"可见集解就是集合诸家之善解，这是何晏继郑玄作"笺"之后创立的一种新的注释体例。集解又称集传、集注、集释、集说。

集传：朱熹有《诗集传》，其书杂采《毛传》《郑笺》，间用三家诗说，而以己意为取舍，因而常有新意。与朱熹同时蔡沈有《书集传》，其自序云："参考众说，融会贯通。"并于各卷中分别今文古文，较伪《尚书孔氏传》清晰。

集注：朱熹有《楚辞集注》《四书集注》。

集释：《隋书·经籍志》著录有南朝宋姜道盛《集释尚书》、清郭庆藩有《庄子集释》。

集说：宋卫湜有《礼记集说》，以郑玄注、孔颖达疏为主，采汉至宋专言礼之书共一百四十四家。

这类注解在取舍原则上不尽相同，或以己意定取舍，或舍己意汇总之。总之，读此类著作，首先要细读其序，弄清楚所集诸家，"某曰"的"某"指的是谁。

三、音义

音义，即辨音与释义相结合的一种注释体例，音义又称"音训""音注""音释""音解""音辨""音证""音隐""音考"等，简称为"音"。

根据记载，早在东汉时期就有了音义之书出现。颜师古《汉书叙例》："《汉书》旧无注解，唯服虔、应劭等各为音义，自别施行。"

如唐陆德明作《周易音义》《古文尚书音义》《毛诗音义》《周礼音义》《仪礼音义》

《礼记音义》《春秋左氏音义》《春秋公羊音义》《春秋谷梁音义》《孝经音义》《论语音义》《老子音义》《庄子音义》《尔雅音义》十四种,汇编为《经典释文》。

这种体例始兴于汉,如服虔著有《汉书音训》《春秋音隐》等,六朝以来则颇为盛行,不胜枚举。

四、义疏

义疏是兼释经注的一种注释形式。它在汉末就已萌芽,到六朝时开始盛行起来。清皮锡瑞《经学历史》云:"如皇侃之《论语义疏》,名物制度,略而弗讲,多以老、庄之旨,发为骈俪之文,与汉人说经相去悬殊。此南北朝经疏之仅存于今者,即此可见一时风尚。"又称"疏义"或"讲疏"。

汉代的注家,一般都只注经,而不释注。唯有郑玄的《毛诗笺》,以《毛传》为主,既注解经文,又笺释毛意。所以清代学者焦循在《孟子正义·孟子题辞疏》里曾认为《郑笺》是后世义疏的滥觞。南北朝时义疏盛行,从《隋书·经籍志》所著录的著作可见。这类著作直到唐代贞观年间,唐太宗命孔颖达、贾公彦等编纂《五经正义》,统一六朝诸家之说,汇为一书而集其大成。

义疏兴起的原因有三。一是统治阶级宣扬儒学,以求缓和阶级矛盾。南朝的皇帝都很重视讲经,不仅讲儒家的经典,也讲道家和佛家的经。梁武帝、梁简文帝都曾经亲自登临讲座讲解,听众多至数十百人以至千人。《隋书·经籍志》中录有梁武帝的《周易讲疏》《中庸讲疏》和梁简文帝的《庄子讲疏》,就是当时讲经的稿子。二是受了玄学和佛学的影响。魏晋以后,道家变成了玄学家,崇尚清谈,佛教更注重讲经,为佛经作了许多注疏,有人认为,"义疏"的名称就来源于六朝佛家的解释佛典,可见与佛经注疏关系尤大。三是经籍本身的问题。前代的传注文字过于简古,文义不明,有进一步阐释的必要,因而逐渐产生了这种新的形式。

延伸阅读

一、《诗经注疏》 汉·毛亨传 汉·郑玄笺 唐·孔颖达正义

《诗经·大雅·烝民》

天生烝民,有物有则。民之秉彝,好是懿德。烝,众。物,事。则,法。彝,常。懿,美也。笺云:烝,执也。天之生众民,其性有物象,谓五行仁、义、礼、智、信也。其情有所法,谓喜、怒、哀、乐、好、恶也。然而民所执持有常道,莫不好有美德之人。○彝音夷。好,呼报反。注皆同。知音智。乐音洛。恶,乌路反。天监有周,昭假于下。保兹天子,生仲山甫。仲山甫,樊侯也。笺云:监,视。假,至也。天视周王之政教,其光明乃至于下,谓及众民也。天安爱此天子宣王,故生樊侯仲山甫,使佐之。言天亦爱是懿德也。《书》曰:"天聪明自我民聪明。"○假音格。注同。

[疏]"天生"至"山甫"。○正义曰：言天生其众民，使之心性有事物之象，情志有去就之法，既禀此灵气而有所依凭，故民之所执持者有常道，莫不爱好是美德之人以为君也。民之所好如是，天亦从民所好，故天乃监视有周之王政教善恶。见此周王，其政教之光明，乃行而施至于下民矣。即王有懿德，天亦爱之。天乃安爱此天子之宜王，乃为之生樊侯仲山甫大贤之人，使佐以兴之。

仲山甫之德，柔嘉维则。令仪令色，小心翼翼。 笺云：嘉，美。令，善也。善威仪，善颜色容貌，翼翼然恭敬。**古训是式，威仪是力。天子是若，明命使赋。** 古，故。训，道。若，顺。赋，布也。笺云：故训，先王之遗典也。式，法也。力犹勤也。勤威仪者，恪居官次，不解于位也。是顺从行其所为也。显明王之政教，使群臣施布之。○道音导。解，佳卖反，本又作"懈"，下文"匪解"同。 [疏]"仲山甫"至"使赋"。○正义曰：上言天生山甫，此言生而有德，言此仲山甫之德如何乎？柔和而美善，维可以为法则。又能善其动止之威仪，善其容貌之颜色，又能慎小其心翼翼然恭敬。既性行如是，至于为臣，则以古昔先王之训典，于是遵法而行之，在朝所为之威仪，于是勤力而勉之。以此人随天子之所行，于是从而顺之。既天子为善，山甫顺之，故能显明王之教命，使群臣施布行之。群臣奉行王命，由于山甫，故得为此明君，中兴周室。

王命仲山甫，式是百辟。缵戎祖考，王躬是保。 戎，大也。笺云：戎，犹女也。躬，身也。王曰：女施行法度于是百君，继女先祖父始见命者之功德，王身是安。使尽心力于**出纳王命，王之喉舌。赋政于外，四方爰发。** 笺云：出王命者，王口所自言，承而施之也。纳王命者，时之所宜，复于王也。其行之也，皆承顺其意，如王口喉舌亲所言也。以布政于畿外，天下诸侯于是莫不应止。○辟音璧。纳亦作内，音同。喉音侯。应，应对之应。 [疏]"王命"至"爰发"。○正义曰：毛以为，王命此仲山甫曰：汝可以为长官，施其法度于是天下之百君，当继前光大尔之祖而白之。作王之咽喉口舌，布其政教于畿外之国。政教明美，所为合度，四方诸侯承其政令，于是皆举朝而应之。美其出言而善，人皆应和也。○郑唯戎字为异。余同。

肃肃王命，仲山甫将之。邦国若否，仲山甫明之。 将，行也。笺云：肃肃，敬也。言王之政教甚严敬也，仲山甫则能奉行之。若，顺。顺否，犹臧否，谓善恶也。○否音鄙，恶也。注"旧音方九反，王同，云："不也。"**既明且哲，以保其身。夙夜匪解，以事一人。** 笺云：夙，早。夜，莫。匪，非也。一人，斥天子。○莫音暮。 [疏]"肃肃"至"一人"。○正义曰：肃肃然甚可尊严而畏敬者，是王之教命。严敬而难行者，仲山甫则能奉行之。畿外邦国之有善恶所而，在远而难知者，仲山甫则能显明之。能内奉王命，外治诸侯，是其贤之大也。既能明晓善恶，且又是非辨知，以此明哲，择安去危，而保全其身，不有祸败。又能早起夜卧，非有懈倦之时，以常尊事此一人之宜王也。

人亦有言："柔则茹之，刚则吐之。" 笺云：柔，犹濡毳也。刚，坚强也。刚柔之在口，或茹之，或吐之，喻人之于敌强弱。○茹音汝，又如庶反，《广雅》云：食也。濡，如朱反，一音如宛反。毳，昌锐反，本又作脆，七岁反。强，其良反。下同。或其丈反。**维仲山甫，柔亦不茹，刚亦不吐。不侮矜寡，不畏强御。** 矜，古顽反。 [疏]"人亦"至"强御"。○正义曰：上既言明哲勤事，此又言其发举得中。人亦有俗谚之常言，说人之恒性，莫不柔濡者，则茹食之；坚刚者，则吐出之。喻见前敌寡弱者则侵侮之，强盛者则避畏之。言凡人之性，莫不皆尔。维有仲山甫则不然，虽柔亦不茹，虽刚亦不吐，不欺侮于鳏寡孤独之人，不畏惧于强梁御善之人。不侮不畏，即是不茹不吐。既言其喻，又言其实以充之。茹者，噉食之名，故取菜之入口名为茹。《礼》称茹毛，亦其事也。

人亦有言："德輶如毛。民鲜克举之。"我仪图之。 仪，宜也。笺云：輶，轻。仪，匹也。人之言云：德甚轻然，而众人寡能。独举之以行者，言政事易耳。而人不能行者，无其志也。我与伦匹图之，而未能为也。我，吉甫自我言。○輶，余久反，又音由。鲜，息浅反。我义，毛如字，宜也，郑作"仪"，仪，匹也。易，以豉反。**维仲山甫举之，爱莫助之。** 爱，隐也。笺云：爱，惜也。仲山甫能独举此德而行之，惜乎莫能助之者，多仲山甫之德，归功言耳。**衮职有阙，维仲山甫补之。** 有衮冕者，君之上服也，仲山甫，善补过也。笺云：衮职，不敢斥王之言也。王之职有阙，辄能补之者，仲山甫也。○衮，古本反，冕服名。 [疏]"人亦"至"补之"。○毛以为，人亦有俗谚之常言：德之在人，此于无德之时，非复益重，其轻如毛，然其轻如毛，行之甚易，要民无其志，寡能举行之者。我人以此言，实得其宜，乃图谋之，观谁能行德，维仲山甫独能举此德而行之。其德义深远而隐，莫有能助行之者。山甫既无人助，独行之耳。故服衮冕之人，职事有所废阙，维仲山甫能补益之。以此，故可任用，以致中兴。○郑唯仪为匹、爱为惜为异。余同。

仲山甫出祖，四牡业业。征夫捷捷，每怀靡及。 言述职也，言高大也。捷捷，乐事也。笺云：祖者，将行犯轹之祭也。靡私为每怀。仲山甫犯轹而将行，车马业业然动，众行夫捷捷然至，仲山甫则戒之曰：既受君命，当速行。每人怀其私而相稽留，将无所及于事也。○捷，在接反。轹，步葛反，道祭也。**四牡彭彭，八鸾锵锵。王命仲山甫，城彼东方。** 东方，齐也。古者诸侯之居逼隘，则王者迁其邑而定其居，盖去薄姑而迁于临菑也。笺云：彭彭，行貌。锵锵，鸣声。以此车马命仲山甫使行，言其盛也。○将，七羊反，本亦作"锵"，同，逼，本亦作"偪"，彼侧反。隘，于懈反。菑，侧其反。临菑，地名。 [疏]"仲山甫"至"东方"。○正义曰：既言在内佐王，又说外行述职。言仲山甫既受王命，将欲适齐，出于国门，而为祖道之祭，止陈车骑前人观之，见其所乘之驷牡业业然动而高大，所从众人之行夫捷捷然敏而乐事于其祖。而既钱，仲山甫则戒其从人曰：尔等既受君命，当须速行。若每人怀其私而相稽留，将无所及于事也。既戒，乃乘此驷牡之马彭彭然而行，八鸾之声又锵锵然而鸣。所以为此行者，王命仲山甫以此车马令乘之而行，往筑城于彼东方之国，谓使之城齐也。

四牡骙骙，八鸾喈喈。仲山甫徂齐，式遄其归。 骙骙，犹彭彭也。喈喈，犹锵锵也。遄，疾也。言周之望仲山甫也。笺云：望之，故欲其用是疾归也。○骙，求龟反。喈音皆。**吉甫作诵，穆如清风。仲山甫永怀，以慰其心。** 清微之风，化养万物者也。笺云：穆，和也。吉甫作此工歌之诵，其调和人之性，如清风之养万物然。仲山甫述职，多所思而劳，故述其美以慰安其心。 [疏] "四牡"至"其心"。○正义曰：此言周人欲山甫之速归，并说己作诗之意。言仲山甫乘王命之四牡，骙骙然壮健，八鸾之声嗜嗜然而鸣。仲山甫乘此车马，以往于齐。周人欲山甫用此壮健车马，疾其在路而早归也。山甫既行役如此，故我吉甫作是工师之诵，其调和人之情性，如清微之风化养万物，使之日有长益也。以仲山甫述职，日月长久，而多所思，故述其美以慰安其心，欲使之自忘劳也。

二、《左传注疏》 晋·杜预注 唐·孔颖达正义

公及诸侯朝王，遂从刘康公、成肃公会晋侯伐秦。_{刘康公，王季子。刘成二公不书，兵不加秦。}成子受脤于社，不敬。_{脤，宜社之肉也，盛以脤器，故曰脤。宜，出兵祭社之名。○脤，市轸反。盛音成。} [疏] 注"脤宜"至"之名"。○正义曰：宜者，祭社之名，脤是盛肉之器。受脤于社，受祭社之胙肉也。《周礼·掌脤》："祭祀共脤器之脤。"郑玄云："饰祭器之属也。《春秋》定十四年秋，'天王使石尚来归脤'。脤之器以脤饰，因名焉。"郑玄云："脤可以白器，令色白。"是盛以脤器，故曰"脤"。既言"宜社"，又自解宜名。《释天》云："起大事，动大众，必先有事乎社而后出，谓之宜。"孙炎曰："有事，祭宜者，出兵祭社之名也。宜，求见祐也。"是刘子曰："吾闻之，民受天地之中以生，所谓命也。是以有动作礼义威仪之则，以定命也。能者养以之福，_{养威仪以致福}不能者败以取祸。是故君子勤礼，小人尽力，勤礼莫如致敬，尽力莫如敦笃。敬在养神，笃在守业。国之大事，在祀与戎，祀有执膰，_{膰，祭肉。○尽，津忍反，下同。膰音烦。} [疏] 注"膰，祭肉"。○正义曰：《诗》咏祭祀之礼云："为俎孔硕，或膰或炙。"又曰："酒醴欣欣，燔炙芬芬。"毛传云："傅火曰'燔'。燔祭肉有燔而荐者，因谓祭肉为膰也。"戎有受脤，神之大节也。_{交神之大节}今成子惰，弃其命矣，_{惰则失中和之气}其不反乎？"_{为成肃公卒于瑕张本} （成公十三年）

三、《公羊传注疏》 汉·何休注 唐·徐彦疏

秋，七月，齐侯使国佐如师。己酉，及国佐盟于袁娄。君不使乎大夫，此其行使乎大夫，何？_{据高子来盟，鲁无君不称使。不从王者大夫称使者，实晋郤克为主，经先晋，传举邲克是也。○不使，所更反，下及注"使乎大夫"同。} [疏] 注"据高"至"称使"。○解云：即闵二年"齐高子来盟"，传云"何以不称使？我无君也"，何氏云："时公薨，僖公未立，故正其义，明君臣无相适之道也。《春秋》谨于别尊卑，理嫌疑，故绝去使文，以起事张例，则所谓君不行使乎大夫也"者也。佚获也。_{佚获者，已获而逃亡也。当绝贱，使与大夫敌体以起之。君获不言师败绩，等起不去师败绩者，辟内败文。○佚，音逸，下同，一本作"失"。去，起吕反。} [疏] 注"君获"至"败文"。解云：言君获不言师败绩者，即僖十五年冬，"晋侯及秦伯战于韩，获晋侯"，传云"此偏战也，何以不言师败绩？君获，不言师败绩也"，注云"举君获为重":也"。然则君若被获，则不言师败绩。今此经等级起见齐侯被获，何不去师败绩以见之，而书使乎大夫以起之者，正欲辟内败之文故也。何者？《春秋》王鲁，内不言战，言战乃败。若直言季孙行父以下及齐侯战于鞍，不言齐师败绩，则是内败之文。其佚获奈何？师还齐侯，_{还，绕。○还，音环，注同。}晋郤克投戟，逡巡再拜稽首马前。逢丑父者，顷公之车右也，_{人君骖乘有车右，有御者也。○七巡反。顷，音倾。乘，绳证反。} [疏] 注"晋郤"至"马前"。○解云：礼，介者不拜。而郤克再拜者，盖齐师已败，行阵命之礼，投戟之后得再拜矣。若当战之时，将军有不可犯之色，宁有拜乎？故《表记》曰"君子衰绖则有哀色，端冕则有敬色，甲胄则有不可辱之色"，郑注云"言色称其服也"。面目与顷公相似，衣服与顷公相似，_{礼，皮弁以征，故言衣服相似。顷公有负晋、鲁之心，故特累丑父急急，欲以自伐。} [疏] 注"礼皮弁以征"。○解云：时王之礼，即昭二十五年注云"皮弁以征不义"是也。《韩诗传》亦有此文。○注"顷公"至"之心"。○解云：即下传云"前此者，晋郤克与鞍孙许同时而聘于齐，则客或跛或眇，于是使跛者逆跛者，眇者逆眇者"是也。代顷公当左，_{升车象阳，阳道尚左，故人君居左，臣居右。○尚，时亮反。}使顷公取饮。顷公操饮而至，_{不知顷公将欲坚以致意邪？势未得去邪？公操，七刀反，持也。}曰："革取清者。"_{革，更也。浊，欲使取清者，因}顷公用是佚而不反。_{不书获者，内大恶讳。} [疏] 注"不书"至"恶讳"。解云：获人君故为大恶，是以讳而不书也。若获大夫则当书之，是以庄十二年传云"万尝与庄公战，获乎庄公"，"数月，然后归之"，何氏云"获不书者，士也"，然则万若大夫，书之明矣。逢丑父曰："吾赖社稷之神灵，吾君已免矣。"郤克曰："欺三军者，其法奈何？"_{顾刃执法者}曰："法斮。"_{斮，斩。○斮，在略反，又仕略反，斩也。} [疏] "曰法斮"。○解云：《释器》云"鱼曰斮之"。樊光云："斮，斮也。"又《说文》云"斮，斩也。"故此何氏亦云斮，斩也。于是斮逢丑父。_{丑父死君不贤之者，经有使乎大夫，于王法顷公当绝。如袁丑父，是赏人之臣绝其君也。若以丑父故不绝顷公，是开诸侯战不能死难也。如以衰世无绝顷公者，自予所当善尔，非王法所当贵。○难，乃旦反。} [疏] 注"若以"至"难也"○解云：言以丑父故，不绝顷公，似若襄二十九年"吴子使札来聘"，传云"吴无君，无大夫，此何以有君，有大夫？贤季子也。何贤乎季子？让国也"，"贤季子，则贤君许使臣有大夫也。以季子为臣，则宜有君者也"。今若以丑父故，以为齐国有君而不绝顷公，即开诸侯不死社稷。○注"如以"至"得贵"。○解云：丑父权以免齐侯，是以齐人得善之，但《春秋》为王法，是以不得贵耳。而《公羊说》《解疑论》皆讥丑父者，非何氏意，不足为妨。 （成公二年）

四、《谷梁传注疏》 晋·范宁注　唐·杨士勋疏

冬，十有二月，戊午，晋人、秦人战于河曲。_{河曲，晋地。}不言及，秦、晋之战已亟，故略之也。_{亟，数也。夫战必有曲直，以一人主之，二国战斗数，曲直不可得详，故略之，不言晋人及秦人战。○亟，去冀反，数也，注同。}［疏］"不言"至"略之也"。○释曰：七年"战于令狐"，十年"秦伐晋"，此年又战河曲，是数也。季孙行父帅师，城诸及郓。称帅师，言有难也。_{难，乃旦反。}［疏］"言有难也"。○释曰：凡城之志皆讥。今传云有难，则似无讥者。传本有难，不是解讥与不讥，直释其师之意耳。得此城得时，又畏莒争郓，书虽是讥，情义通许。故传以有难释之，不言讥之意。（文公十二年）

五、《论语注疏》 魏·何晏集解　宋·邢昺疏

子曰："默而识之，学而不厌，诲人不倦，何有于我哉？"_{郑曰："无是行于我，我独有之。"}［疏］"子曰默而识之，学而不厌，诲人不倦，何有于我哉？"○正义曰：此章仲尼言己不言而识之，学古而心不厌，教诲于人不有倦息。他人无是行，于我独有之，故曰"何有于我哉"。（述而）

第三节　正义、疏、注疏、校注、直解、疏证

一、正义

正义，意谓说解经传而得义之正者，始见于初唐，即孔颖达等人奉诏编撰的《五经正义》。据考《五经正义》皆是以六朝义疏为底本重修而成。重修的原则就是"疏不破注"，从而义定一宗，以汉人旧注作为明经取士所遵循的正解。

二、疏

《说文》："疏，通也。"与"注"相对，皆取义于治水，谓既灌注矣，尚有不畅，则更疏通之。唐宋注释家以之为"正义"的别名。最初，疏与正义有别，官注称正义，私注称疏，后来便混而不分了。如唐贾公彦《周礼疏》《仪礼疏》，宋邢昺《论语疏》《尔雅疏》等。

三、注疏

此所谓注，包括传、笺、章句、集解等。南宋以前经书的注本和疏本各自单行，至宋光宗赵惇绍熙年间（公元1190—1194）才把二者合在一起刊行，于是才有注疏之称。经书注疏合刊本汇编起来就是《十三经注疏》。

四、校注

这是既校对文字又注释字句的一种注解。贾逵《国语注》："校，考也。"古书以"校"为名者有考镜源流、辨章学术与校对文字、改正脱误两种，"校注"之"校"则属后者。

如宋鲍彪《战国策校注》。又称"斠诠""考释"。

训诂家注释古书,非注意校对文字不可,不把错字校出来,就不可能注通。郑玄注经就很注重校勘的工作。宋代以后注释家对于校勘尤为注意,把校与注区分开来,另立校注、校诠等名目。前人考校文字脱误,一般不以意轻改,或记于注内,或另作考异,附于卷末。其中网罗多种善本,列举异同,称为"会校""集校"。

五、直解

直解是元明两代出现的一种注释古书类别,又称"直讲"。如元许衡《大学直解》、明张居正《书经直解》等。

六、疏证

清代考据之学兴起,乾嘉时代大盛,因此侧重考据乃是清人注释的特点,他们注释的书往往加个"证"字,如阎若璩《古文尚书疏证》、刘文淇《春秋左传旧注疏证》、桂馥《说文解字义证》、胡承珙《小尔雅义证》、胡绍煐《文选笺证》。清人的注解,就是不加"证"不等于不重考据,这是时代学风决定的。

通过以上叙述可知,从汉至清,古书注解的类别在不断发展变化着,日趋严密,日臻完善,适应着时代推移所提出的不同要求。

延伸阅读

一、《诗经注疏》 汉·毛亨传 汉·郑玄笺 唐·孔颖达正义

《诗经·大雅·江汉》

江汉浮浮,武夫滔滔,匪安匪游,淮夷来求。浮浮,众强貌。滔滔,广大貌。淮夷,东国,在淮浦而夷行也。笺云:匪,非也。江、汉之水,合而东流浮浮然。宣王于是水上命将帅,造士众,使循流而下滔滔然。其顺王命而行,非敢斯须自安也,非敢斯须止也,主为来求淮夷所处。据至其竟,故言耳。○滔,吐刀反。浦音普。夷行,下孟反。将,子匠反。帅,所类反,或作"率"。循流,如字,本亦作"顺流"。为,于伪反。下"主为"同。竟音境,本亦作"境",同。既出我车,既设我旟,匪安匪舒,淮夷来铺。铺,病也。笺云:车,戎车也。鸟隼曰旟。兵至竟而期战地。其曰出戎车建旟,又不自安不舒行者,主为来伐淮夷也。○铺,普吴反,徐音孚。[疏]"江汉"至"来铺"。○正义曰:宣王之时,淮夷皆叛。王于是至江汉之水浮浮然合流众强之处,亲自命其将帅勇武之夫滔滔然多而广大者,令之顺此东流,以行征伐。武夫既受王命,急趋其事。行也非敢斯须自安,非敢斯须游止。所以不敢安游者,以己本为淮夷来求讨伐之故也。既至淮夷之境,克期将战。至于期日,此武夫既已自陈出我征伐之戎车,既已张设我将帅之旗旟,以往对阵战,又非自安,非敢宽舒。所以不敢安舒者,以己主为淮夷而来,当讨其病之故也。言其肃将王命,所以克胜也。

江汉汤汤,武夫洸洸,经营四方,告成于王。洸洸,武貌。笺云:召公既受命伐淮夷,服之。复经营四方之叛国,从而伐之,克胜,则使传遽告功于王。○汤,书羊反。洸音光,又音汪。复,扶又反。传,张恋反,以车遽传,遽,其据反,以马曰遽。郑注《玉藻》云:"以车马给使。"四方既平,王国庶定,时靡有争,王心载宁。笺云:庶,幸。时,是也。载之言则也。召公忠[疏]"江汉"至"载宁"。○正义曰:上章既言临战,此又本其命己而言战胜之臣,顺于王命,此述其志也。○争,争斗之争。事。言王初于江、汉之水汤汤然流盛之处,命此勇武将帅之夫洸洸然武壮

者，使之征伐。今既伐淮夷而克之，又以战胜之威，经营于四方之国，有不服者则从而伐之，每有所克，则使传遽之驿，告其成功于宣王也。召公既遣人告，又自言其事，故云此。今四方既已平服，王国之内幸应安定。时既无有叛戾乖争者，我王之心于是则安宁矣。言王以四方不服，故遣己出伐。今王国既定，冀王心永安，是召公尽忠之言，述其志也。

江汉之浒，王命召虎："式辟四方，彻我疆土。匪疚匪棘，王国来极。召虎，召穆公也。笺云：浒，水涯也。式，法。疚，病。棘，急。极，中也。王于江、汉之水上命召公，使以王法征伐开辟四方，治我疆界于天下，非可以兵病害之也，非可以兵急躁切之也。使来于王国，受政教之中正而已。齐桓公经陈、郑之间及伐北戎，则违此言者。○浒音虎，沈又音许。疆，居良反，注及下同。疚音救。"命行伐"，一本作"王法征伐"。兵操，操于彊反。**于疆于理，至于南海。"**笺云：于，往也。于，於也。召公于有叛戾之国，则往正其境界，修其分理，周行四方，至 [疏]"江汉"至"南海"。○正义曰：既言淮夷平定，此又本其命辞，言王在江、汉之水厓，王亲命召虎云：汝当以王法开辟四方之国。言有叛戾者，皆征之使服。当治我疆界之土，令之修理土田，使遍及四境。其为之也，当优宽以礼，所经之处，非可以兵病害之，所与战者，非可以兵急躁切之，但以正道伐之，使于我王国来，复从受其政教之中正而已。召公既受此命，已定淮夷，复平叛戾之国，往正其疆界，往修其分理，周行四方，至于南海，言其功成事终，称王之命也。

王命召虎："来旬来宣。文武受命，召公维翰。旬，遍也。召公，召康公也。笺云：来，勤也。旬当作营。宣，遍也。召康公名奭，召虎之始祖也。王命召虎，女勤劳于经营四方，勤劳于遍疆理众民。昔文王、武王受命，召康公为之桢干之臣，以正天下。为虎之勤劳，故述其祖之功以劝之。○来，毛如字，郑音赉。下同。旬，毛音巡，又音荀，郑作营。翰，户旦反，又音寒。奭音释。为，于伪反。下"为虎"、"为同。"**无曰予小子，召公是似。肇敏戎公，用锡尔祉。"**似，嗣。肇，谋。敏，疾。戎，大。公，事也。笺云：乃嗣女先祖召康公之功，今谋女之事，乃有敏德，我用是故，将赐女福庆也。王为虎之志大谦，故进之云尔。○肇音兆，《韩诗》云："长也。"祉音耻，福也。大谦，音泰。[疏]"王命"至"尔祉"。○毛以为，王以召公功成，将欲赏之。此陈其命之言。乃命召虎曰：汝勤劳于偏服四方，勤劳于宣扬王命。言其功实大，己悉知之。因又劝之云：昔我先王文王、武王受命之时，汝之先君召康公维为桢干之臣，以匡正于天下。汝亦当继康公之业，不可惮劳也。而召虎谦退，不敢自言先君。王又进之云：汝无得言曰我小子耳。汝之所为者，乃召公之功是嗣。言其堪继康公也。今我谋女敏德大事，足继先君，我用是之故，当赐汝之福庆。○郑唯以旬为营、宣为遍、戎为汝为异。余同。

釐尔圭瓒，秬鬯一卣，告于文人。釐，赐也。秬，黑黍也。鬯，香草也。筑煮合而郁之曰鬯。卣，器也。九命条鬯也。王赐召虎以鬯酒一樽，使以祭其宗庙，告其先祖诸有德美见记者。○釐，力反，沈又音赉。瓒，才旱反。秬音巨。鬯，敕亮反。卣音酉，中尊也，本或作攸。**锡山土田，于周受命，自召祖命。**诸侯有大功德，赐之山土田附庸。笺云：周，岐周也。自，用也。宣王欲显召虎，故如岐周，使先受山川土田之赐，命用其祖召康公受封之礼。岐周，周之所起，为其先祖之灵，故就之。○锡，本或作"赐之"。山川土田附庸者，是因《鲁颂》之文妄加也。**虎拜稽首："天子万年！"**笺云：拜稽首者，受王命策书也。臣受恩，无可以报谢者，称言使君寿考而已。[疏]"釐尔"至"万年"。○正义曰：上言"用锡尔祉"，此言赐之之事。言王命召虎云：今赐汝以圭柄之玉瓒，又副以秬米之酒芬香条畅一卣尊，汝当受之，以告祭于汝先祖有文德之人。王命辞如此。于此之时，又赐以山川，使得专为其有。又加益以土田，令之大于故时也。召虎于时往于岐周之地，受王此命。王乃用召虎之祖康公受命之礼以命之也。虎既受命，即拜而稽首，称言使天子得万年之寿。臣蒙君恩，无以报答，故愿君长寿而已。

虎拜稽首，对扬王休，作召公考："天子万寿！明明天子，令闻不已。矢其文德，洽此四国。"对，遂。考，成。矢，施也。笺云：对，答。休，美。作，为也。虎既拜而答王策命之时，称扬王之德美，君臣之言宜相成也。王命召虎用召祖命，故虎对王亦为召康公受王命之时对王命之辞，谓如其所言也。如其所言者，"天子万寿"以下是也。○休，许虬反。闻音问。施如字，《尔雅》作"弛"，式氏反。[疏]"虎拜"至"四国"。○毛以为，上既受赐，今复谢之。言虎拜而稽首，遂称扬王之德美，乃作其先祖召康公对王命成之辞曰：使天子得万年之寿。又令此明明显盛之天子，其善声闻长见称诵，不复有已止之时。又施布其经纬天地之文德，以和洽此天下四方之国，使皆蒙德。本召公之答天子，其辞如此。今宣王以康公受命之法命召虎，故虎亦以康公答王之辞答宣王也。○郑唯对为答为异。余同。

二、《左传注疏》 晋·杜预注　唐·孔颖达正义

子反命军吏察夷伤，夷亦伤也。[疏]注"夷亦伤也"。○正义曰：服虔云："金创为夷。"杜以战用五兵，唯殳无刃，所言伤者，皆刃伤也，何须于此独搏金木？故知夷亦伤也，复言之耳。**补卒乘，**补死亡。○乘，绳证反，下同。**缮甲兵，**缮，治。○陈如字。**展车马，**展，陈也。○陈如字。**鸡鸣而食，唯命是听。**复欲战。晋人患之。苗贲皇徇曰："蒐乘、补卒，**蒐，阅也。○徇，似俊反。蒐，所留反。**秣马、利兵，**秣，穀马也。○秣音末。**修陈、固列，**固，坚也。○陈，直觐反，又如字。**蓐食、申祷，**申，重也。○蓐音辱。重，直用反。**明日复战！"乃逸楚囚。**逸，纵也。○纵，子用反。**王闻之，召子反谋。谷阳竖献饮于子反，子反醉而不能见。**谷阳，子反内竖。○见，贤遍反。**王曰："天败楚也夫！余不可以待。"乃宵遁。晋入楚军，三日谷。**食楚粟三日也。○夫音扶。三日谷，本或作"三日馆谷"，误也。**范文子立于戎马之前，曰："君幼，诸臣不佞，

三、《公羊传注疏》 汉·何休注 唐·徐彦疏

三月，乙巳，仲婴齐卒。仲婴齐者何？公孙婴齐也。公孙婴齐则曷为谓之仲婴齐？为兄后也。为兄后则曷为谓之仲婴齐？为人后者，为之子也。为人后者为其子，则其称仲何？孙以王父字为氏也。然则婴齐孰后？后归父也。归父使于晋而未反。何以后之？叔仲惠伯，傅子赤者也。文公死，子幼。公子遂谓叔仲惠伯曰："君幼，如之何？愿与子虑之。"叔仲惠伯曰："吾子相之，老夫抱之，何幼君之有？"公子遂知其不可与谋，退而杀叔仲惠伯，弑子赤而立宣公。宣公死，成公幼，臧宣公者，相也。君死不哭，聚诸大夫而问焉，曰："昔者叔仲惠伯之事，孰为之？"诸大夫皆杂然曰："仲氏也，其然乎？"于是遣归父之家，然后哭君。归父使乎晋，还自晋，至柽，闻君薨家遣，墠帷哭君成踊，反命于介，自是走之齐。鲁人徐伤归父之无后也，于是使婴齐后之也。（成公十五年）

四、《谷梁传注疏》 晋·范宁注 唐·杨士勋疏

六月，癸酉，季孙行父、臧孙许、叔孙侨如、公孙婴齐帅师，会晋郤克、卫孙良夫、曹公子手，及齐侯战于鞍。齐师败绩。其曰，或曰日其战也，或曰日其悉也。曹无大夫，其曰公子，何也？以吾之四大夫在焉，举其贵者。（成公二年）

五、《论语注疏》 魏·何晏集解 宋·邢昺疏

子曰:"不愤不启,不悱不发,举一隅不以三隅反,则不复也。"<small>郑曰:"孔子与人言,必待其人心愤愤、口悱悱乃后启发为说之。如此则识思之深也。说则举一隅以语之其人,不思其类则不复重教之。"</small>[疏]<small>"子曰:'不愤不启,不悱不发,举一隅不以三隅反,则不复也。'"○正义曰:此章言诲人之法。启,开也。言人若不心愤愤,则孔子不为开说;若不口悱悱,则孔子不为发明。必待其人心愤愤、口悱悱,乃后启发为说之,如此则识思之深也。其说之也,略举一隅以语之,凡物有四隅者,举一则三隅从,可知学者当以三隅反,类一隅以思之。而其人若不以三隅反思其类,则不复重教之矣。</small>(述而)

六、《礼记正义》 汉·郑玄注 唐·孔颖达疏

虽有嘉肴,弗食,不知其旨也;虽有至道,弗学,不知其善也。<small>旨,美也。○肴,户交反。</small>○是故学然后知不足,教然后知困。<small>学则睹己行之所短,教则见己道之所未达。睹,丁古反。行,下孟反,下注"德行"同。</small>○知不足,然后能自反也;知困,然后能自强也。故曰:教学相长也。<small>自反,求诸己也。自强,修业不敢倦。强,其丈反,又其良反。下注同。长,丁两反。下注"长稚""长者"皆同。</small>《兑命》曰:学学半。其此之谓乎?<small>言学人乃益己之学半。○学学,上胡孝反,下如字。学人,胡孝反。又音教。</small>[疏]<small>"虽有"至"谓乎"。○正义曰:此一节明教学相益。○"虽有嘉肴,弗食不知其旨也"者,嘉,善也。旨,美也。虽有嘉美之肴,兼陈列于前,若不食,即不知其肴之美也。○"虽有至道,弗学不知其善也"者,至,谓至极。虽有至极大道,若不学,则不知大道之善。○"是故学然后知不足"者,若不学之时,诸事荡然,不知己身何长何短。若学,则知己之所短,有不足之处也。○"教然后知困"者,不教之时,谓己诸事皆通。若其教人,则知己有不通,而事有困弊,困则甚于不足矣。</small>(学记)

练习题

一、选择题

1. 汉代郑玄对《诗经》的注解称为_____。

   A. 传   B. 笺   C. 疏   D. 音义

2. 古人最初的注疏式的训诂实践的成果是_____。

   A.《毛诗故训传》   B.《经典释文》

   C.《广雅疏证》   D.《文始》

3. 孔颖达为五经所作的注解称为_____。

   A. 传   B. 注   C. 正义   D. 解诂

4. 下列著作中不属于四书集注的是_____。

   A.《楚辞集注》   B.《论语集注》

   C.《孟子集注》   D.《大学集注》

5. 下列古籍中曾经郭璞注解过的是_____。

   A.《诗经》   B.《尔雅》   C.《周易》   D.《尚书》

6. 孔颖达撰《五经正义》以融合南北经学。《五经正义》包括_____《尚书正义》《毛诗正义》《礼记正义》《春秋左传正义》。

A.《周易正义》 B.《论语正义》

C.《孝经正义》 D.《尔雅正义》

7.《孟子章句》的作者是_____代的_____。

A. 东汉 许慎 B. 东汉 高诱

C. 东汉 赵岐 D. 西汉 赵岐

8.《春秋经传集解》的作者是_____。

A. 杜预 B. 范宁 C. 何晏 D. 裴松之

9.《谷梁传集解》的作者是_____。

A. 杜预 B. 范宁 C. 何晏 D. 裴松之

10.《论语集解》的作者是_____。

A. 杜预 B. 范宁 C. 何晏 D. 裴松之

11. 以时语解释文献中难懂字词的注解方式叫_____。

A. 传 B. 章句 C. 笺 D. 义疏

12. 表明文意记识其事的注解方式叫_____。

A. 注 B. 笺 C. 章句 D. 集解

13. 既解释文献原文，又解释前人注文，这种疏通文义的注解方式叫_____。

A. 章句 B. 集解 C. 义疏 D. 笺

二、填空题

1. "传"是指_____，"笺"有_____的意思，"疏""正义"指的是_____。

2.《十三经注疏》大多数是汉朝人或者魏晋人做的注，唐宋人做的疏，填出下列各部书的注疏者：

（1）《周易》：魏_____、_____注，唐_____等正义。

（2）《尚书》：旧题汉_____传，唐_____等正义。

（3）《诗经》：汉_____传，汉_____笺，唐_____等正义。

（4）《周礼》：汉_____注，唐_____疏。

（5）《仪礼》：汉_____注，唐_____疏。

（6）《礼记》：汉_____注，唐_____正义。

（7）《春秋左传》：晋_____注，唐_____等正义。

（8）《春秋公羊传》：汉_____注，唐_____疏。

（9）《春秋谷梁传》：晋_____注，唐_____疏。

（10）《论语》：魏_____集解，宋_____疏。

（11）《孝经》：唐_____注，宋_____疏。

（12）《尔雅》：晋_____注，宋_____疏。

（13）《孟子》：汉_____注，宋_____疏。

3.训诂学中"传"的意思是_____，它是古人常用的注解方法。表明文意，记识其事的注解方法叫"笺"，这个名称始于汉代的_____。

三、简答题

1.什么叫作"集解"？

2.什么叫作"笺"？

四、将下列篇章标出标点

周易正义（节选）

魏·王弼　晋·韩康伯注　唐·孔颖达疏

君子学以聚之问以辩之 以君德而处下体 [疏] 正义曰此复明九二之德君子学以聚之者九二从微而进未在君位
资纳于物者也　　　　　　　且习学以富其德仁以辩之者学有未了更详问其事以决于疑也

宽以居之仁以行之易曰见龙在田利见大人君德也 [疏] 正义曰宽以居之者用宽裕之道居处其位也仁以行
　　　　　　　　　　　　　　　　　　　　　　　之者以仁恩之心行之被物易曰见龙在田利见大人君
德者既陈其德于上然后引易本文以结之易之所云
是君德宽以居之仁以行之是也但有君德未是君位 （乾卦）

五、阅读下面古书的注解，并回答问题。

1.哪几句话是毛传？哪些话是郑笺？

2.哪些话是孔疏？孔疏是解释谁的话？哪些话是陆德明《经典释文》中的？

诗经·周南·汉广

南有乔木不可休息汉有游女不可求思 兴也南方之木美乔上竦也思辞也汉上游女无求思者笺云
　　　　　　　　　　　　　　　　　可者本有可道也木以高其枝叶之故故人不得就而止息也兴
者喻贤女虽出游流水之上人无欲求犯礼者亦由贞洁使之然○乔木亦作桥梁骄反徐
又纪桥反休息并如字尔本皆尔本或作休思此以意改尔竦粟勇反流水本或作汉水

汉之广矣不可泳思江之
永矣不可方思 潜行为泳永长方泭也笺云汉也江也其欲渡之者必有潜行乘泭之道今汉广之故故不可也又
　　　　　　以泭乘之泭水中翰又作桴或作柎并同沈旋音附方言
云泭谓之䉬䉬谓之筏筏秦晋通语也孙炎注尔雅云方木置水为柎也郭璞云水 [疏] 南有至方思○正义曰木
中䉬筏也又云木曰䉬竹曰筏小筏曰泭䉬音皮佳反柎筏同音伐樊光尔雅本作柎　　　所以庇荫本有可息之道

今南方有乔木以上竦之故不可就而止息以兴女以定情本有可求之时今汉上有游女以贞洁之故不可犯礼而求
是为木以高其枝叶人无休息者女由持其洁清人无求思者此言游女尚不可求则在室无敢犯礼可知也出者犹能
为贞处者自然尤洁又言水所以济物本有泳思方思之道今汉之广阔矣江之永长矣不可潜行乘泭以求
济以兴女虽贞洁矣不可犯礼而求思然则方思以渡江汉虽往而不可济喻犯礼以思贞女虽求而将不至

翘翘错薪言刈其楚 翘翘薪貌错杂也笺云楚杂薪之中尤翘翘者我欲刈取之以喻众女之中尤洁字
　　　　　　　　贞洁者我欲取其尤高洁者○翘祁遥反沈其尧反尤高洁者一本无洁字

之子于归言
秣其马 秣养也六尺以上曰马笺云之子是子也谦不敢斥其适己于是子之嫁我愿秣其马 [疏] 翘翘至其马○正
　　　　致礼饩示有意焉○秣莫葛反说文云食马谷也上时掌反下同饩虚气反牲腥日饩　　义曰翘翘然而
高者乃是杂薪此虽皆高我欲刈其楚所以然者以楚在杂薪之中尤翘翘而高故也以兴贞洁者乃是众女此众女
虽皆贞洁我欲取其尤贞洁者又言是其尤贞洁者之子若往归嫁我欲以秣养其马乘之以致礼饩示已有意欲求

下四句同前　汉之广矣不可泳思江之永矣不可方思

翘翘错薪言刈其蒌　蒌草中之翘翘然〇蒌力俱反马　[疏]　传蒌草中之翘翘然〇正义曰传以上楚是木此蒌是草故言草中之翘翘然释草云购蔏蒌云蒌蒿也郭云似艾音力侯反

舍人曰购一名蔏蒌郭云蔏蒌蒌蒿也生下田初出可啖江东用羹鱼也陆机疏云其叶似艾白色长数寸高丈余好生水边及泽中正月根牙生旁茎正白生食之香而脆美其叶又可蒸为茹是也　之子于归言秣其

驹五尺以上曰驹　[疏]　传五尺以上曰驹正义曰廋人云八尺以上为龙七尺以上为䮪六尺以上为马故上传曰六尺以上曰马此驹以次差之故知五尺以上也五尺以上即六尺以下故林笺云六尺以下曰驹是也輈人注国马谓种戎齐道高八尺田马高七尺驽马高六尺即廋人三等龙䮪马是也何休注公羊云七尺以上曰龙不合周礼也　汉之广矣不可泳思江之永矣不可方思

第五章

通释语义的文献典籍概述

通释语义的文献典籍，举其要者，正如著名学者黄侃所述："一、《尔雅》，释群经之义，无此则不能明一切训诂；二、《说文》，解文字之原，无此则不能得一切文字之由来；三、《方言》，释时地不同之语，无此则不能通异时异地之语言；四、《释名》，解文字得音之原，无此则不知声音相贯通之理。"黄侃又说："四类之中，又当以《说文》《尔雅》为本，无《说文》则不能通文字之本，而《尔雅》失其依皈；无《尔雅》则不能尽文字之变，而《说文》不能致用。如车之运双轮，鸟之鼓双翼，缺一则败矣。"下面我们就来看这些通释语义的训诂著作。

第一节 《尔雅》《广雅》

一、《尔雅》

《尔雅》是我国最早而又保存下来的按意义编排的词典。

（一）《尔雅》的名称、作者与成书年代

关于《尔雅》这个名称，主要有两种说法：一种是刘熙的说法："尔，昵也，近也；雅，义也，正也。"如此说来，尔雅等于近正，即接近雅言的意思。郭璞《尔雅注》认为，《尔雅》"所以释古今之异言，通方俗之殊语"。那么，《尔雅》所谓接近雅言包括两个方面：一是沟通各地方言，二是沟通古今异语。清人阮文达说："《尔雅》一书皆引古今天下之异言，以近于正言。正言者，犹今官话也；近正者，犹各省之音近官话者也。"另一种是黄侃的说法："'雅'之训正，谊属后起，其实即'夏'之借字。《荀子·荣辱》云：'越人安越，楚人安楚，君子安雅。'《儒效篇》则云：'居楚而楚，居越而越，居夏而夏。'二文不同，独'雅''夏'错见，明'雅'即'夏'之借字也。"如此说来，所谓雅言，就是华夏的共同语。

关于《尔雅》的作者与成书年代，历来说法不一，归纳起来大致有四种说法：

（1）郑玄《驳五经异义》："某之闻也，《尔雅》者，孔子门人所作，以释六经之旨，盖不误也。"

（2）张揖说周公"著《尔雅》一篇，以释其意"，"今（指三国时代）俗所传三篇《尔雅》，或言仲尼所增，或言子夏所益，或言叔孙通所补，或言沛郡梁文所考。"（魏·张揖《上广雅表》）。

（3）"《尔雅》出于汉世。""考其文理，乃是秦汉之间学《诗》者纂集说《诗》博士解诂之言尔。"（宋·欧阳修《诗本义》）

（4）《四库全书总目提要》说：《尔雅》"大抵小说家缀辑旧文，递相增益，周公孔子皆依托之词。"何九盈《中国古代语言学史》认为《尔雅》当成书于战国末年，它的编纂人是齐鲁儒生。

（二）《尔雅》的编排和内容

《尔雅》是一部结构完整、体例划一的著作。《汉书·艺文志》云："《尔雅》三卷二十篇。"但今本只有19篇。这19篇的内容，依其次第分类如下：

第一部分释普通词义：释诂（偏重于释古语）、释言（偏重于释常语）、释训（大部分释叠词）。其编排法是同义类聚，可以说是同义词典。

第二部分释各种名物：释亲、释宫、释器、释乐（以上4篇释人事的名称），释天（释天文的名称），释地、释丘、释山、释水（以上4篇释地理的名称），释草、释木（以上2篇释植物的名称），释虫、释鱼、释鸟、释兽、释畜（以上5篇释动物的名称）。这一部分可以说是百科词典。

总计《尔雅》共释 2 204 词，内容相当丰富。

（三）《尔雅》训释词语的方式

（1）用一个比较普通的词来解释具有相同、相近意义的一组词或另一个比较生僻的词。例如：

初、哉、首、基、肇、祖、元、胎、俶、落、权舆，始也。（《尔雅·释诂》）

逆，迎也。（《释言》）

赉、贡、锡、畀、予、贶，赐也。（《尔雅·释诂》）

柯、宪、刑、范、辟、律、矩、则，法也。（《尔雅·释诂》）

明明、斤斤，察也。（《尔雅·释训》）

委委、佗佗，美也。（《尔雅·释训》）

（2）以共名释别名，以俗语释文言。例如：

鸟罟谓之罗，兔罟谓之罝，麋罟谓之罞，彘罟谓之羉，鱼罟谓之罛。（《尔雅·释器》）

蚍蜉，大蚁。(《尔雅·释虫》)

（3）用语句说明词义。例如：

日出而风为暴，风而雨土为霾，阴而风为曀。(《尔雅·释天》)

大山宫小山，霍；小山别大山，鲜。(《尔雅·释地》)

妇称夫之父曰舅，称夫之母曰姑。姑舅在，则曰君舅、君姑；没，则曰先舅、先姑。谓夫之庶母为少姑，夫之兄为兄公，夫之弟为叔，夫之姊为女公，夫之女弟为女妹，子之妻为妇，长妇为嫡妇，众妇为庶妇。(《尔雅·释亲》)

（四）《尔雅》的价值和缺陷

《尔雅》的价值：

（1）《尔雅》首创了按词的义类编排词汇的体例，它把 2 000 来个词条分成 19 个义类，每个义类编为一篇。这种编排方法得到了后人的推崇和模仿，后来的"雅书"差不多都模仿了这种分类法。

《尔雅》作为第一部专门研究字义词义的专著，开创了一门新的学科——训诂学，在它的启示和影响下，后人陆续编出了《小尔雅》《广雅》《埤雅》《通雅》等"雅学"系列的书，可见它的影响之大。

（2）《尔雅》对词义进行解释时，态度比较实在，所以释义比较科学，它跟汉以后的词书有一个很明显的不同之处，就是全书"不语怪力乱神"，它只老老实实地去解释词义，没有那些节外生枝的说教，也很少有耸人听闻的怪诞异说。它的朴实的风格烙着战国时代北方儒者的印记。

（3）《尔雅》又是一部研究汉语词义演变史的好书。其中保存了不少先秦古义。如《释宫》："宫谓之室，室谓之宫。"据此，我们可以判断：先秦时代"宫"和"室"是同义词。《诗经·鄘风·定之方中》：定之方中，"作于楚宫"，又说：揆之以日，"作于楚室"。这证明《尔雅》的释义是有语言事实为据的。"宫"在先秦时有"围绕"的意思，从《尔雅·释山》中可以得到证实："大山宫小山，霍。"由于"宫"的"围绕"义汉以后已消失，有的人把这个句子的标点也搞错了。郦道元的《水经注》就以为"宫"是名词，结果成了"大山曰宫"。

又如"舅"这个词既可以指"舅父"，又可以指"公公"，指"公公"的意思是什么时候产生的呢？查《尔雅·释亲》就知道，先秦时候这个意义就存在了。《尔雅》对这两个义项的区别是很清楚的："妇称夫之父曰舅。"又说："谓我舅者，吾谓之甥也。"

（4）《尔雅》保存了一些天文、历法、地理、动植物等方面的资料，反映了战国时代自然科学研究方面的某些成果，这一方面使历代的自然科学工作者对它产生兴趣，另外也为后来的训诂学家、词书编纂者注意这一方面的研究做出了榜样。郭璞说："若乃可以博物不惑，多识于鸟兽草木之名者，莫近于《尔雅》。"这个评价是正确的。

《尔雅》也存在一些缺陷：

（1）有的时候，类聚的一组词并不只是一个意义，而是用来做解释的字有不同的意义，例如：

①《释诂》："育、孟、耆、艾、正、伯，长也。"这六个词都用一个"长"字作释语，实际上意思并不同。"育"是"生长"义，"耆""艾"是"年长"义（六十曰耆，五十曰艾），"正""伯"是"官长"义（伯，本指排行，"孟"亦为排行之"长"）。

②《释诂》："须、竢、替、戾、厎、止、徯，待也。""须""竢""徯"固然与"待"同义，但是"替""戾""厎""止"则不能认为与"待"同义，显然这是勉强牵合。

义不相属或有差别的一些词，用一个多义字做解释，自然是不明确的，使人迷惑的。就是解释一个词，用一个多义字做解释也不妥。如《释言》："贻，遗也。"因为"遗"不仅有"赠送"义，还有"遗失"等义。

（2）有时把实词和虚词混为一条。例如《释诂》："孔、魄、哉、延、虚、无、之、言，间也。"被释的八个词中有五个（孔、魄、延、虚、无）是实词，是"间隙、空隙"的意思，有三个（哉、之、言）是虚词，是在句中起一种"语助"的作用的虚词，《尔雅》的编者认为这些词在"虚"这一点上与"孔"等词是一样的，就混到一个词条里。

（五）《尔雅》的注本与"群雅"的出现

现在完整的《尔雅》注本以晋代郭璞的《尔雅注》为最早，北宋邢昺在郭璞的基础上作了疏。二者合起来就是《十三经注疏》中的《尔雅注疏》。

清代研究《尔雅》的人很多，成就最大的是邵晋涵和郝懿行。邵晋涵的《尔雅正义》着重校正文字，采录古注，以古书证《尔雅》，对郭璞的注和邢昺的疏多所补正。郝懿行的《尔雅义疏》着重以声音贯串训诂，在探求语源方面颇有成就。

增广、摹仿《尔雅》的"群雅"自汉至清接连出现，足证《尔雅》对后世训诂专书的编纂影响很大。"群雅"之中重要的有《小尔雅》《广雅》《骈雅》《通雅》等。研究"群雅"的著作当以王念孙的《广雅疏证》为最，在训诂学史上堪称第一流的著作。

延伸阅读

《尔雅》

晋·郭璞注　北宋·邢昺疏

毗、庘，有也。 二者又为有也。《诗》曰："遂毗大东。" [疏] "毗、庘，有也。"○释曰：二者又为有，言大有也。成十六年《左传》云："生民敦庘。言人生聚丰厚，大有也。"○注"诗曰：遂毗大东"。○释曰：《鲁颂·閟宫》文也。案今《诗》本作"遂荒"，此言"遂毗"者，所见本异也。或当在齐、鲁、韩《诗》。

（《尔雅·释诂》）

如、适、之、嫁、徂、逝，往也。《方言》云："自家而出谓之嫁，犹女出为嫁。"　[疏]"如、适"至"往也"。○释曰：皆谓造于彼也。如者，自我而往也。《春秋》公及大夫朝聘皆曰如。之者，《论语》云："之一邦。"言又往一国也。适、嫁、徂，皆方俗语。○注《方言》至"为嫁"。○释曰：案《方言》云："嫁、逝、徂、适，往也。自家而出谓之嫁，犹女而出为嫁也。逝，秦晋语也。徂，齐语也。适，宋鲁语也。往，凡语也。"

（《尔雅·释诂》）

赍、贡、锡、畀、予、贶，赐也。皆赐与也。○畀，必寐切。予，羊汝切。　[疏]"赍、贡"至"赐也"。○释曰：皆谓赐与也。赍者，赐有功善人也。《书·汤誓》曰："予其大赍汝。"贡者，下与上也。《左传》齐桓责楚云："尔贡包茅不入。"锡者，嘉赐也。《禹贡》云："禹锡玄圭。"畀者，付与也。《诗·鄘风·干旄》云："何以畀之？"予者，授与也。《小雅·采菽》云："天子所予。"贶者，惠赐也。《小雅·彤弓》云："中心贶之。"

（《尔雅·释诂》）

舒、业、顺，叙也。皆谓次叙。业、顺、叙，绪也。四者又为端绪。　[疏]"舒、业"至"绪也"。○释曰：叙谓次叙。舒者，展舒，徐缓有次也。业者，事有次叙也。顺者，不逆，有叙也。舒、业、顺、叙四者又为端绪，互相训也。（《尔雅·释诂》）

遹、遵、率、循、由、从，自也。自犹从。遹、遵、率，循也。三者又为循行。○遹音聿。　[疏]"遹、遵"至"循也"。○释曰：自亦从也，转互相训也。遹者，《大雅·绵》篇云："聿来胥宇。"遹、聿音义同。遵者，《周南·汝坟》云："遵彼汝坟。"率者，《大雅·绵》篇云："率西水浒。"循者，《顾命》云："率循大卞。"由者，《曲礼》："大夫、士出入君门，由闑右。"从者，《小雅·何人斯》云："伊谁云从。"遹、遵、率三者，又为循行。（《尔雅·释诂》）

柯、宪、刑、范、辟、律、矩、则，法也。《诗》曰："伐柯伐柯，其则不远。"《论语》曰："不逾矩。"　[疏]"柯、宪"至"法也"。○释曰：此亦谓常法，转互相训。柯者，执以取法也。宪者，《大雅·桑扈》云："百辟为宪。"辟，罪法也。刑、范、律、矩、则皆谓常法也。○注《诗》曰"至"逾矩"。○释曰：云《诗》曰：伐柯伐柯，其则不远"者，《豳风·伐柯》文。云"《论语》曰：不逾矩"者，《为政》文。（《尔雅·释诂》）

绍、胤、嗣、续、纂、绥、绩、武、系，继也。《诗》曰："下武维周。"绥见《释水》。余皆常语。○纂，子管切。　[疏]"绍、胤"至"继也"。○释曰：皆联继不绝也。绍者，《大雅·抑》篇云："弗念厥绍。"胤者，《大雅·既醉》云："永锡祚胤。"嗣者，《周颂·酌》篇云："载用有嗣。"续者，《小雅·斯干》云："似续妣祖。"纂者，《鲁颂·閟宫》云："缵禹之绪。"绥，武见注。绩者，《陈风·东门之枌》云："不绩其麻。"系者，系属之继。《易》曰："系小子，失丈夫。"○注《诗》曰"至"常语"。○释曰：云《诗》曰：下武维周"者，《大雅·下武》文。云"绥见《释水》"者，彼云："泛泛杨舟，绋缡维之。绋，绋也。缡，绥也。"是矣。（《尔雅·释诂》）

陨、磒、湮、下、降、坠、摽、蘦，落也。磒犹陨也。方俗语有轻重耳。湮，沈落也。摽、蘦见《诗》。○陨，于悯切。磒，于敏切。摽，婢眇切。蘦音零。　[疏]"陨、磒"至"落也"。○释曰：皆谓堕落也。陨者，《说文》云："从高坠也。"《易》曰："有陨自天。"磒者，石落也。郭云："磒犹陨也，方俗语有轻重耳。"湮，沈落也。下者，自上而落也。降即下也。《曲礼》谓羽鸟死曰降。坠者，《说文》曰："从高堕也。"《左传》曰："弗敢失坠。"摽者，《召南》云："摽有梅。"蘦者，《说文》云："草曰苓，木曰落。"此对文尔。散而言之，他物之落亦言蘦。《鄘风·定之方中》云："灵雨既零。"蘦、零音义同。（《尔雅·释诂》）

永、悠、迥、违、遐、逷、阔，远也。"遐矣西土之人。"迥，户顶切。逷音惕。永、悠、迥、远，遐也。遐亦远也，转相训。　[疏]"永、悠、迥、违"至"遐也"。○释曰：皆谓辽远也。永者，长远也。《周南·汉广》云："江之永矣。"悠者，《小雅·渐渐之石》云："山川悠远。"迥者，《大雅》云："洞酌彼行潦。"迥、洞音义同。远者，离远也。《召南·殷其靁》云："何斯违斯。"逷者，《大雅·旱麓》云："逷不作人。"遐者，古遐逖也。阔者，相疏远也。《邶风·击鼓》云："于嗟阔兮。"永、悠、迥、远四者，又远、逷也；遐亦远也。转相训尔。○注《书》："遐矣西土之人"。○释曰：《周书·牧誓》文也。（《尔雅·释诂》）

亏、坏、圮、垝，毁也。《书》曰："方命圮族。"《诗》曰："乘彼垝垣。"亏通语耳。○坏音怪。圮，房美切。垝音鬼。　[疏]"亏、怀"至"毁也"。○释曰：皆谓毁败也。亏者，损毁也。《祭义》云："不亏其体。"坏者，人毁也，音怪；一云自毁也，乎怪切。圮者，岸毁也。《书》叙曰："祖乙圮于耿。"垝，是毁垣也。○注《书》曰"至"语耳"。○释曰：云"《书》曰：方命圮族"者，《尧典》文。孔安国云："圮，毁；族，类也。言鲧性狠戾，好比方名，命而行事，辄毁败善类。"云"《诗》曰：乘彼垝垣"者，《卫风·氓》篇文也。（《尔雅·释诂》）

缉、熙、烈、显、昭、皓、颎，光也。诗曰："学有缉熙于光明。"又曰："休有烈光。"颎，古迥切。　[疏]"缉、熙"至"光也"。○释曰：显者，光明也。《大雅·假乐》云："显显令德。"说文云："昭，日明也。"《大雅·云汉》云："昭回于天。"皓者，亦日光也。颎，火光也。《小雅·无将大车》云："不出于颎。"○注《诗》曰"至"烈光"。○释曰：云"学有缉熙于光明"者，《周颂·敬之》文。又曰"休有烈光"，《周颂·载见》文也。

（《尔雅·释诂》）

谐、辑、协，和也。《书》曰："八音克谐。"关关、嘤嘤，音声和也。皆鸟鸣相和。嗡、燮，和也。《书》曰："燮友柔克。"辑，集。嘤，於恭反。嗡音协。即古文协字。○注《书》曰至"柔克"。○释曰：云《书》曰："八音克谐"者，《虞书·舜典》文。云《左传》曰："百姓辑睦"者，案僖十五年及成十六年皆云："群臣辑睦。"其是乎！云《书》曰："燮友柔克"者，《周书·洪范》文。[疏]"谐、辑"至"和也"。○释曰：皆谓和同。协者，《说文》云："众之同和也。"关关、嘤嘤者，皆鸟鸣音声相和也。《周南·关雎》云："关关雎鸠。"《邶风·匏有苦叶》云："嘤嘤鸣雁。"嗡 （《尔雅·释诂》）

怀、惟、虑、愿、念、怒，思也。《诗》曰："怒如调饥。"○怒音溺。[疏]"怀、惟"至"思也"。○释曰：皆思念也。《方言》云："郁悠、怀、怒、惟、虑、愿、念、靖、慎，思也。晋宋卫鲁之间谓之郁悠。惟，凡思也。虑，谋思也。愿，欲思也。念，常思也。东齐海岱之间曰靖，秦晋或曰慎。凡思之貌亦曰慎，或曰怒。"舍人曰："怒，志而不得之思也。"○注《诗》曰："怒如调饥"。○释曰：《周南·汝坟》文。（《尔雅·释诂》）

俨、恪、祗、翼、諲、恭、钦、寅、熯，敬也。俨然，敬貌。《书》曰："夙夜惟寅。"《诗》曰："我孔熯矣。"諲未详。○恪，虚各切。諲音因。熯，而善切。[疏]"俨、恪"至"敬也"。○释曰：皆谓谨敬也。俨者，郭云："俨然，敬貌。"《论语》云："俨然人望而畏之。"恪者，心敬也。《周书·微子之命》云："恪慎克孝。"祗者，《虞书·大禹谟》云："祗承于帝。"翼者，小心之敬也。云恭者，敬貌也。《大雅·桑柔》云："温温恭人。"钦者，《尧典》云："钦若昊天。"○注"书曰"至"熯矣"。○释曰：云《书》曰："夙夜惟寅"者，《虞书·舜典》文。云《诗》曰："我孔熯矣"者，《小雅·楚茨》文。（《尔雅·释诂》）

朝、旦、夙、晨、晙，早也。晙亦明也。○晙音俊。[疏]"朝、旦"至"早也"。○释曰：早者，《说文》云："晨也。从日在甲上，十，古文甲字。"今即以不晚为早。朝者，《邶风·螮蝀》云："崇朝其雨。"毛传云："崇，终也。从旦至食时为终朝。"旦者，《说文》云："明也。从日在一上，一，地也。"《陈风·东门之枌》云："穀旦于差。"夙者，《齐风·东方未明》云："不夙则莫。"晨者，《说文》云："晨，昧爽也。"《东方未明》云："不能晨夜。"晙亦明之早也。（《尔雅·释诂》）

监、瞻、临、涖、覛、相，视也。皆谓察视也。○监音鉴。涖音利，覛音跳。[疏]"监、瞻"至"视也"。○释曰：皆谓察视也。《小雅·节南山》云："何用不监。"又曰："民具尔瞻。"《大雅·大明》云："上帝临女。"《文王·世子》云："成王幼不能涖阼。"覛者，《考工记》云："璙圭璋八寸，璧琮八寸，以覛聘。"郑注云："覛，视也。聘，问也。众来曰覛，特来曰聘。"相者，《小雅·小弁》云："相彼投兔。"（《尔雅·释诂》）

烈、绩，业也。谓功业也。[疏]"烈、绩，业也"。○释曰：谓功业也。烈者，《周颂·执竞》云："无竞维烈。"绩者，《大雅·文王有声》云："维禹之绩。"（《尔雅·释诂》）

绩、勋，功也。谓功劳。[疏]"绩、勋，功也"。○释曰：谓功劳也。绩者，《虞书·大禹谟》云："嘉乃丕绩。"勋者，案《周礼·司勋职》云："王功曰勋。"郑注云："辅成王业若周公"。（《尔雅·释诂》）

功、绩、质、登、平、明、考、就，成也。功绩皆有成。《诗》曰："质尔民人。"《礼记》曰："年谷不登。"《谷梁传》曰："平者成也。"事有分明，亦成济也。[疏]"功、绩"至"成也"。○释曰：皆谓成济也。勋、功、绩、业皆有成也。事有分明亦成济也。《舜典》云："三载考绩。"《周颂·敬之》云："日就月将。"皆言成功也。○注《诗》曰至"成也"。○释曰：《诗》云："质尔民人"者，《大雅·抑》篇文。云《礼记》曰：年谷不登"者，下《曲礼》文。云《谷梁传》曰：平者成也"者，宣十五年文也。（《尔雅·释诂》）

豫、宁、绥、康、柔，安也。皆见《诗》《书》。[疏]"豫、宁"至"安也"。○释曰：皆安乐也。《大雅·板田》云："不敢戏豫。"《虞书·大禹谟》云："万邦咸宁。"《商书·大甲》云："抚绥万邦。"《大雅·民劳》云："汔可小康。"《虞书·舜典》云："柔远能迩。"（《尔雅·释诂》）

希、寡、鲜，罕也。罕亦鲜，寡也。谓少。○息浅切。[疏]"希、寡"至"寡也"。○释曰：皆简少之称也。《论语》云："希不失矣。"《易·说卦》云："巽为寡发。"《大雅·篇》云："鲜不为则。"郭云："罕亦希也。"《郑风·大叔于田》云："叔发罕忌。"鲜又为寡。转互相训，皆谓希少尔。（《尔雅·释诂》）

鹭、假、格、陟、跻、登，升也。《方言》曰："鲁卫之间曰鹭，梁益曰格。"《礼记》曰："天王登遐。"《公羊传》曰："跻者何？升也。"鹭音质。假音遐。[疏]"鹭、假"至"升也"。○释曰：皆谓升上也。陟者，《周南·卷耳》云："陟彼高冈。"余见注。○注《方言》至"升也"。○释曰：《方言》曰"者，案彼云："躔、郅、跂、佫、跻、踚，登也。自关而西，秦晋之间曰躔，东海岱岳之间谓之跻，鲁卫曰郅，梁益之间曰佫，或曰跂。"鹭、郅、格、佫，音义同。云"《礼记》曰：天王登遐"者，下《曲礼》文。云"《公羊传》曰：跻者何？升也"者，文公二年文也。（《尔雅·释诂》）

馌、饟，馈也。《国语》曰："其妻馌之。"○馌音叶。饟音饷。馈音柜。[疏]"馌、饟，馈也"。○释曰：馌者以食遗也。野食曰馌。舍人曰："饟，自家之野也。"○注《国语》曰："其妻馌之"。○释曰：《晋语》云："臼季使，舍于冀野。冀缺耨，其妻馌之，敬，相待如宾。从而问之，冀芮之子，与之归。既复命，而进之曰：'臣得贤人，敢以告。'"是也。（《尔雅·释诂》）

阻、艰，难也。皆险难也。阻，乃旦切。[疏]"阻、艰，难也。"○释曰：皆险难也。《秦风·蒹葭》云："道阻且长。"《商书·说命》云："非知之艰。"（《尔雅·释诂》）

迩、几、暱，近也。暱，亲近也。○几音机。暱，女乙切。[疏]"迩、几、暱，近也。"○释曰：皆谓殆近也。迩者，《郑风·东门之墠》云："其室则迩。"几者，《聘义》曰："日几中而后礼成。"暱者，郭云："亲近也。"《小雅·菀柳》云："无自暱焉。"（《尔雅·释诂》）

崩、薨、无禄、卒、徂落、殪，死也。古者死亡，尊卑同称耳，故《尚书》尧曰"徂落"，舜曰"陟方乃死"。○薨，呼弘切。殪，于计切。[疏]"崩、薨"至"死也"。○释曰：此皆死之别称也。《曲礼》："天子死曰崩，诸侯曰薨，大夫曰卒，士曰不禄，庶人曰死。"郑注云："异死名也。为人褒其无知若犹不同然也。自上颠坏曰崩。薨，颠坏之声。卒，终也。不禄，不终其禄。其之言澌也，精神澌尽也。"又曰："寿考曰卒，短折曰不禄。"郑注云："禄谓有德行，任为大夫、士而不为者，老而死，从大夫之称；少而死，从士之称。"此云"无禄"者，即彼之"不禄"也。（《尔雅·释诂》）

告、谒，请也。皆求请也。○告音谷。[疏]"告、谒，请也"。释曰：皆求请也。成二年《左传》：邵克对齐侯曰："晋与鲁、卫，兄弟也。来告云：'大国朝夕释憾之于敝邑之地。'"《诗》叙云："无险彼私谒之心。"（《尔雅·释言》）

肃、雍，声也。《诗》曰："肃雍和鸣。"[疏]"肃、雍，声也。"○释曰：和乐声也。○注《诗》曰：肃雍和鸣"者，《周颂·有声》文也。（《尔雅·释言》）

贸、贾，市也。《诗》曰："抱布贸丝。"○贾音古。[疏]"贸、贾，市也"。○释曰：谓市买卖物也。○注《诗》曰：抱布贸丝"者，《卫风·氓》篇文也。《大雅·瞻卬》云"如贾三倍"也。（《尔雅·释言》）

征、迈，行也。《诗》曰："王于出征。"迈亦行。[疏]"征、迈，行也"。○释曰：皆出行也。○注《诗》曰：王于出征"者，《小雅·六月》文也。云"迈亦行"者，《诗》云："周王于迈。"是也。（《尔雅·释言》）

爽，差也。爽，忒也。皆谓用心差错，不专一。○差，初加切。"专一。"《诗·卫风》云："女也不爽。"《大雅·瞻卬》云："鞫人忮忒。"[疏]"爽，差也。爽，忒也。"○释曰：广异言也。爽谓差错，又为忒变。孙炎曰："忒，变杂不一。"郭云："皆谓用心差错，不（《尔雅·释言》）

流，覃也。覃，延也。皆谓蔓延相被及[疏]"流，覃也。覃，延也。"○释曰：转相解也。皆谓蔓延相被及，水之流必相延及。《诗·周南》云："葛之覃兮。"（《尔雅·释言》）

啜，茹也。啜者，拾食。○茹，如庶切。[疏]"啜，茹也。"○释曰：《说文》云："啜，尝也。"郭云："啜者，拾食。"《礼记·檀弓》云："啜菽饮水。"《大雅·烝民》云："柔则茹之。"《方言》云："茹，食也。吴越凡贪饮食者谓之茹。"（《尔雅·释言》）

庇、庥，荫也。今俗语呼树荫为庥。[疏]"庇、庥，荫也"。○释曰：舍人曰："庇，蔽也。庥，依止也。"郭云："今俗语呼树荫为庥。"又七年《左传》："葛藟犹能庇其本根。"（《尔雅·释言》）

祺，祥也。谓征祥。祺，吉也。祥吉之先见。[疏]"祺，祥也。祺，吉也。"○释曰：舍人曰："祺福之祥，谓征祥也。"祥即吉之先见者也，故又为吉。《大雅·行苇》云："寿考维祺。"（《尔雅·释言》）

速，征也。征，召也。《易》曰："不速之客。"[疏]"速，征也。征，召也。"○释曰：转相解也，皆谓呼召。○注《易》曰：不速之客"者，《需卦·上六》爻辞也。（《尔雅·释言》）

淩，栗也。淩懅战栗○淩音淩。栗，感也。战栗者忧感。[疏]"淩，栗也。栗，感也。"○释曰：转相解也。《坤苍》云：淩，栗栗者忧感。"《秦风·黄鸟》云："惴惴其栗。"栗又为感。郭云："战栗者忧感。""淩懅战栗"，则淩、陵音义同。（《尔雅·释言》）

明明、斤斤，察也。皆聪明鉴察。○斤，居觐反。[疏]"明明、斤斤，察也。"○释曰：舍人曰："明明言其明甚。"孙炎曰："物精详之察也。"孙炎云："斤斤，重慎之察也。"《周颂·执竞》云："斤斤其明。"明鉴察也。"明明，性理之察也。"《大雅·常武》云："赫赫明明。"舍人："斤斤，（《尔雅·释训》）

穆穆、肃肃，敬也。皆容仪谨敬。[疏]"穆穆、肃肃，敬也。"○释曰《周颂·雝》篇云："有来雝雝，至止肃肃。相维辟公，天子穆穆。"此皆禘祭之时容仪谨敬也。（《尔雅·释训》）

肃肃、翼翼，恭也。皆恭敬。[疏]"肃肃、翼翼，恭也。"○释曰：皆恭敬也。《大雅·思齐》云："肃肃在庙。"《大明》云："维此文王，小心翼翼。"言文王及群臣恭敬貌也。（《尔雅·释训》）

委委、佗佗，美也。皆佳丽美艳之貌。○佗，陀。[疏]"委委、佗佗，美也。"○释曰：李巡曰："皆宽容之美也。"孙炎曰："委委，行之美。佗佗，长之美。"《诗·鄘风·君子偕老》云："委委佗佗。"毛传云："委委者，行可委曲从迹也。佗佗者，德平易也。"是皆佳丽美艳之貌也。（《尔雅·释训》）

妇称夫之父曰舅，称夫之母曰姑。姑舅在，则曰君舅、君姑；没，则曰先舅、先姑。《国语》曰："吾闻之先姑。"谓夫之庶母为少姑，夫之兄为兄公，今俗呼兄钟，语之转耳。夫之弟为叔，夫之姊为女公，夫之女弟为女妹，今谓之女妹是也。女子子之妻为妇，长妇为嫡妇，众妇为庶妇。女子子之夫为婿。婿之父为姻，妇之父为婚。父之党为宗族，母与妻之党为兄弟。父之父母、婿之父母相谓为婚姻。两婿相谓为亚，《诗》曰："琐琐姻亚。"今江东人呼同门为僚婿。妇之党为婚兄弟，婿之党为姻兄弟。古者皆谓婚姻为兄弟。嫔，妇也。《书》曰："嫔于虞。"谓我舅者，吾谓之甥也。○公音钟。嫡音的。嫔音频。婚姻。（《尔雅·释训》）

宫谓之室，室谓之宫。皆所以通古今之异语，明同实而两名。[疏]"宫谓"至"之宫"。○释曰：别二名也。郭云："皆所以通古今之异语，明同实而两名。"《释名》云："宫，穹也，言屋见于垣上穹崇然也。室，实也。言人物实满于其中也。"是所言之异耳。《诗》云："作于楚宫。"又曰："入此室处。"是也。古者贵贱所居皆得称宫。故《礼记》曰："由士命以上，父子皆异宫。"又《丧服传》继父为其妻前夫之子筑宫庙。是士庶人皆有宫称也。至秦汉以来，乃定为至尊所居之称。（《尔雅·释宫》）

阇谓之台，积土四方。有木者谓之榭。台上起屋。○阇，都。[疏]"阇谓"至"之榭"。○释曰：别台、榭之制也。积土四方而高者名台，即下云"四方而高者"也，一名阇。李巡云："积土为之，所以观望。"《诗》云："出其闉阇。"彼以阇为城台。于此台上有木屋者名榭。《月令·仲夏》云："可以处台榭。"谓此也。（《尔雅·释宫》）

闑谓之门，《诗》曰："祝祭于祊。"正门谓之应门，朝门。观谓之阙，宫阙。宫中之门谓之闱，谓相通小门也。其小者谓之闺，小闺谓之阁，大小异名。巷门谓之闳，《左传》曰："盟诸僖门。"闳，巷头门。门侧之堂谓之塾，夹门堂也。橛谓之闑，门闑。阖谓之扉，《公羊传》："齿著于门闑。"所以止扉谓之闳。门辟旁长橛。《左传》曰："高其闬闳。"闳，长杙，即门橛也。○闑，补耕反。观，贯。衡，巷。塾，熟。橛，其月反。闑，鱼列反。（《尔雅·释宫》）

木豆谓之豆。豆，礼器也。[疏]"木豆谓之豆"。○注"礼器也"。○释曰：案《周礼》旗人为豆，"实三而成毂崇尺"。郑注云："崇，高也。豆实四升。"又《祭统》云："夫人荐豆执校，执醴授之，执镫。"郑注云："校，豆中央直者也。镫，豆下跗也。"又《礼图》云："口圆，径尺，黑膝，饰朱，中大夫以上画以云气，诸侯以象，天子以玉。"皆谓饰其豆也。然则豆者，以木为之，高一尺，口足径一尺，其足名镫。中央直竖者名校，校径二寸。总而言之名曰豆。豆实四升，用荐菹醢。《周礼》"醢人掌四豆之实，朝事之豆，其实韭菹醢醢"之类是也。（《尔雅·释器》）

竹豆谓之笾。笾亦礼器。○笾，边。[疏]"竹豆谓之笾"。○注"笾亦礼器"。释曰：案郑注《笾人》及《士虞礼》云："笾以竹为之，口有籐缘，形制如豆，亦受四升，盛枣栗桃梅菱芡脯修胶鲍糗饵之属。"是也。亦祭祀享燕所用，故云"亦礼器"。（《尔雅·释器》）

瓦豆谓之登。即瓦登也。[疏]"瓦豆谓之登"。○释曰：对文则木豆、瓦豆，散则皆名豆。故云"瓦豆谓之登"。《冬官》旗人掌为瓦器，而云"豆中县"。郑云："县绳正豆之柄。"是瓦亦名豆也。《诗·大雅·生民》云："于豆于登。"毛传云："豆，荐菹醢。登，大羹也。"《公食大夫礼》："大羹湆不和，实于登。"湆者，肉汁，大古之羹也。不调以盐，菜以其质，故以瓦器盛之。郭云："即瓦登也。"（《尔雅·释器》）

金谓之镂，木谓之刻，骨谓之切，象谓之磋，玉谓之琢，石谓之磨。六者皆治器之名。[疏]"金谓"至"之磨"。○释曰：郭云："六者皆治器之名也。"则此谓治器加工而成之名也。故《论语注》云："切磋琢磨，以成宝器。"是也。（《尔雅·释器》）

不律谓之笔。蜀人呼笔为不律也，语之变转。[疏]"不律谓之笔"。○释曰：笔一名不律。许慎云："楚谓之聿，吴人谓之不律，燕谓之弗，秦谓之笔。"郭云："蜀人呼笔为不律也，语之变转。"（《尔雅·释器》）

穹苍，苍天也。天形穹隆，其色苍苍，因名云。春为苍天，万物苍然生。夏为昊天，言气晧旴。秋为旻天，旻犹愍也。愍万物彫落。冬为

上天。言时无事，上临下而已。在四时。（《尔雅·释天》）

南风谓之凯风，《诗》曰"凯风自南"。东风谓之谷风，《诗》云"习习谷风"。北风谓之凉风，《诗》云"北风其凉"。西风谓之泰风，《诗》云"泰风有隧"。焚轮谓之穨，暴风从上下曰穨，徒回切。扶摇谓之猋，暴风从下上曰猋，必遥切。风与火为庹，庹庹，炽盛之貌。○庹，徒衮切。回风为飘，旋风也。○飘音瓢。○日出而风为暴，《诗》云"终风且暴"。风而雨土为霾，《诗》云"终风且霾"。○雨音预。阴而风为曀。《诗》云："终风且曀"。○曀，于计切。（《尔雅·释天》）

邑外谓之郊，郊外谓之牧，牧外谓之野，野外谓之林，林外谓之坰。邑，国都也。假令百里之国，五十里之界，界各十里也。○坰，古营切。下湿曰隰，大野曰平，广平曰原，高平曰陆。大陆曰阜，大阜曰陵，大陵曰阿。可食者曰原，可种谷给食。陂者曰阪，陂陀不平。下者曰隰。《公羊传》曰："下平曰隰"。田一岁曰菑，今江东呼初耕地反草为菑。二岁曰新田，《诗》曰"于彼新田"。三岁曰畲，《易》曰："不菑畲，音于。野。（《尔雅·释地》）

绝高为之京。人力所作。[疏]"绝高为之京"。○释曰：言卓绝高大如丘，而人力为作之者名京。案，《春秋》宣十二年《左传》楚败晋师于邲。潘党曰："君盍筑武军而收晋尸以为京观？"楚子曰云云，"今罪无所，而民皆尽忠以死君命，又可以为京乎？"是其类也。（《尔雅·释丘》）

大山宫小山，霍。宫谓围绕之。《礼记》曰"君为庐宫之"是也。[疏]"大山宫小山，霍"。○释曰：宫犹围绕也。谓小山在中，大山在外围绕之，山形若此者，名霍。非谓大山名宫，小山名霍也。○注"宫谓"至"是也"。○释曰："《礼记》曰"者，《丧大记》文也。郑注云："宫谓围障之也。"引之者，证宫为围绕之义也。（《尔雅·释山》）

小山别大山，鲜。不相连。○别，彼列切。鲜，息浅切。[疏]"小山别大山，鲜"。注"不相连"。○释曰：谓小山与大山分别不相连属者，名鲜。李巡云："大山少，故曰鲜。"（《尔雅·释山》）

多草木，岵。无草木，峐。皆见《诗》。○岵，户。峐，屺。[疏]"多草木，岵；无草木，峐"。注"皆见《诗》"。○释曰：峐当作屺，音起。案《诗·魏风》云："陟彼岵兮，瞻望父兮。"又曰："陟彼屺兮，瞻望母兮。"毛传云："山无草木曰岵。""山有草木曰屺。"与此不同者，当是传写误也。王肃解依《尔雅》。（《尔雅·释山》）

"济有深涉，谓济渡之处。○济，子细切。深则厉，浅则揭"。揭者，揭衣也。谓褰裳也。○揭，上二字音憩，下丘竭切。以衣涉水为厉，衣谓裤。繇膝以下为揭，繇膝以上为涉，繇带以上为厉。繇，自也。○繇音由。上，时掌反。[疏]"济有"至"为厉"。○释曰：案《诗·邶风·匏有苦叶》："济有深涉，深则厉，浅则揭。"故此先引《诗》文，然后释之。云"揭者，揭衣也"，谓度处水浅，惟褰裳可涉者名揭。注云"谓褰裳也"者，对文言之，则在上曰衣，在下曰裳；散而言之则通。是以此经言"揭衣"，注言"褰裳"。《曲礼》云："两手抠衣去齐尺。"衣亦谓裤裳也。云"以衣涉水为厉"者，此衣谓裤也。言水深至于裤以上者而涉渡者，名厉。云"繇膝以下为揭"者，此更释揭、涉及厉之名。繇与由同，繇，由也。言水浅自膝以下为揭，水差深自膝以上者为涉，水若深至衣带以上者为厉。（《尔雅·释水》）

水中可居者曰洲，小洲曰渚，小渚曰沚，小沚曰坻，人所为为潏。人力所作。○渚，坻，池。潏，述。水中。[疏]"水中"至"为潏"。○释曰：此一段释水中之地名也。故下题云"水中"。案，李巡云："四方皆有水，中央独可居，但大小异其名耳。若人所作者则名潏。"《周南》云："在河之洲。"《召南》云："江有渚。"《采蘩》云："于沼于沚。"《秦风·蒹葭》云："宛在水中坻。"是其所出之文也。（《尔雅·释水》）

荷，芙渠，别名芙蓉，江东呼荷。其茎茄，其叶蕸，其本蔤，茎下白蒻在泥中者。其华菡萏，见《诗》。其实莲，莲谓房也。其根藕，其中的，莲中子也。的中薏。中心苦。[疏]"荷芙"至"中薏"。○释曰：李巡云：皆分别莲、茎、叶、华、实之名。芙渠，其总名也。别名芙蓉，江东呼荷。菡萏，莲华也。的，莲实也。薏，中心也。郭璞云："蔤，茎下白蒻在泥中者。"今江东人呼荷华为芙蓉，北方人便以藕为荷，亦以莲为荷，蜀人以为茄。或用其母为华名，或用根子为母叶号，此皆名相错，习俗传误，失其正体者也。陆机《疏》云：莲青皮里白子为的，的中有青为薏，味甚苦，故里语云"苦如薏"是也。○注"见《诗》"。○释曰：《诗·陈风》云："彼泽之陂，有蒲与荷。"又曰"有蒲与莲"，又曰"有蒲菡萏"是也。（《尔雅·释草》）

唐、蒙，女萝。女萝，菟丝。别四名。《诗》云："爰采唐矣。"[疏]"唐、蒙"至"菟丝"。○释曰：孙炎曰："别三名。"郭云："别四名。"则唐与蒙，或并或别，故三四异也。《诗经》直言唐，而传云"唐，蒙也"，是以蒙解唐也。则四名为得。下云："蒙，王女。"郭云："即唐也。"是又名王女。然则，唐也，蒙也，女萝也，菟丝也，王女也，凡五名。《诗·頍弁》云："茑与女萝。"毛传云："女萝，菟丝。"陆机云："今菟丝。蔓连草上

生，黄赤如金，今合药菟丝子是也。"○注"《诗》云：'爰采唐矣。'"○释曰：《鄘风·桑中》篇文也。（《尔雅·释草》）

芣苢，马舃；冯舃，车前。 今车前草，大叶长穗，好生道边，江东呼为虾蟆衣。芣，音浮。苢音以。[疏]"芣苢"至"车前"。○释曰：药草也，别三名。郭云："今车前草，大叶长穗，好生道边，江东呼为虾蟆衣。"《诗·周南》云："采采芣苢"陆机《疏》云："马舃，一名车前，一名当道。喜在牛迹中生，故曰车前、当道也。今药中车前子是也。幽州人谓之牛舌草。可鬻作茹，大滑。其子治妇人难产。"王肃引《周书·王会》云："芣苢如李，出于西戎。"王基驳云："《王会》所记杂物奇兽，皆四夷远国各贡土地异物以为贡贽，非《周南》妇人所得采。"是芣苢为马舃之草，非西戎之木也。（《尔雅·释草》）

二足而羽谓之禽，四足而毛谓之兽。[疏]"二足"至"谓之兽"。○释曰：别禽兽之异也。凡语有通别。别而言之，羽则为禽，毛则为兽。所以然者，禽者，擒也。言鸟力小，可擒捉而取之。兽者，守也。言其力多，不易为擒，先须围守，然后乃获，故曰兽。通而为说，鸟不可曰兽，兽亦可曰禽。故《曲礼》"鹦鹉不曰兽，而猩猩通曰禽也。"《易》云："王用三驱，失前禽。"则驱走者亦曰禽。又《周礼·司马》职云："大兽公之，小禽私之。"以此言，则禽未必皆鸟也。又郑玄注《周礼》云："凡鸟兽未孕曰禽。"《周礼》又云："以禽作六贽：卿羔；大夫雁。"（《尔雅·释鸟》）

犀，似豕。 形似水牛，猪头，大腹，庳脚。脚有三蹄，黑色。三角，一在顶上，一在额上，一在鼻上。鼻上者，即食角也。小而不椭，好食棘。亦有一角者。椭，音堕。[疏]"犀，似豕"。○释曰：郭云："形似水牛，猪头，大腹，庳脚。脚有三蹄，黑色。三角，一在顶上，一在额上，一在鼻上。鼻上者，即食角也。小而不椭，好食棘。亦有一角者。"刘欣期《交州记》："犀出九德，毛如豕，蹄有甲，头似马。"《吴录·地理志》云："武陵阮南县以南皆有犀。"（《尔雅·释兽》）

狒狒，如人，被发，迅走，食人。 枭羊也。《山海经》曰："其状如人，面长唇黑，身有毛，反踵，见人则笑。"交广及南康郡山中亦有此物，大者长丈许。俗呼之曰山都。"○狒，音费。被，之备。[疏]"狒狒"至"食人"。○释曰：狒狒，兽名，状如人，被发，疾走，食人。《山海经》谓之枭羊。又谓之赣巨人。《周书·王会》云："北方谓之吐喽。"郭云："枭羊也。《山海经》曰：'其状如人，面长唇黑，身有毛，反踵，见人则笑。交广及南康郡山中亦有此物，大者长丈许。俗呼之曰山都。'"云"《山海经》曰"者，《海内经》文也。案，彼文云枭羊，"在北朐之西，其状人面长唇，有毛，反踵，见人笑亦笑。左手操管"。又《海内经》云："笑则唇蔽其面，因可逃也。"（《尔雅·释兽》）

猩猩，小而好啼。 《山海经》曰："人面豕身，能言语。"今交趾封溪县出猩猩，状如獾狖，声似小儿啼。[疏]"猩猩，小而好啼"。○释曰：能言兽也。《曲礼》："猩猩能言。"《周书·王会》曰："都郭狌狌，欺羽狌狌，若黄狗，人面能言。"郭云："《山海经》云：'人面豕身，能言语。'今交趾封溪县出猩猩，状如獾狖，声似小儿啼。"云"《山海经》"者，《海内南经》文也。（《尔雅·释兽》）

二、《广雅》

《尔雅》对语言学、训诂学做出了重要贡献，其后的训诂学、词源学、文字学、方言学都遵循了它的体例，在语言学史和词书史上均占有重要地位。由于《尔雅》的重要作用和地位，人们研究、模仿《尔雅》，逐渐成为一种专门学问——"雅学"。后来，逐步出现了以"雅"为名的一系列词书，产生于三国曹魏时代的《广雅》是"雅书"系列中的名著。《广雅》的作者张揖，字稚让，清河（今河北省临清县东北）人。《广雅》的体例完全仿照《尔雅》，也分《释诂》《释言》等19篇，释义方式也是以一词释众词，全书有2 345个条目（比《尔雅》多250多条），原有18 150个字（王念孙的《广雅疏证》经过一番校勘，实为17 326个字，比原字少了824个）。

利用《广雅》来解释汉魏作品中的词语就大有用处，如：

司马迁《报任安书》："仆尝厕下大夫之列。"这个"厕"字不见之于《尔雅》，《说文》只释其本义，《广雅·释言》："厕，间也。"这个释义不仅可以用来解释"厕下大夫之列"的"厕"，而且还使我们认识到，《左传·曹刿论战》中的"又何间焉"的"间"与"厕"为同义关系。

清代王念孙的《广雅疏证》是最著名的注本，其价值比《广雅》本身还大。

第二节 《方言》

中国自古以来就是一个地域辽阔、方言复杂的大国，早在周秦时代就已在政府的安排和组织下进行过方言调查。

当时有一种制度，每年秋收以后农闲季节，统治者就派遣一些使臣，乘着輶轩车，摇着木铎，到各地农村去采集诗歌、民谣和各地方言。这些采集来的资料，由乡送到邑，由邑送到国，最后集中送呈给周天子。统治者借此了解风俗民情，达到"不出户牖，尽知天下"的效果。这些资料逐年采集积累起来，都保存在朝廷的秘室里。可惜在秦朝灭亡时，这些藏于朝廷秘室的资料，几乎散失了。

汉兴以后，方言之学兴起，人们更加重视对方言的研究。蜀郡人严君平搜集了一些方言的资料，不过只有一千多字。扬雄的老师林间翁孺也有了整理方言的"梗概之法"。扬雄就在前人的基础上进行了汉代的方言调查，写出了《方言》这本具有划时代意义的著作。

《方言》全称《輶轩使者绝代语释别国方言》，由此可知它的材料是輶轩使者采自民间，通过调查得来的，包括"绝代语释"和"别国方言"两方面的内容。因为其主要内容是"别国方言"，所以简称《方言》。这是中国第一部比较方言词汇专书，具有特别重要的地位。

"輶轩使者"即轩车使者，也叫遒人使者，都是指当时采集民间风俗、诗歌和歌谣的人，"绝代语释"即解释古语，"别国"即列国。"輶轩使者"为材料来源，"绝代语释""别国方言"为全书所包括的内容。《方言》是通过对大众语言的调查，搜集而编成的第一部方言词典，它保存了两汉相当丰富的口语词汇，为我们研究汉代方言通语的异同、探讨古音的变化提供了宝贵资料。《方言》还像一面镜子，反映着汉代的文化实况。

（一）《方言》的作者与成书年代

相传《方言》为西汉扬雄撰，自东汉至北宋，不曾有人怀疑。南宋洪迈《容斋随笔》则予以否定，断言《方言》是汉魏间好事者之伪托，其理由有三：

（1）不见于《汉书》的《艺文志》和《扬雄传》。

（2）扬雄自述编撰《方言》的《答刘歆书》称蜀人庄君平，竟避东汉明帝刘庄的讳，而他所作的《法言》则不讳"庄"字，所以《答刘歆书》不足信。

（3）刘歆提及扬雄编撰《方言》的《与扬雄书》，即云"汉成帝时"又云"孝成皇帝"，也不似刘歆的手笔。

清代戴震作《方言疏证》，否定了洪迈的论断：

（1）不见于《汉书·艺文志》，是因为其底本《七略》未著录，刘歆编撰《七略》曾向扬雄索取过，扬雄以未完稿为由谢绝之；不见于《汉书·扬雄传》并不奇怪，因为还有一些扬雄的著作没有列入。

（2）扬雄《答刘歆书》本不讳"庄"，"严君平"作"庄君平"当为后人妄改。

（3）刘歆《与扬雄书》"汉成帝时"云云乃是后人题下标注之文，传写乖讹，以致与题连而为一。而后卢文弨、钱绎、王先谦等人都赞成戴震之说，《方言》为扬雄所作遂成定论。

扬雄（公元前53—公元18年）字子云，蜀郡成都人，西汉著名的文学家、哲学家和语言学家，著述甚富。据东汉应劭《风俗通义序》所述，《方言》乃是他在前人成果的基础上，亲自多方搜集活的语言资料，历27年之久才完成的。因此《方言》的成书年代，当在西汉末东汉初。

扬雄是一个多产作家，也是一个善于摹仿的作家。晋朝常璩在《华阳国志》里叙述扬雄的写作情况说：

以经莫大于《易》，故则而作《太玄》；传莫大于《论语》，故作《法言》；史莫善于《苍颉》，故作《训纂》；赋莫弘于《离骚》，故反而广之；典莫正于《尔雅》，故作《方言》。

（二）《方言》的内容

据说《方言》原为15卷、9 000字，而《隋书·经籍志》所著录为13卷，已与今本相同。今传郭璞注本正文有11 900余字，这多出来的字，大概是魏晋以来传习者所增补的。

《方言》共收669条词语，虽然没有标明门类，但也是分类编次的。若照《尔雅》的类别，可以说包括释诂、释言、释人、释衣、释食、释宫、释器、释兵、释车、释舟、释水、释土、释草、释兽、释鸟、释虫共16类。

《方言》所收的汉代和汉代以前的方言词汇，袭用旧材料不少，因而所用的地理名称很杂，有汉代的地名（包括州名、郡名、县名），有秦朝以前的国名和地区名，还有山名、水名和关隘名。所涉及的地域很广：东起东齐海岱，西至秦陇凉洲，北起燕赵，南至沅湘九嶷；东北至北燕朝鲜，西北至秦晋北鄙，东南至吴越东瓯，西南至梁益蜀汉。其中不仅广泛地采录了黄河流域和长江流域绝大部分地区的方言，而且还收录了一些少数民族的语言，如秦晋北鄙方言中杂入的狄语、南楚方言中杂入的蛮语、西秦方言中杂入的羌语。

《方言》所收的词汇，大致可以分成以下5类：

（1）"通语""通名""凡语""凡通语""四方之通语"，这是指没有地域限制的，当时比较通行的普通话。

卷一：娥、嬴，好也。秦曰娥，宋魏之间谓之嬴，秦晋之间凡好而轻者谓之娥。自关而东河济之间谓之媌，或谓之姣。赵魏燕代之间曰姝，或曰妦。自关而西秦晋之故都曰妍。好，其通语也。

嫁、逝、徂、适，往也。自家而出谓之嫁，犹女出为嫁也。逝，秦晋语也。徂，齐语也。适，宋鲁语也。往，凡语也。

（2）"某某之间通语"，这是指通行地域较广的方言词。

卷一：亟、怜、抚，爱也。东齐、海岱之间曰亟，自关而西、秦晋之间凡相敬爱谓之亟，陈、楚、江淮之间曰怜，宋、卫、邠、陶之间曰抚。

卷一：逢逆，迎也。自关而东曰逆，自关而西或曰迎，或曰逢。

（3）"某地语""某某之间语"，这是指个别地区的方言词。

卷一：党、晓、哲，知也。楚谓之党，或曰晓；齐宋之间谓之哲。

卷一：憑、䚻、苛，怒也。楚曰憑，小怒曰䚻，陈谓之苛。

（4）"古今语""古雅之别语"，这是指残留在当时方言中的古语或古方言词。

卷一：敦、丰、厖、夵、帆、般、嘏、奕、戎、京、奘、将，大也。凡物之大貌曰丰；厖深之大也。东齐海岱之间曰夵，或曰帆；宋鲁陈卫之间谓之嘏，或曰夏；秦晋之间凡人之大谓之奘，或谓之壮；燕之北鄙、齐楚之郊或曰京，或曰将，皆古今语也。

（5）"转语""语之转"，这是指因时、地不同而语音有转变的同一个词的变体。

卷三：庸谓之俗，转语也。

（三）《方言》的价值和缺陷

《方言》在中国语言学史上有重要意义。这本书还没有问世的时候，就有人做了很高的评价，认为"是悬诸日月不刊之书也"（张伯松语）。《方言》的学术价值很高：

（1）《方言》是第一次也是最后一次用个人力量在全国范围内进行方言词汇调查的一本书。

周秦时代有过方言调查，但那是官方进行的；明清时代也有人写过方言词汇书，但都是限于某一地区，影响甚微。扬雄的方言调查，差不多涉及了全国各大方言区。东北至朝鲜，西北至西秦（今河西走廊），东南至吴、越、西瓯，西南至梁益，南至桂林。

（2）《方言》为我们了解汉代普通话的词汇提供了重要依据。扬雄明确提出了"通语"（又叫"凡语""通名"）这个概念。书中标明为"通语"或"凡语"的有二三十处。

（3）词义说解明确，注意辨析同义词，较之《尔雅》大有进步。如：

卷一：郁悠、怀、惄、惟、虑、愿、念、靖、慎、思也。晋宋卫鲁之间谓之郁悠。惟，凡思也。虑，谋思也。愿，欲思也。念，常思也。东齐海岱之间曰靖，秦晋或曰慎。凡思之貌亦曰慎，或曰惄。

（4）收释不少先秦和汉代的方言、口语词，可以用来印证古代文献的词义。如：

卷三：臧、甬、侮、获，奴婢贱称也。荆淮海岱杂齐之间骂奴曰臧，骂婢曰获。齐之北鄙燕之北郊凡民男而婿婢谓之臧，女而妇奴谓之获；亡奴谓之臧，亡婢谓之获。皆异方骂奴婢之丑称也。自关而东陈魏宋楚之间保庸谓之甬。秦晋之间骂奴婢曰侮。

据此，司马迁《报任安书》"且夫臧获婢妾犹能引决"所谓"臧""获"的具体意义和感情色彩就一清二楚了。

《方言》的缺陷体现在三个方面：

（1）有的词解释过于简略，不明确，如卷十三："澌，索也。""索"有绳索、求取、完结数义，竟未加说明。

（2）有些词归属不当，误以通语为方言。如卷十一："蜻蛚，楚谓之蟋蟀，或谓之蚕，南楚之间谓之蚟孙。"《诗经·豳风·七月》："十月蟋蟀入我床下"，"蟋蟀"不仅是楚语，早已成为通语了。

（3）词语分类没有严格界限，往往是各类词错杂在一起，查找不便。

（四）《方言》的注本

《方言》最早的注本为东晋郭璞的《方言注》。王国维说："读子云书可知汉时方言，读景纯注并可知晋时方言。张伯松谓《方言》为悬之日月不刊之书，景纯之注亦略近之矣。"（《观堂集林》卷五《书郭注〈方言〉后二》）

清代学者校释《方言》的重要著作有戴震的《方言疏证》、王念孙的《方言疏证补》、钱绎的《方言笺疏》等。

延伸阅读

《方言》

西汉·扬雄撰　晋·郭璞注

娥、嬴，音盈。好也。秦曰娥，言娥宋魏之间谓之嬴，言嬴秦晋之间凡好而轻者谓之娥。自关而东河济之间谓之媌，今关西人亦呼为媌，莫交反。或谓之姣。言姣洁也，音狡。赵魏燕代之间曰姝，昌朱反，音株。亦四方通语。或曰妦。言妦容也，音蜂。自关而西秦晋之故都曰妍。秦旧都，今扶风雍县是。晋旧都，原晋阳县也。其俗通呼好为妍，五千反。其通语也。

咺、唏，香远反。唏，虚几反。忦，音忾。㤄，音一音灼。恒，痛也。凡哀泣而不止曰咺，哀而不泣曰唏。于方：则楚言哀曰唏，燕之外鄙（鄙，边邑名）、朝鲜洌水之间（朝鲜洌水，今乐浪郡是也，在辽东。音烈）。少儿泣而不止曰咺（少儿，犹言小儿）。自关而西秦晋之间凡大人少儿泣而不止谓之唴（丘尚反。哭极音绝亦谓之唴）。平原谓啼极无声谓之唴哴（哴，音亮。今关西语亦然）。楚谓之噭咷（叫逃两音，字或作叴，音求）。齐宋之间谓之喑（音阴），或谓之惄（奴历切）。

慎、济、曀、惄、湿、桓，忧也（曀者，忧而目下动也，作念反）。宋卫或谓之慎，或曰曀。陈楚或曰湿，或曰济。自关而西秦晋之间或曰惄，或曰湿。自关而西秦晋之间凡志而不得、欲而不获、高而有坠、得而中亡谓之湿（湿者，失意潜沮之名），或谓之惄。

郁悠、怀、惄、惟、虑、愿、念、靖、慎、思也。晋宋卫鲁之间谓之郁悠（郁悠，犹郁陶也）。惟，凡思也。虑，谋思也。愿，欲思也。念，常思也。东齐海岱之间曰靖（岱，太山）。秦晋或曰慎。凡思之貌亦曰慎，（谓感思者之容）或曰惄。

朦（忙红反）、厖（鹌鸠），丰也。自关而西秦晋之间凡大貌谓之朦，或谓之厖；丰，其通语也。赵魏之郊燕之北鄙凡大人谓之丰人，燕记曰：丰人杼首。杼首，长首也。楚谓之仔（音序）。燕之杼。燕赵之间言围大谓之丰（谓度围物也）。

䁌（音闲）、睍（音悌）、睎（音略）、眄（音略）盻也。陈楚之间南楚之外曰睇，东齐青徐之间曰睎，吴扬江淮之间或曰䁌，或曰略，自关而西秦晋之间曰眄。

臧、甬、（音勇）侮、获，奴婢贱称也。荆淮海岱杂齐之间（俗不纯，故杂）骂奴曰臧，骂婢曰获。齐之北鄙燕之北郊凡民男而壻婢谓之臧，女而妇奴谓之获；亡奴谓之臧，亡婢谓之获。皆异方骂奴婢之丑称也。自关而东陈魏宋楚之间保庸谓之甬（保，言可保信也）。秦晋之间骂奴婢曰侮（言为人所轻弄）。

耸、聤，聋也。半聋，梁益之间谓之聤（言胎聤烦愦也。音宰）。秦晋之间听而不聪、闻而不达谓之聤。生而聋，陈楚江淮之间谓之耸（言无所闻常耸耳也）。荆扬之间及山之东西双聋者谓之耸。聋之甚者，秦晋之间谓之聩（五刮反。外传：聋聩司火。音蒯聩）。吴楚之外郊凡无有耳者亦谓之聩。其言聄者，若秦晋中土谓堕耳者眲也（五刮反）。

猪，北燕朝鲜之间谓之豭（犹云豭牛也）。关东西或谓之彘，或谓之豕。南楚谓之豨。其子或谓之豚，或谓之貕（音奚）吴扬之间谓之猪子。其槛及蓐曰樎（《尔雅》曰：所寝樎。音缯）。

箭，自关而东谓之矢，江淮之间谓之鍭（音侯）关西曰箭（箭者，竹名，因以为号）。

迹迹、屑屑，不安也（皆往来之貌也）。江沅之间谓之迹迹。秦晋谓之屑屑，或谓之塞塞，或谓之省省，不安之语也。

蝉，楚谓之蜩（音调）。宋卫之间谓之螗蜩（今胡蝉也，鸣声清亮，江南呼螗蛦）。陈郑之间谓之蜋蜩（音良）。秦晋之间谓之蝉。海岱之间谓之蚞（齐人呼为巨蚞，音技）。其大者谓之蟧，或谓之蝒马（按《尔雅》云：蝒者马蜩。非别名蝒马也。此方言误耳）。其小者谓之麦蚻（如蝉而小，青色。今关西呼为蚻蛥，音痈癃之癃），有文者谓之蜻蜻（即蚻也，尔雅云耳）。其雌蜻谓之疋（祖一反）。大而黑者之蟧（音栈）。黑而赤者谓之蜺（云霓）。蜩蟧谓之蠽蜩。（江东蠡呼为蠽）蟪谓之寒蜩，寒蜩，瘖蜩也（按《尔雅》以蜺为寒蜩，月令亦曰寒蜩鸣，知寒蜩非瘖者也。此诸蝉名，通出《尔雅》而多驳杂，未可详据也。寒蜩，蠽也。似蝉而小色青。蟪音应）。

第三节 《释名》

词源学也叫语源学,是历史比较语言学的一个部分。它的任务就是要探索词的形式及意义的来源和演变历史。

中国古代关于词的来源问题的探讨很早就开始了,最早的记载是先秦诸子关于名实问题的讨论。先秦的典籍中也有一些零散的关于某个词的来源的记载。但那时候关于词源的探讨还只限于哲学上的思辨和一些零星的解释,还没有大规模地对所有词的来源进行探讨。真正开始大规模地研究词的来源的,是刘熙的《释名》。刘熙的《释名》是中国古代第一部词源学专著,它的问世,标志着中国古代词源学的正式创立。

先秦诸子关于词的来源问题,有两种不同的看法。一种意见认为,词的名称来源于它所反映的客观事物本身,也就是说,"名""实"具有一致的、本质的联系。这是本质论。另一种意见认为,词和客观事物并不具有本质的、必然的联系,用什么词指称什么事物只是约定俗成的结果。这是约定论。

由于本质论者认为,词的名称和它所反映的事物有本质的、必然的联系,所以要从词的读音去探求词的意义,也就是要探求词的来源。这种解释词义或词的来源的方法,就是"声训"。

声训,古人也叫"谐声训诂"。它是用音同或音近的词去说明被释的词的来源,也就是以词的语音形式(声音相谐)为先决条件来说明两词之间的语源关系。这种探求词源的方式导源于先秦,盛行于两汉,集大成于《释名》。

先秦时代的声训,具有偶发性,人们还没有自觉地、普遍地使用这种方法,而且,当时的声训虽不足以证明两词之间的意义上的必然联系,但也不显得离奇古怪。如:

政者,正也。子帅以正,孰敢不正?(《论语·颜渊》)

彻者,彻也;助者,藉也。(《孟子·滕文公上》)

庸也者,用也;用也者,通也;通也者,得也。(《庄子·齐物论》)

仁者,人也,亲亲为大;义者,宜也,尊贤为大。(《礼记·中庸》)

两汉是声训发展的极盛时期。理论性、政治性、主观随意性、普遍性是当时声训的四个特点。

天之为言镇也。(《春秋说题辞》)

王者,往也。神所向往,人所乐归。(《春秋文耀钩》)

丈夫:丈者,长也;夫者,扶也。言长万物也。(《大戴礼记·本命》)

经过几百年的创造、积累,到东汉末年,声训资料已经相当丰富了,产生一部总结性的声训著作的条件已经完全成熟了，于是《释名》这样的著作就应运而生。当然，《释名》并不只是声训资料的汇编，它既有总结，又有开创，在探索语源方面起了先导作用。

（一）《释名》的作者与成书年代

相传《释名》为东汉刘熙所作。刘熙字成国，北海郡（今山东北部）人，史书无传，其生平不详。唯《三国志》多次提到他：《吴书·程秉传》："后避乱交州，与刘熙考论大义，遂博通五经。"又《薛综传》："少依族人，避地交州，从刘熙学。"又《蜀书·许慈传》："师事刘熙，……建安中与许靖等俱自交州入蜀。"从这些记载可知，刘熙是东汉末年人，曾在交州讲学，很有名望。《吴书·韦曜传》载韦曜狱中上书说："又见刘熙所作《释名》，信多佳者。"这说明刘熙的《释名》在三国时代已广为流传了。

然而《后汉书·文苑传》说：刘珍"又撰《释名》三十篇，以辨万物之称号云"。因而有人怀疑刘熙不是《释名》的作者。刘珍是东汉安帝时人，早于刘熙80年左右，因而清毕沅在《释名疏证》自序中推断，《释名》大约始创于刘珍，成书于刘熙。而《四库提要》则说："然历代相传，无引刘珍《释名》者，则珍书久佚，不得以此书当之也。"

（二）《释名》的内容

《释名》又名《逸雅》，这是明代郎奎金把它与《尔雅》《小尔雅》《广雅》《埤雅》合刻时改称的，以统名曰"五雅"。

《释名》8卷，27篇，所释名物典礼共1 502条。在词义的解释方面，《释名》完全从音训出发。刘熙在《释名》自序中说："夫名之于实，各有义类，百姓日称而不知其所以之意。故撰天地、阴阳、四时、邦国、都鄙、车服、丧纪，下及民庶应用之器，论叙指归，谓之《释名》。"这说明他应用音训的目的，在于探求事物命名的"所以之意"。如：

曜，耀也，光明照耀也。（《释天》）

土，吐也，吐生万物也。（《释地》）

山，产也，产生物也。土山曰阜。阜，厚也，言高厚也。大阜曰陵。陵，隆也，体高隆也。（《释山》）

山夹水曰涧。涧，间也，言在两山之间也。（《释水》）

在颊耳旁曰髯，随口动摇，髯髯然也。（《释形体》）

疾行曰趋。趋，赴也，赴所至也。（《释姿容》）

子，孳也，相生蕃孳也。（《释长幼》）

道，导也，所以通导万物也。（《释言语》）

消，削也，言减削也。（《释言语》）

含，合也，合口停之也。衔亦然也。(《释饮食》)

步摇，上有垂珠，步则摇也。(《释首饰》)

墙，障也，所以自障蔽也。(《释宫室》)

谒，诣也。诣告也，书其姓名于上，以告所至诣者也。(《释书契》)

在旁拨水曰櫂，櫂，濯也，濯于水中也，且言使舟櫂进也。又谓之札，形似札也。又谓之楫，楫，捷也，拨水使舟捷疾也。所用斥旁岸曰交，一人前一人还相交错也。(《释船》)

(三)《释名》的释字条例

清人顾广圻的《释名略例》，近人杨树达的《释名新略例》对《释名》里面的声训都进行过归纳整理。现将《释名》的声训条例归纳为以下六类：

1. 同字为训

一种情况是读音相同而意义不同，例如：

齐，齐也。地在勃海之南勃齐之中也。(《释州国》)

布，布也。布列众缕为经，以纬横成之也。又太古衣皮，女工之始始于是。施布其法，使民尽用之也。(《释采帛》)

另一种是字相同而音读有异，意义也不同。例如：

县，县也。县系于郡也。(《释州国》)（上一"县"字是去声，意思是州县的县，下一"县"字是平声，后世写作"悬"。）

2. 同音为训

辛，新也。物初新者皆收成也。(《释天》)

仪，宜也。得事宜也。(《释典艺》)

3. 同韵为训

日，实也。光明盛实也。(《释天》质部)

语，叙也。叙己所欲说也。(《释言语》鱼部)

4. 同声为训

星，散也。列位布散也。(《释天》心母)

男，任也。典任事也。(《释长幼》泥母)

5. 阴、阳与入相训

项，确也。坚确受枕之处也。(《释形体》 项：东部；确：屋部)

膝，伸也。可屈伸也。(《释形体》 膝：质部；伸：真部)

6. 阴阳相训

水，准也。准平物也。(《释天》 水：微部；准：文部)

(四)《释名》的价值与缺陷

声音和意义虽然原本不存在本质上的必然联系,但事物名称一经约定俗成之后,音同或音近的词就有可能存在意义上的联系。正确地揭示这种联系就能显现词源关系。这正是《释名》的价值所在:

(1)它广泛地应用音训的方法来解说词义,对后世"右文"说和"音近义通"论的成立有很大的影响。如:

①《释天》:"宿,宿也。星各止宿其处也。"被释的"宿"是二十八宿的"宿",旧音 xiù,名词。"宿也"的"宿"乃动词,即止宿之意。名词"宿"当是由动词"宿"转化而来。

②《释天》:"冬,终也。物终成也。"冬为终之古字。甲金文冬字均用为终,不作冬季解。终是冬的后起字。冬终同源。

③《释姿容》:"仆,踣也。顿踣而前也。"仆(滂母)踣(并母)都是双唇音,都是向前跌倒的意思。

④《释姿容》:"负,背也。置项背也。"负(并母)背(帮母)都是双唇音,背上背东西叫作"负",背、负是同源词。

(2)刘熙为我们提供了汉代社会生活、风俗习惯的异常丰富具体的资料,对我们了解东汉时代的作品及名物都有不可忽视的作用。如:

① 汉乐府《陌上桑》:"行者见罗敷,下担捋髭须。"又:"为人洁白皙,鬑鬑颇有须。"可见,胡须这东西在东汉人的美学中占有很重要的地位。这些描写可与刘熙对"髭""须"的释义相印证。在刘熙的笔下,对"髭""须"二字充满了赞美之情。他说:"口上曰髭。髭,姿也。为姿容之美也。""颐下曰须。须,秀也。物成乃秀,人成而须生也;亦取须体干长而后生也。"(《释形体》)"髭"与"姿","须"与"秀"在意义上谈不上有什么关系,而"姿容之美","物成乃秀,人成而须生",确实表达了东汉人对胡须极为欣赏的思想感情。

②《释言语》:"仁,忍也。好生恶杀,善含忍也。"仁忍均日母字,韵亦相近。在孔孟哲学中并没有直接将仁释为忍,这种声训反映了汉末佛教文化的渗透。儒家的"不忍其觳觫""不忍见其死""不忍食其肉"与佛教的"好生恶杀,善含忍"的戒律结合在一起了。

③ 刘熙对一些实物的释义有助于我们对古名物的了解。如《释书契》对"简""札"的训释,就可以帮助我们了解当时书籍的形制。"札:栉也。编之如栉齿相比也。""札"与"栉"在意思上无关。但刘熙说"札"的形状像一把梳子。那么,其顶端应是编结在一起,下列诸札互相比连,如同梳子的齿一样,这个释义就形象化地描述了"札"的样子。"简:间也。编之篇篇有间也。"我们完全可以不赞同"简""间"的声训,却不可放过

"编之篇篇有间"一语。它说明当时的竹简或木简是几道绳子编缀起来的,所以才会"篇篇有间",这一点从出土的汉简得到了可靠的证实。

(3)它的训诂可以印证或订正其他古籍的某些训诂。例如《诗经·魏风·陟岵》"陟彼岵兮""陟彼屺兮"二句,《毛传》:"山无草木曰岵","山有草木曰屺",与《尔雅》和《说文》的说法正好相反,孰是孰非,很难判断。

查《释名·释山》曰:"山有草木曰岵。岵,怙也,人所怙取以为事用也。"又:"山无草木曰屺。屺,圮也,无所出生也。"由此可见《尔雅》和《说文》的训诂不误,而《毛传》是"有""无"二字相错,因为《释名》的训诂阐明了理据。

《释名》的主要缺陷是:

(1)因声求义,只适用于同族词之间的相互训释和通假字与本字的训释,超出这个范围,声训是没有依据的。而刘熙对一切词语都进行声训,有很多显得荒唐。

如:"土,吐也,吐生万物也。""山,产也,产生物也。"违反了"名无固宜,约定俗成谓之宜"的基本理论,单纯采用音训的方法,随心所欲地抓上一个音同或音近的字就做解释,从而流于穿凿附会。

如《释亲属》:"姊,积也,犹日始出积时多而明也。""妹,昧也,犹日始入历时少尚昧也。"显然这是任意牵合。又如《释衣服》:"袖,由也,手所由出入也;亦言受也,以受手也。"同一个词不能有两个语源。

(2)对联绵词的完整性没有认识,往往望文生义,割裂为训。

如《释天》:"震,……又曰辟历。辟,析也,所历皆破析也。"《释言语》:"匍匐,小儿时也。匍,犹捕也,藉索可执取之言也;匐,伏也,伏地行也。"

(3)有不少说解表现了汉代方士的阴阳五行思想和儒家的礼教观念。这些方面都是不足取的。

(五)《释名》的注本

《释名》到清代才有注本,先有毕沅的《释名疏证》,后有王先谦的《释名疏证补》。王先谦的《释名疏证补》较为完备,是阅读《释文》最方便的本子。

延伸阅读

《释名》
东汉·刘熙撰

流星,星转行如流水也。(《释天》)

乘,升也,登亦如之也。(《释姿容》)

拈，黏也，两指翕之黏着不放也。（《释姿容》）

语，叙也，叙己所欲说也。（《释言语》）

说，述也，序述之也。（《释言语》）

纪，记也，记识之也。识，帜也，有章帜可按视也。（《释言语》）

荣，犹荧也，荧荧照明貌也。（《释言语》）

严，俨也，俨然人惮之也。（《释言语》）

消，削也，言减削也。（《释言语》）

诅，阻也，使人行事阻限于言也。（《释言语》）

霤，流也，水从屋上流下也。（《释宫室》）

阙，在门两旁、中央阙然为道也。（《释宫室》）

观，观也，于上观望也。（《释宫室》）

第四节 《说文解字》

《说文解字》简称《说文》，是东汉许慎撰写的一部体大思精的著作。《说文解字》第一次对汉字的字形、字义和字音做了全面的分析和描写，第一次按照汉字形体的构造来分类，第一次把汉字按偏旁归纳为540个部首，首创了部首分类法，按部首来编排汉字，是第一部真正意义上的字典。它彻底摆脱了过去字书只是把汉字凑在一起而不管其间有无关系的局面，彻底地把字书从儿童识字课本阶段提升到了字典的阶段，为文字学的建立立下了丰功伟绩。

许慎《说文解字》的问世，反映了中国古代文字研究的丰硕成果，标志着中国古代文字学和字典学的正式建立。

（一）《说文》的作者

关于《说文》作者许慎，范晔《后汉书·儒林传》有简单的叙述："许慎字叔重，汝南召陵（在今河南郾城县东45里）人也。性淳笃，少博学经籍，马融常推敬之。时人为之语曰'五经无双许叔重'。为郡功曹，举孝廉。再迁，除洨长（洨在今安徽灵壁县南），卒于家。初，慎以五经传说，臧否不同，于是撰为《五经异义》。又作《说文解字》十四篇。皆传于世。"

许慎生卒年不详。据清人考证，大约生于汉明帝永平元年（公元58年），卒于汉桓帝建和之初（公元147年）。他撰写《说文》始于和帝永元十二年（公元100年），到安帝建光元年（公元121年），他于病中遣其子许冲进上，历时二十余年。这说明《说文解字》是许慎花费半生心血完成的。

（二）《说文》的内容与编排

《说文》共 15 篇（卷），前 14 篇为正文，最后一篇是"叙目"（叙和目录）。据许慎自己的统计，收释 9 353 字，加上重文 1 163 字，共 10 516 字。许慎自叙说："今叙篆文，合以古籀。"这就是说，《说文》所收释的 10 516 字有三个来源：篆文、古文和籀文。

《说文》是按部首把所收释的 10 000 个左右汉字编排起来的，即从中把可以作为偏旁的 540 字立为部首，以统含有同一偏旁的各字。540 个部首的建立，乃是许慎的重大发明，对于汉字的形体结构、表意系统的分析具有重要意义。

《说文》归之于各部的诸字，从形体上看，它们共有同一偏旁；从意义上看，它们属于同一范畴。至于它们的次第排列，据王筠《说文释例》分析，有以下几条规律：

（1）"上讳皆在首，以尊君也。"如"秀"为《禾部》之首，因为汉光武帝名"秀"。

（2）"先实后虚，先近后远"，"无虚实远近之可言，则以训义美者列于前，恶者列于后。"如《水部》先列水的专名，后列形容水之状态的散名，便是"先实后虚"。又如《示部》"礼""禧""禛""禄"等字在先，"祸""祟"等字在后，便是"美者列于前，恶者列于后"。

（3）"与部首反对者，必在部末"，"叠部首为字者必在部末。"如"亍"与"彳"形体相反，列于《彳部》之末；"'譶'从三言，列于《言部》之末。"

（三）《说文》的价值和缺陷

在中国古代语言学史上，许慎是一个继往开来的人物，他对中国语言文字学的发展做出了重要贡献。

1. 创学科

中国的文字学、字典学真正成为独立的学科，是从许慎开始的。首创部首分类体制，一直为后世编纂字典辞书所依循。许慎是第一个编纂汉字字典的人，也是第一个从理论上阐明文字重大意义的人。他说："盖文字者，经艺之本；王政之始；前人所以垂后，后人所以识古。"

2. 通百科

许慎写《说文》，曾经"博采通人"，他把许多"通人"的知识集合于一身，他自己就变得"无所不通"了。他的《说文》对"天地鬼神、山川草木、鸟兽蛊虫、杂物奇怪、王制礼仪、世间人事，莫不毕载"（《上〈说文〉表》）。这就意味着许慎必须精通以上各方面的知识，必须掌握当时人们对自然科学和社会科学在认识上已取得的成果，才能写出《说文解字》来。这部著作的内容已大大超出经学的范围。

3. 存古篆

许慎是保存小篆的功臣，《说文》所收小篆达 9 000 多个，是保存秦篆最为完整的一本字典。许慎所见的篆文并不一定是秦小篆的真面貌，我们今天所见的《说文》小篆又并不都是许慎写定时的样子，但大体上还是可靠的。有了小篆这个桥梁，我们才能上探甲骨金文的字义，下推隶楷演变的轨迹。

4. "达神恉（旨）"

《说文》是我国第一部字典，和后来的字典所不同的是：它不是一般备查检用的字典，而是以研究字的本义为目的的字典，也就是要"达"造字的"神恉"。所谓"达神恉"，并不只是泛指通晓六书之义，而是通过字形、字音的说解以推求每一个字的神妙的旨意所在，即明了其本义所在。所以，《说文》一字之下，一般只有一个释义，而不罗列其他义项。许慎讲本义未必字字都正确，讲对了的还是占多数，可贵的是他为自己确立了这样一个正确的目标、原则，这是《说文》高出后世其他字典之上的一个重要原因。段玉裁说："《字林》《字苑》《字统》今皆不传；《玉篇》虽在，亦非原书。要之，无此等书无妨也；无《说文解字》，则苍籀造字之精意，周孔传经之大恉，蘎（'埋'的本字）缊（乱，纷乱）不传于终古矣。"所谓"苍籀造字之精意"，就是指造字时的本义，直到现在《说文》在保存本义方面的确还有很高的价值。

5. 存古音

《说文》为研究上古音提供了两种材料：一是谐声资料，一是声训资料。据谐声可以研究上古韵部，段玉裁说："许叔重作《说文解字》时，未有反语（即反切），但云某声某声，即以为韵书可也。"声训资料也可用来作为探求上古声韵的旁证材料，据黄侃说："《说文》义训只居十分之一二，而声训则居十分之七八。"他的话是否可信，我们没有核实，但《说文》中的声训资料的确是研治上古音的人所不可忽视的。

《说文》是一部了不起的书，但也有它的历史局限性。它的局限主要表现在两个方面：

（1）认识上的局限。

主要表现在对词义的认识上。《说文》一书的词义解释，多数是正确的，保存了字的本义。但是它所保存的有些词义，由于受当时社会思想、阴阳五行之说的影响，其解释是错误的，有时甚至是荒诞的。例如：

一，惟初太始，道立于一，造分天地，化成万物。（一上《一部》）

五，五行也。从二，阴阳在天地间交午也。（十四下《五部》）

许慎的《说文》主要是解释本义的，而且很多字的本义都解释得很好，但也有解释错误的时候。比如他有时把引申义当作本义，如"两，二十四铢为一两"。这肯定不是"两"字的本义。《广雅·释诂》说："两，二也。"这就比《说文》准确。有时把假借义当作本义，如手部："揆，葵也。"这条释义取之于《尔雅·释言》："葵，揆也。"这里"葵"是"揆"的假借，许慎没有搞清这一点而出了错。

（2）时代局限。

先秦古文字的大量出土在隋唐以后。金文的出土到宋代才多起来。殷墟甲骨文的出土在清朝末年。在许慎的时代，虽然也有一些钟鼎出土，但《说文》全书没有一处援引某钟某鼎之文，说明当时出土的有铭文的古铜器为数甚少。许慎生活在东汉后期，他没有见到后世出土的金文、甲骨文，更没有见到更古的原始汉字资料，只是根据晚周和秦汉时代文献上的"古字"来说文解字，对于那些已经失去原形原义的古汉字，其说解自然难免发生错误。这是时代的局限，不是许慎个人能够解决的。

（四）《说文》的流传与研究

《说文》的原本早已亡佚。现在能够看到的最早的完整的《说文》本子是南唐徐锴的《说文解字系传》和宋徐铉的校定本《说文解字》。这就是所谓小徐本和大徐本。徐锴为弟铉为兄，世称小徐和大徐。《说文》的研究在清代大盛，为《说文解字诂林》所征引的不下二百余家。其中贡献卓著的就是段玉裁、桂馥、朱骏声、王筠所谓说文四大家。他们可以分为两派：桂馥、王筠是正统派，侧重于形义关系的研究；段玉裁、朱骏声是革新派，侧重于音义关系的探求。桂、王的长处在于力求按照《说文》的原貌研究《说文》，桂氏的《说文解字义证》材料极为丰富，为释字义旁征博引，遍及经史子集；王氏的《说文释例》和《说文句读》则博观约取，深入浅出，以利于学为宗旨。段、朱的贡献在于由文字学而至训诂学，为汉语词汇史与词义系统的研究奠定了坚实的基础。段氏《说文解字注》的可贵之处在于把因声求义的原则与以形说义的方法结合起来，并且以历史发展的观点描述词义演变的轨迹。朱氏《说文通训定声》的独到之处在于径以古韵为纲重新编次许书，不仅依据字形说解本义梳理引申义，而且审定古音探求假借义。

延伸阅读

《说文解字》
汉·许慎撰　宋·徐铉增释

祠，春祭曰祠。品物少，多文词也。从示司声。仲春之月，祠不用牺牲，用圭璧及皮币。似兹切。（卷一）

王，天下所归往也。董仲舒曰："古之造文者，三画而连其中谓之王。三者，天、地、人也，而三通之者王也。"孔子曰："一贯三为王。"凡王之属皆从王。[李阳冰曰："中画近上。王者，则天之义。"]雨方切。（卷一）

琫，佩刀上饰。天子以玉，诸侯以金。从玉，奉声。边孔切。（卷一）

珢，石之似玉者。从玉，臣声。读若贻。与之切。（卷一）

䅣，禾粟之采，生而不成者，谓之蕫䅣。从艸，郎声。鲁当切。（卷一）

莠，禾粟下扬生莠。从艸，秀声。读若酉。与久切。（卷一）

蔆，芰也。从艸，淩声。楚谓之芰，秦谓之薢茩。力膺切。（卷一）

芰，蔆也。从艸，支声。奇记切。（卷一）

萧，艾蒿也。从艸，肃声。苏彫切。（卷一）

萩，萧也。从艸，秋声。七由切。（卷一）

茒，艸多叶貌。从艸，而声。沛城父有杨茒亭。如之切。（卷一）

芝，艸浮水中貌。从艸，乏声。孚凡切。（卷一）

荛，薪也。从艸，尧声。如昭切。（卷一）

薪，荛也。从艸，新声。息邻切。（卷一）

菲，芴也。从艸，非声。芳尾切。（卷一）

芴，菲也。从艸，勿声。文弗切。（卷一）

蒿，菣也。从艸，高声。呼毛切。（卷一）

蓬，蒿也。从艸，逢声。薄红切。（卷一）

蓐，陈艸复生也。从艸，辱声。一曰蔟也。凡蓐之属皆从蓐。而蜀切。（卷一）

薅，拔田艸也。从蓐，好省声。呼毛切。（卷一）

莫，日且冥也。从日在茻中。莫故切又慕各切（卷一）

犀，南徼外牛。一角在鼻，一角在顶，似豕。从牛，尾声。先稽切。（卷二）

吞，咽也。从口，天声。土根切。（卷二）

咽，嗌也。从口，因声。乌前切。（卷二）

嗌，咽也。从口，益声。伊昔切。（卷二）

售，卖去手也。从口，雔省声。《诗》曰："贾用不售。"承臭切。（卷二）

唳，鹤鸣也。从口，戾声。朗计切。（卷二）

归，女嫁也。从止，从妇省，𠂤声。举韦切。（卷二）

辽，远也。从辵，尞声。洛萧切。（卷二）

远，辽也。从辵，袁声。云阮切。（卷二）

蹲，踞也。从足，尊声。徂尊切。（卷二）

踞，蹲也。从足，居声。居御切。（卷二）

章，乐竟为一章。从音，从十。十，数之终也。诸良切。（卷三）

戒，警也。从廾，持戈，以戒不虞。居拜切。（卷三）

秉，禾束也。从又，持禾。兵永切。（卷三）

睡，坐寐也。从目，垂声。是伪切。（卷四）

鼾，卧息也。从鼻，干声。读若汗。侯干切。（卷四）

脯，干肉也。从肉，甫声。方武切。（卷四）

糴，市谷也。从入，从糶。徒历切。（卷五）

亯，献也。从高省，曰象进孰物形。《孝经》曰："祭则鬼亯之。"凡亯之属皆从亯。许两切。又，普庚切。又，许庚切。（卷五）

桎，足械也。从木至声。之日切。（卷六）

梏，手械也。从木告声。古沃切。（卷六）

秨，禾摇貌。从禾乍声。读若昨。在各切。（卷七）

兼，并也。从又持秝。兼持二禾，秉持一禾。古甜切。（卷七）

粹，不杂也。从米，卒声。虽遂切。（卷七）

家，居也。从宀，豭省声。古牙切。（卷七）

向，北出牖也。从宀从口。《诗》曰："塞向墐户。"徐锴曰："牖所以通人气，故从口。"许谅切（卷七）

寒，冻也。从人在宀下，以茻荐覆之，下有仌。胡安切。（卷七）

宫，室也。从宀，躳省声。凡宫之属皆从宫。居戎切。（卷七）

窠，空也。穴中曰窠，树上曰巢。从穴，果声。苦禾切。（卷七）

詈，骂也。从网，从言。网辠人。力智切。（卷七）

骂，詈也。从网，马声。莫驾切。（卷七）

帼，妇人首饰。从巾，国声。古对切。（卷七）

皎，月之白也。从白交声。《诗》曰："月出皎兮。"古了切。（卷七）

皢，日之白也。从白尧声。呼鸟切。（卷七）

皙，人色白也。从白，析声。先击切。（卷七）

皤，老人白也。从白，番声。《易》曰："贲如皤如。"薄波切。（卷七）

确，鸟之白也。从白，隺声。胡沃切。（卷七）

皑，霜雪之白也。从白，岂声。五来切。（卷七）

皅，艸华之白也。从白，巴声。普巴切。（卷七）

皦，玉石之白也。从白敫声。古了切。（卷七）

皒，际见之白也。从白，上下小见。起戟切。（卷七）

倚，依也。从人奇声。于绮切。（卷八）

依，倚也。从人衣声。于稀切。（卷八）

尺，十寸也。人手却十分动脉为寸口。十寸为尺。尺，所以指尺规矩事也。从尸从乙。乙，所识也。周制，寸、尺、咫、寻、常、仞诸度量，皆以人之体为法。凡尺之属皆

从尺。昌石切。（卷八）

咫，中妇人手长八寸，谓之咫。周尺也。从尺只声。诸氏切。（卷八）

儿，孺子也。从儿，象小儿头囟未合。汝移切。（卷八）

髳，发貌。从髟，狊声。读若宀。莫贤切。（卷九）

岵，山有草木也。从山，古声。《诗》曰："陟彼岵兮。"侯古切。（卷九）

屺，山无草木也。从山，己声。《诗》曰："陟彼屺兮。"墟里切。（卷九）

岌，山高貌。从山，及声。鱼汲切。（卷九）

广，殿之大屋也。从广，黄声。古晃切。（卷九）

象，长鼻牙，南越大兽，三年一乳，象耳牙四足之形。凡象之属皆从象。徐两切。（卷九）

驾，马在轭中。从马加声。古讶切。（卷十）

骈，驾二马也。从马并声。部田切。（卷十）

尨，犬之多毛者。从犬从彡。《诗》曰："无使尨也吠。"莫江切。（卷十）

猛，健犬也。从犬孟声。莫杏切。（卷十）

臭，禽走，臭而知其迹者，犬也。从犬从自。臣铉等曰：自，古鼻字。犬走以鼻知臭，故从自。尺救切。（卷十）

狼，似犬，锐头，白颊，高前，广后。从犬良声。鲁当切。（卷十）

烈，火猛也。从火列声。良薛切。（卷十）

炭，烧木余也。从火，岸省声。他案切。（卷十）

炊，爨也。从火，吹省声。昌垂切。（卷十）

灸，灼也。从火，久声。举友切。（卷十）

灼，炙也。从火，勺声。之若切。（卷十）

黥，墨刑在面也。从黑，京声。渠京切。（卷十）

炙，炮肉也。从肉在火上。凡炙之属皆从炙。之石切。（卷十）

怙，恃也。从心，古声。侯古切。（卷十）

恃，赖也。从心，寺声。时止切。（卷十）

慢，惰也。从心，曼声。一曰慢，不畏也。谋晏切。（卷十）

怠，慢也。从心，台声。徒亥切。（卷十）

懈，怠也。从心，解声。古隘切。（卷十）

愆，过也。从心，衍声。去虔切。（卷十）

懑，烦也。从心，从满。莫困切。（卷十）

忖，度也。从心，寸声。仓本切（卷十）

恸，大哭也。从心，动声。徒弄切（卷十）

河，水。出敦煌塞外昆仑山，发原注海。从水，可声。乎哥切。（卷十一）

江，水。出蜀湔氐徼外岷山，入海。从水，工声。古双切。（卷十一）

滔，水漫漫大貌。从水舀声。土刀切。（卷十一）

淖，泥也。从水卓声。奴教切。（卷十一）

沙，水散石也。从水从少。水少沙见。楚东有沙水。所加切。（卷十一）

注，灌也。从水，主声。之戍切。（卷十一）

汤，热水也。从水，易声。土郎切。（卷十一）

溢，器满也。从水，益声。夷质切。（卷十一）

潸，涕流貌。从水，散省声。《诗》曰："潸焉出涕。"所奸切。（卷十一）

漏，以铜受水，刻节，昼夜百刻。从水扁声。卢后切。（卷十一）

霞，赤云气也。从雨，叚声。胡加切。（卷十一）

鲜，鱼名。出貉国。从鱼，羴省声。相然切。（卷十一）

鲽，比目鱼也。从鱼，枼声。土盍切。（卷十一）

持，握也。从手，寺声。直之切。（卷十二）

捻，指捻也。从手，念声。奴协切（卷十二）

娱，乐也。从女，吴声。虞俱切。（卷十二）

戍，守边也。从人持戈。伤遇切。（卷十二）

琵，琵琶，乐器。从珡，比声。房脂切。（卷十二）

琶，琵琶也。从珡，巴声。义当用枇杷。蒲巴切。（卷十二）

瓦，土器已烧之总名。象形。凡瓦之属皆从瓦。五寡切。（卷十二）

弓，以近穷远。象形。古者挥作弓。《周礼》六弓：王弓、弧弓以射甲革甚质；夹弓、庾弓以射干侯鸟兽；唐弓、大弓以授学射者。凡弓之属皆从弓。居戎切。（卷十二）

缁，帛黑色也。从糸，甾声。侧持切。（卷十三）

缱，缱绻，不相离也。从糸，遣声。去演切。（卷十三）

绻，缱绻也。从糸，卷声。去阮切。（卷十三）

坛，祭坛坛场也。从土，亶声。徒干切。（卷十三）

勠，并力也。从力，翏声。力竹切。（卷十三）

销，铄金也。从金，肖声。相邀切。（卷十四）

铄，销金也。从金，乐声。书药切。（卷十四）

锁，铁锁，门键也。从金，𦭐声。苏果切。（卷十四）

酩，酩酊，醉也。从酉，名声。莫迥切。（卷十四）

酊，酩酊也。从酉，丁声。都挺切。（卷十四）

第五节 《玉篇》《经典释文》《一切经音义》

一、《玉篇》

《玉篇》是形、音、义兼顾的字书,顾野王撰。

顾野王(公元519—581年),字希冯,吴郡(今江苏吴县)人。梁武帝大同年间任黄门侍郎兼太学博士,奉诏撰《玉篇》,于大同九年(公元543年)完稿,时年24岁。

《玉篇》是在什么情形下产生的呢?顾野王说:

微言既绝,大旨亦乖,故五典三坟,竞开异义,六书八体,今古殊形,或字各而训同,或文均而释异,百家所谈,差互不少;字书卷轴,舛错尤多,难用寻求,易生疑惑。(《玉篇·序》)

这里说了四种情况:

一是经书的训诂产生了"异义";

二是文字发展了,由篆至楷,"今古殊形";

三是关于字的释义也"差互不少";

四是字书在流传过程中出现了不少错误,检字又不甚便。

这就要求编出一部新的字典来,规范字形,确定义训,纠正谬误,便利检查。所以顾野王"总会众篇,校雠群籍,以成一家之制,文字之训备矣"。他汇集了魏晋以前的各种(经书注释以及字书、词书)训诂资料,并以个人的意见决定取舍,要"成一家之制"。可见,《玉篇》虽然在部首方面基本遵《说文》旧制(分为542部,有增有删,部首排列顺序亦与《说文》有别),在内容方面则与《说文》大不相同。如它不分析字形结构,释义务求全备,全书用楷体,是一部真正供查检用的常用字典。从这个角度而言,它的实用性和普及性都优于《说文》,对后世字典的编纂工作也产生过很好的影响。

《玉篇》原书早就不存在了,宋朝人的《大广益会玉篇》删掉了原书的许多内容。清末黎庶昌在日本见到了《玉篇》残卷,经考定认为是原本《玉篇》,后来编为《玉篇零卷》。下面从《玉篇零卷》举些例子以说明其体例:

(1)欺　去其反。《左氏传》:背盟以欺大国。野王案:欺犹妄也。《论语》:吾谁欺,欺天乎?是也。《仓颉篇》:绐也。《字书》:欺,诈也。盈按:今本《大广益会玉篇》只存"去其切,欺妄也"六字,其余全删。

(2)歌　古何反。《说文》:咏歌也。或为"謌"字,在言部。古文为"哥"字,在可部。盈按：今本《大广益会玉篇》只存"古何切，咏声也，与謌同"，其余全删。

（以上所引《玉篇零卷》材料，全见丛书集成本）

由此看来，原本《玉篇》有这样一些特色：先出反切以注字音，再引书证以释义，对其他字书的材料也多所采纳。有时加上野王自己的案语，以进一步阐明词义；有时还注明古今字、异体字。这个体例是比较完善的。但有的释义引证烦琐，有的释义过于简略，所以书成之后，"太宗嫌其书详略未当，以（肖）恺博学，于文字尤善，使更与学士删改。"

据《封氏闻见记》说："《玉篇》三十卷，凡一万六千九百一十七字。"又据广益本祥符牒后双行小注说："注四十万七千五百有三十字。"清朝的杨守敬认为，这个注文数字"为顾氏原本之数"。宋代大中祥符年间修的《大广益会玉篇》，连同正文和注文一起才有20余万字，说明原本《玉篇》的注文被删掉了一大半，这是很可惜的。而所谓的"大广益会"，只是正文增加到22 000多字，比原本《玉篇》多5 000余字。

二、《经典释文》

唐陆德明撰，共30卷，总汇经典音义，是一部资料性质的工具书。所释经典包括《周易》《古文尚书》《毛诗》《周礼》《仪礼》《礼记》《春秋左氏传》《公羊传》《谷梁传》《孝经》《论语》《老子》《庄子》《尔雅》14种，这14部释文，分开来都叫"音义"，如《周易音义》《尚书音义》，这14部音义合起来总名称叫《经典释文》。这部书所采汉魏六朝音切，凡230多家，又兼载隋唐以前诸家的训诂，考证各本的异同，为汉语音韵学、词汇学和训诂学的研究提供了丰富而极有价值的资料，是阅读古代文献的重要参考书。

该书的基本体例是"摘字为音"，即采摘经典正文和注文中的单字来注音。只有《孝经》和《老子》特抄全句。书中的注解，按原书的篇目和字句的先后顺序排列。每条之下，先注音读，后释字义，原注家的姓氏一一标明。共音释经文9 992字，音释注文6 129字，合计16 121字。该书的主要目的在于考正字音，但也兼及字义的辨释，并对各种文字的异同多所考正。

宋代监本诸经注疏，把《经典释文》打散，分别附在各经的注疏本之后，后来又进而把各个条目分别列在有关的经文、注文之下。今通行的《十三经注疏》中，《周易》用前一种方式，其余的用后一种方式。

黄焯著《经典释文汇校》，对《经典释文》有深入研究。他在《关于〈经典释文〉》一文中总结《经典释文》的内容和优点是：一、正读音；二、正讹误；三、存异文；四、存佚文；五、兼采众本；六、兼备众说；七、兼载异音。而其缺点是：一、偏颇；二、是非莫辨；三、误解。（黄焯此文载陆宗达主编《训诂研究》第一辑）

三、《一切经音义》

叫《一切经音义》的书有两种，一种是唐代和尚玄应撰，因此也叫《玄应音义》，此书本为解释汉译佛经的音义而作，书中译注音切，博引群书。他所引用的古书，如郑玄的《尚书注》《论语注》等都已失传，所以，研究古代文献的人把《玄应音义》视为珍宝；另一种是唐代和尚慧琳编的，也叫《慧琳音义》，此书以《玄应音义》为基础，引用古籍更多，所以也为古文献研究者所珍视。

在谈唐宋辞书时，首先要评述佛典音义书。佛教经典的翻译到唐宋已达极盛阶段。佛典中涉及许多音译、意译过来的梵文名词术语，需要有专门的音义书来加以解释，而从事这种音义工具书的编纂者又必须精通语言文字之学，所以佛典音义书是传统语言学的一份宝贵遗产。

唐代和尚玄应编写的《一切经音义》价值较高，此书共25卷。《唐书·艺文志》改名为《众经音义》，通常也叫《玄应音义》。玄应大概与玄奘同时，于贞观末年开始"捃拾藏经，为之音义"。所谓"一切经"，即佛教典籍丛书。

玄应之后，慧琳（公元736—820年）也撰有《一切经音义》，此书又名《大藏音义》，也叫《慧琳音义》，共100卷。慧琳俗姓裴，西域疏勒国（今新疆喀什）人，唐朝大兴善寺的和尚。他对"印度声明（即语文学），支那诂训，靡不精奥"。慧琳于唐德宗建中四年（公元783年）开始编著《音义》，至唐宪宗元和二年（公元807年）完稿，历时达25年之久，所释之佛经达5 700多卷。书稿问世之后，"京邑之间，一皆宗仰"。

北宋初年，辽国僧人希麟编著《续一切经音义》十卷，补《慧琳音义》之所未备。

僧人们为佛典作音义书，原本是为了"正名"，为了"显教"。从语言文字学的角度来看，这些音义书有以下一些意义：

（1）可以帮助我们了解译名的原意。如音译词"和尚"的原意是什么呢？玄应《一切经音义》和《慧琳音义》的释义：

① 和尚：《菩萨内戒经》作"和阇"，皆于阗国等讹也。应言"郁波弟耶夜"，此云近诵，以弟子年小，不离于师，常逐常近，受经而诵也。又言"邬波陀耶"，此云亲教。旧译云：知罪知无罪，名为和尚也。邬，音于古反；陀，音徒我反。（《一切经音义》卷十四）

② 天竺：相承音竹，准梵声合音笃。古云身毒，或云贤豆，新云印度，皆讹转也。正云印特伽罗，此翻为月也。月有千名，斯乃一称。《西域记》云：良以彼土佛日既隐，显圣诞生，相继开悟，导利群生，如月临照，故以为名也。（《续一切经音义》卷三。见大

藏经 54 卷，946 页）

（2）保存了不少文字资料，如古今字、俗体字、异体字等。如：

① 嘲戏：又作"啁"，音竹包反。《仓颉篇》云："啁，调也，谓相调戏也。"（《一切经音义》卷一）

② 贪惏：字书或作"惏"，今亦作"婪"，同力南反。惏亦贪也。（《一切经音义》卷一）

③ 懊憹：今皆作"恼"，同奴道反。懊憹，忧痛也。（《一切经音义》卷四）

④ 褴褛：谓衣败也。凡人衣破丑弊，皆谓之褴褛。经文从草，作"蓝草"之"蓝"，"丝缕"之"缕"，非体也。（《一切经音义》卷十二）

（3）保存了丰富的训诂资料。如：

① 姑：妇称夫之母曰"姑"，姑在则曰"君姑"，没则曰"先姑"。（《一切经音义》卷十二）

② 鹫峰：上音就。西国山，此山高峻，鹫鸟所居，或名灵鹫山，或云鹫岭，皆一山而一名也。如来于此山中得转法轮，甚多圣迹，在中天界。（《慧琳音义》卷一）

③ 勉励：劝奖也。勉强：谓自劝强也。励：相劝励也。亦勉力为励。（玄应《一切经音义》卷二十三）

（4）在校勘、辑佚方面也很有价值。《玄应音义》和《慧琳音义》引用了相当丰富的唐以前的音义资料，这些音义书有不少已失传。因此，校勘家和辑佚古书的人对这些音义资料都颇为重视。清人任大椿著《字林考逸》，孙星衍辑《仓颉篇》，都从其中采取了大量的资料。

在校勘方面同样有用处。如《玄应音义》卷二十三"怏"字下引《说文》云："心不服也。"今本《说文》作"怏，不服怼也"。段玉裁说："当作不服也，怼也。夺一也字，遂不可解矣。"段说有一定道理，但"怼"字有可能是后人据《仓颉篇》添上去的，玄应引作"心不服也"才真正符合"怏"的原意。《史记·淮阴侯列传》说韩信"居常鞅鞅，羞与绛灌等列"，正是"心不服"的意思。"鞅"为"怏"之假借。

（5）《慧琳音义》为研究唐代秦音提供了有价值的资料。景审《一切经音义·序》说："古来音反，多以傍纽而为双声，始自服虔，元无定旨，吴音与秦音莫辨，清韵与浊韵难明，至如'武'与'绵'为双声，'企'以'智'为叠韵，若斯之类，盖所不取。近有元庭坚《韵英》及张戬《考声切韵》，今之所音，则取于此。"由此可知，《慧琳音义》用的是元庭坚和张戬的反切，今人黄淬伯据此写了《慧琳一切经音义反切考》，他说："今欲上窥千百年前之关中音系，探其涯略，则《经音义》实为之奥藏。"

延伸阅读

《续一切经音义》
辽·希麟

宝珰（上博抱反，众珍之总名也，亦作珰，从玉缶声。下都郎反。《说文》云："穿耳施珠也。"《韵英》："云耳饰也，从玉，当声。"）

枯槁（上苦姑反，《切韵》云："朽也，考声。云木干死也。"下苦皓反，《切韵》云："槀亦枯也。"《说文》云："从木高声。"）

嬉戏（上许其反，《声类》云："美也，游也，从女喜声。"下香义反，《切韵》云："弄也，谑也。"郭注《尔雅》云："谓调戏也，谑音，虚虐反。"）

第六节 《佩文韵府》《经籍纂诂》《康熙字典》

一、《佩文韵府》

《佩文韵府》是由清代张玉书等奉皇帝命编写的，专门收录辞藻和典故，供文人吟诗作赋、查找典故、摘取辞藻使用，材料丰富，有一定参考价值。

《佩文韵府》是奉康熙之命编撰的，始于康熙四十三年（公元 1704 年），于康熙五十年（公元 1711 年）十月全书告成，共 106 卷。"佩文"是康熙的书斋名；所谓"韵府"就是将古诗文中的常见词语、典故按 106 韵编排。此书为集体编写，文华殿大学士兼户部尚书张玉书、经筵讲官文渊阁大学士兼吏部尚书陈廷敬、文渊阁大学士兼吏部尚书李光地等人主持其事，编写人员多为翰林院的官员。

在清代，《佩文韵府》对文人写诗作文、选择词藻，查阅典故和某些词语的出处，都有一定的作用。对于今人来说，既可以作为词汇资料书来利用，也可以作为查寻古诗文词语的工具书来利用。譬如，我们要了解古诗中出现"异乡"这个词的诗句，就可以查卷二十二上、七阳"乡"字"异乡"条。下面有：

王勃诗：独在异乡为异客，每逢佳节倍思亲。

许浑诗：此身多在路，休诵异乡吟。

司空图诗：蜗庐经岁客，蚕市异乡人。

欧阳修诗：惟有寒梅旧相识，异乡每见心依然。

这里有两个问题：一是《佩文韵府》引文，只有作者姓名而无篇名；二是引文有误，头两句诗见于王维的《九月九日忆山东兄弟》，而编者安到王勃头上去了。我们利用《佩文韵府》中的材料时，应与原书核实。

二、《经籍纂诂》

清代阮元主编。阮元（公元1764—1849年），字伯元，又字伯梁，号芸台，又号雷堂庵主，清代江苏仪征人。

《经籍纂诂》是他训诂研究的代表作。此书是他督学浙江时，由他亲手确定凡例，再由他挑选的两浙通经文士几十人分书编纂，由臧镛堂、臧礼堂兄弟总纂而成的。此书的编纂工作历时两年，于嘉庆三年（公元1798年）完成付刻。后又成"补遗"，现在的通行本已将"补遗"析附在每字之末。

《经籍纂诂》编排文字，依照《佩文韵府》的办法，按平水韵106韵编排文字，每韵为一卷，共106卷。该书将唐代以前的古籍训诂汇集在一起，共得单字12 000余个，是一部巨大的训诂资料汇编。内容十分丰富，查一字就可知道它的各种古义、在各种古籍中出现的情况，十分便利。

三、《康熙字典》

清张玉书、陈廷敬等30人于康熙四十九年（公元1710年）奉清圣祖玄烨之命集体编纂。前后经过了6年，到康熙五十五年（公元1716年）最后完成。康熙皇帝亲自为书写了序，命名为"字典"。这是辞书命名为字典的开始，也是现存的第一部官修的大型字书。该字典最大特点是收字全、释义详备。

《康熙字典》是在《字汇》《正字通》的基础上编纂而成。它按照这两部字书的体例，分214部，又以十二地支标名，分为12集，每集分上、中、下3卷。部首和部中各字仍然按笔画多少排列顺序，并对某些字的归部做了一些改动，如"颖""颍""颕"3字，《正字通》都在页部，《康熙字典》则分入水、火、禾3部。这样改动是突出"六书"原则，遵从《说文》以来多数字书都以义符为偏旁的传统。但这种改动带来检字不便，不如《正字通》实用。有些由两个偏旁构成的合体字，《正字通》同时分入两个部，《康熙字典》则只归入一个部，这种改动就是正确的。

《康熙字典》共收47 035个字，在古代字书之中收字之多仅次于《四声篇海》（55 116字）和《集韵》（53 525字），是收字较多的大型字书。《康熙字典》不仅收字多，而且哪些字收，哪些字不收，是很有讲究的，它的指导思想是正确的。它在《凡例》中指出："六书之学，自篆籀八分以来，变为楷法，各体杂出，今古代异。今一以《说文》为主，参以《正韵》，不悖古法，亦复便于楷书。"它以"不悖古法，亦复便于楷书"为收字正字原则，这是对的。除了正文以外，《康熙字典》还附有《补遗》一卷，专收有音有义可入正集而未经增入的字。

采辑《唐韵》《广韵》《集韵》《韵会》等诸多韵书的反切，并加罗列，是《康熙字典》的首创，是以前字书所没有的。同时，《康熙字典》又对同音切语加以归并，并且附以直音。这种体例对重视古音研究的清代学者和一般人都照顾到了，可得雅俗共赏的效果。

《康熙字典》是中国古代语言学史上最完备、最具有现代字典意义的字书，它也是中国语言学史上第一部明确叫作"字典"的字典，而且还有了词典的萌芽。《康熙字典》问世后，受到人们的高度重视，影响很大，至今仍是查考古代汉语字词常用的工具书。其文字音义和书证，广泛为人引用，后出的字典多以其为蓝本。

但《康熙字典》由于是集体编纂，也有不少疏漏和错误。其中尤以引书错误最为严重。王引之在道光年间奉命作《字典考证》，查出错误达 2 588 条。他给陈奂写信说：

现有校刻《康熙字典》之役，错误太多，不可胜改，只能去其太甚者耳。

可见，王所揭举的错误只不过"太甚者耳"，还有的错误一时改不胜改。其错误大致有以下几方面：一、书名、篇名错误或妄改；二、引文错误或脱落；三、引书错乱或正文与注疏相混；四、删节失当；五、断句错误；六、书证与释义不合；七、漏列常见音义；等等。尽管《康熙字典》有这样那样的错误或不足，但它仍是中国古代语言学史上第一部辉煌的字典，它在中国语言学史上的地位值得充分肯定。

第七节 《读书杂志》《经义述闻》

一、《读书杂志》

《读书杂志》共 82 卷，由清王念孙撰。该书以读书札记的形式，记录了王念孙晚年研究古籍的成果。该书对《逸周书》《战国策》《史记》《汉书》《管子》《晏子春秋》《墨子》《荀子》《淮南子》等 9 种古籍做了大量的校勘工作，作者根据古代汉语的语言规律，熟练地运用音韵、文字、训诂知识解释词语，纠正错误。由于该书在校正文字、阐明文义、以声音通训诂等方面造诣很深，因而被公认为一部很有价值的校勘、训诂专著，对今天的古书校读工作仍具有重要的借鉴作用。

二、《经义述闻》

《经义述闻》由清王引之撰，成书于嘉庆二年（公元 1797 年）。此书对《周易》《尚书》《毛诗》《周礼》《仪礼》《大戴礼记》《左传》《国语》《公羊传》《谷梁传》《尔雅》等

15 种古籍加以考辨，审定句读、讹字、衍文、脱简。其中训释大都述其父王念孙说，故名为《经义述闻》，是研究文字、训诂、音韵的重要参考书。

王引之（公元 1766—1834 年），字伯申，号曼卿。王念孙之子，嘉庆四年（公元 1799 年）进士，授编修，擢侍讲，官至工部尚书。他少承庭训，继承了父亲的音韵训诂之学，精通音韵、文字、训诂之学。他和他父亲被世人尊称为高邮王氏父子，他们的学问也被称为"高邮王氏父子之学"。

王引之大量采用因声求义方法解释词语、说明通转现象，王氏由音求义的理论标志着训诂发展的新阶段。如通说部分专门有一条论及"狐疑"的意义，他引了他父亲王念孙的话说：

"嫌疑""狐疑""犹豫""踌躇"皆双声字，"狐疑"与"嫌疑"一声之转耳。

从语音方面去观察连绵词，较之望文生训有了很大的进步。

第八节 《切韵》《广韵》《集韵》《礼部韵略》《中原音韵》

韵书是一种按音序编排的字典。它的产生和反切关系密切。东汉末年，我国的学者发明了反切的注音方法，它比譬况读音和直音更为科学，于是得到推广。到了三国两晋时期，就有人将汉字按照读音进行编排，于是就产生了韵书。

按照传统的看法，三国时期曹魏李登的《声类》和西晋吕静的《韵集》是早期的韵书。它们久已亡佚，还有些文献记载到它们的情况，有些佚文被前人征引。

一、《切韵》

隋朝陆法言作于仁寿元年（公元 601 年），同撰《切韵》的还有颜之推、刘臻、卢思道、李若、萧该、辛德源、薛道衡、魏彦渊 8 人。《切韵》基本上以当时的共同语语音为主要依据，参合六朝以来各家韵书的反切，定出了大体上反映当时实际语音的音韵体系。其体例是把同音的字集在一起，用反切注明读音，以平（平声 54 韵）、上（上声 51 韵）、去（去声 56 韵）、入（入声 32 韵）四声分卷，平声因字数多分为两卷，共五卷，共收 12 158 字，分隶 193 韵。

因为该书编订的目的，不仅为了诗文之用，更主要的是为审音正音而汇聚、审改、删定南北韵书反切注音。这大约是书名定为"切"的原因之一。另外，王显先生说，"切"是切正，即正确规范的意思。李荣则说，"切指反切上字，韵指反切下字"（《音韵存稿》27 页）。

《切韵》出现以后，以前的韵书几乎归于废弃，形成了独一的权威。隋以后的各种韵书（中原音韵系统的韵书不算）几乎都没有跳出它的框框，特别是隋炀帝置十科（其中有一"文才秀美科"，即所谓"进士科"）取士，开科举制之先河后，《切韵》更加重要。到唐玄宗李隆基把诗赋定为科举考试的内容之后，诗赋便与仕途结合起来，于是文人学士均习诗赋，韵书就更加重要了。所以《切韵》在我国语言学史上的影响极为深远。因为它既是前代韵书的继承和总结，又是后世韵书演变的基础。换句话说，他既利用了汉魏六朝的反切旧文，又是唐宋韵书的蓝本。因此，它处于韵书的支配地位达一千多年之久，是真正的"时俗共重，以为典规"（王仁昫《刊谬补缺切韵序》）。

《切韵》亡佚，如今仅有残卷，但其音韵体系保存在宋代的《广韵》里。

二、《广韵》

唐代以后，社会又经历了53年五代十国的战乱动荡，到公元960年北宋立国，才结束纷争而呈现统一的政治局面。由于战争中各民族文化、语言的交流、渗透，这时口语的语音和《切韵》严重脱节。因此《切韵》（包括《唐韵》）已不能适应人们在科举考试、吟诗作赋时对韵书的需求。在此情况下，北宋王朝为适应大一统政治局面的需要，再加上政府也有能力组织学者修订适合宋代语音的韵书，宋太宗雍熙二年（公元986年）国家组织学者修订《切韵》，称为《新定广韵》。"广"，即把当时的韵，增广收入《切韵》中来，换句话说，是增广隋唐韵书的意思。到宋真宗大中祥符元年（公元1008年），诏命陈彭年、丘雍等第二次增订《切韵》，增订本称《大宋重修广韵》，简称《广韵》。这是我国古代第一部官修韵书。重修的《广韵》共收26 194字，比《切韵》的12 158字增加了一倍多。《广韵》在体制上主要是依据《切韵》，按平（平声57韵，比《切韵》增加3韵）、上（上声55韵，比《切韵》增加4韵）、去（去声60韵，比《切韵》增4韵。因祭、泰、夬、废四去声韵无相应的平上声，故去声韵多）、入（入声34韵，比《切韵》增2韵。其所以少于平上去，是因为入声韵只与以 m、n 收尾的阳声韵相配）四声分卷，平声字多，分为两卷，其他声调各为一卷。全书分为206个韵部。

《广韵》颁行后，陆法言的《切韵》就亡佚了。《广韵》是研究中古音的最重要依据。

三、《集韵》

《广韵》通行之中，人们渐感其"繁简失当，有误科试"（李焘《说文解字五音谱叙》），且多用旧文，宋仁宗景祐初年，贾昌朝上书批评宋真宗景德年间编的《韵略》"多无训释，疑混音，重叠字，举人误用"（王应麟《玉海》），于是宋仁宗采纳宋祁、郑戬建议，重修《广韵》《韵略》二书。诏命丁度、李淑典领，郑戬、贾昌朝、王洙等人共同编修撰写。新修韵书更名为《集韵》。

《集韵》成书于宋仁宗宝元二年（公元1039年），在《广韵》颁行后31年。《集韵》收字53 525个，比《广韵》增收27 331字，分10卷，其中平声4卷、上声2卷、去声2卷、入声2卷，其分韵数目与《广韵》相同，即206韵。

《集韵》的编纂方法是：一是对《广韵》的增广；二是对《广韵》的修订。

《集韵》在我国韵书史上的地位很重要，一是其收字极多；二是提供了一批新的反切，反映的是当时的语音，后人能从这批反切材料中看出当时语音的变化，如轻唇重唇、舌头舌上分化的痕迹，等等；三是它基本因袭了《广韵》206韵韵目及《唐韵》旧例，规范了文人写诗时的用韵；四是加强了字典作用。

四、《礼部韵略》

礼部是宋代负责科举的政府机关。《礼部韵略》是为科考而编的韵书，因为收字相对少得多，故称《韵略》。

和《集韵》差不多同时，丁度等人奉诏为适应科考需要编撰了《礼部韵略》，这部书成书于宋仁宗景祐四年（公元1037年），比《集韵》早两年。《礼部韵略》仍为206韵（原本已亡佚），注明"同用""独用"之例。后来，有人干脆把"同用"的韵合成一部编成了新的韵书，包括金代王文郁在金哀宗正大四年（公元1227年）编的《平水新刊韵略》（又名《新刊韵略》《平水韵略》）106韵；金代张天锡在金哀宗正大六年（公元1229年）编的《草书韵会》106韵；南宋刘渊在南宋理宗淳祐十二年（公元1252年）完成的《壬子新刊礼部韵略》107韵（已佚）；以及清康熙五十年（公元1711年）成书的《佩文诗韵》等。其中刘渊的《壬子新刊礼部韵略》影响最大。后来，人们把这种为作诗用的107或106韵的韵书均称为"平水韵"。称为"平水"的原因众说不一，或说因刘渊是平水（今山西临汾）人之故，或说因刘渊的书刻于平水。清人钱大昕《十驾斋养新录》卷五则说因这类韵书的编写始于王文郁的《平水韵略》，所以后来把刘渊所作同样性质的《壬子新刊礼部韵略》也称为"平水韵"了。

可惜北宋丁度等人编撰的《礼部韵略》、南宋刘渊的《壬子新刊礼部韵略》今均已佚，现在能见到的都是后人的增修本，如《附释文互注礼部韵略》《增修互注礼部韵略》（简称《增韵》）。

五、《中原音韵》

《中原音韵》是元代周德清（公元1277—1365年）根据元代盛极一时的北曲（元曲）的实际押韵情况而编纂。据文献记载，元大都（北京）是元曲发展的胜地，是当时政治、经济、文化的中心。著名剧作家关汉卿（河北人）、马致远（大都人）等以及著名演员朱帘秀、天然秀等人，都活动于元大都，听众也是大都的官员、百姓。所以元曲中使用的语言，是当时的大都话。换句话说，是元代在北方广大地区通行的共同语语音，或曰普通官话。周德清"工乐府、善音律"，他看到当时作曲、唱曲之人都不大讲究格律，艺坛上出现不少混乱。为使元曲合辙押韵以发挥其艺术效果，就必须使其体制、音律、语言都有明确的规范，其中语音的规范更为重要。于是他从理论到实践，刻苦钻研，总结综合、分类归纳，于公元1324年完成此部划时代之北曲曲谱之作《中原音韵》，并于1341年刊行。

《中原音韵》分两大部分：一部分以韵书形式，将曲词中常用的5 866（或说5 869）个韵脚字，按读音分类编成曲韵韵谱；另一部分称为《正语作词起例》，包括编谱体例、审音原则的说明，论述北曲体例、音律、语言及曲词的创作方法。

由于是曲谱之作，故每字之下既不注反切，也不标字母，更没有释义。5 866个单字在19个韵部内按声调排列。关于调类，他归结为"平分二义""入派三声"，这就是说，平声分为阴阳二类，入声消失，归入平、上、去三声之中。

学术界公认《中原音韵》记录的是当时通行于北方广大地区、应用于广泛交际场合的中原语音。它基本上反映了当时汉语的语音，又称为"北音"，《中原音韵》成为研究近代普通话的重要资料，在中国语言学史上是一部具有划时代意义的著作。

延伸阅读

《切韵》序
陆法言

昔开皇初，有仪同刘臻、颜外史之推、卢武阳思道、李常侍若、萧国子该、辛咨议德源、薛吏部道衡、魏著作彦渊等八人，同诣法言门宿。夜永酒阑，论及音韵。古今声调既自有别，诸家取舍亦复不同。吴楚则时伤轻浅，燕赵则多伤重浊；秦陇则去声为入，梁益则平声似去；又支（章移反）、脂（旨夷反）、鱼（语居反）虞（遇俱反）共为一韵，先（苏前反）、仙（相然反）、尤（于求反）、侯（胡沟反）俱论是切。欲广文路，自可清浊皆通；若赏知音，即须轻重有异。

吕静《韵集》、夏侯该《韵略》、阳休之《韵略》、周思言《音韵》、李季节《音谱》、杜台卿《韵略》等，各有乖互。江东取韵与河北复殊。因论南北是非，古今通塞，欲更捃选精切，除削疏缓。颜外史、萧国子多所决定。魏著作谓法言曰：向来论难，疑处悉尽，何为不随口记之，我辈数人，定则定矣。即烛下握笔，略记纲纪。

后博问英辩，殆得精华。于是更涉馀学，兼从薄宦，十数年间，不遑修集。今返初服，私训诸弟，凡有文藻，即须明声韵。屏居山野，交游阻隔，疑或之所，质问无从。亡者则生死路殊，空怀可作之叹；存者则贵贱礼隔，以报绝交之旨。遂取诸家音韵，古今字书，以前所记者定之为《切韵》五卷。剖析毫厘，分别黍稷。何烦泣玉，未得悬金。藏之名山，昔怪马迁之言大；持以盖酱，今叹扬雄之口吃。非是小子专辄，乃述群贤遗意；宁敢施行人世？直欲不出户庭。于时岁次辛酉大隋仁寿元年也。

练习题

一、填空题

1. 《读书杂志》是清代训诂学家_____的代表作。

2. 宋人_____认为，汉字类在左，义在右，字从某声即具某义。这个观点被人称为_____。

3. 明_____著《骈雅》七卷，所收词头都是_____的，其中有一些是冷僻词，有一些是不见于高文大典的俗语词。

4. 对《说文解字》的研究，在清代达到了空前兴盛的局面。清代《说文》注家中以_____、_____、_____、_____四人成就最卓著，通常称他们为说文四大家；四家中，_____的成就又首屈一指。

5. 《尔雅》的前三篇分别是_____、_____、_____。

6. 近人_____的_____一书，从语言学的角度对唐宋元明诗词曲中的特殊词语做了较为系统的考释研究。

7. 清代研究《尔雅》的主要著作有_____的《尔雅正义》和_____的《尔雅义疏》。

8. 《一切经音义》有两种，一种的编者是_____，凡_____卷；另一种的编者是_____，凡_____卷。

9. 元代卢以纬_____一书专门研究虚词的用法，是我国第一部虚词词典。

10. 汉代的训诂，在专著方面，出现了《尔雅》、扬雄的_____，刘熙的《释名》和许慎的_____。

11. 《说文解字》作者是东汉_____。这是中国_____的奠基之作，收字_____个，另有重文 1 163 个。

12. 《诗词曲语辞汇释》由近人_____所著，这是一部研究诗词曲中_____的一部专著。

13. 《说文解字》是我国最早的通过系统分析_____字形来确定本义的专著，共

_____部首。

14.《助字辨略》的作者是_____。

15.《切韵》是隋代_____编写的,分为_____韵。在《切韵》的基础上,北宋_____编成《广韵》。

16.《礼记》与_____《仪礼》合称为"三礼",是儒家经典之一,主要记录了战国、秦汉间儒家关于礼制方面的言论。

17. 清代学者王引之所撰的一部古代汉语虚词专著是_____。

18.《康熙字典》成书于康熙五十五年,是_____、_____等人奉旨编撰的。

19.《经传释词》是清代学者_____所著,共释虚词_____个。

20.《_____》:西汉扬雄著的第一部方言词典。《_____》:东汉许慎著,是我国第一部字典。《_____》:东汉刘熙著,我国第一部以声训为主要手段探讨语源的词典。

21. 朱熹的四书集注包括《_____》《_____》《_____》《_____》。

22. 清代学者刘淇所著、专门解释古代汉语中虚词的一部工具书是_____。

23.《论语》一书,三国魏时集注者是_____,清代刘宝楠著有《论语正义》。

二、选择题

1. 下列书中总释群书语义的是_____。

A.《尔雅》　　B.《说雅》　　C.《方言》　　D.《说文解字》

2. 兼注音义的著作是_____。

A.《尔雅》　　　　　　　　B.《经传释词》

C.《经典释文》　　　　　　D.《释名》

3.《说文解字》中提到的"古文"指的是_____。

A. 甲骨文　　　　　　　　B. 战国东方六国文字

C. 西秦文字　　　　　　　D. 金文

4. "右文说"是由_____最早提出来的。

A. 王圣美　　B. 黄侃　　C. 戴震　　D. 俞樾

5. 下列著作中,不是俞樾所著的是_____。

A.《读书杂志》　　　　　　B.《群经平议》

C.《诸子平议》　　　　　　D.《古书疑义举例》

6. 近代对"右文说"进行系统总结的学者是_____。

A. 王圣美　　　B. 沈兼士　　　C. 刘师培　　　D. 黄侃

7. 古人最初的辞书式的训诂实践的成果是_____。

A.《毛诗故训传》　　　　　B.《尔雅》

C.《经典释文》　　　　　　D.《经籍纂诂》

8. 下列著作中属于俞樾所著的著作是_____。

A.《群经平议》　　　　　　B.《说文解字注》

C.《广雅疏证》　　　　　　D.《文始》

9. 提出"学者改本字读之，则怡然理顺；依借字解之，则以文害辞。"说法的是_____。

A. 王圣美　　　B. 王念孙　　　C. 段玉裁　　　D. 王引之

10. 段玉裁说："凡文字有义，有形，有音。《尔雅》以下，义书也；《声类》以下音书也；_____，形书也。"

A.《方言》　　B.《广韵》　　C.《说文》　　D.《释名》

11. 黄侃专从训诂角度举出"现存完全切用的十种根柢书，"即《尔雅》《小尔雅》《方言》《说文》_____《广雅》《玉篇》《广韵》《集韵》《类篇》。

A.《释名》　　　　　　　　B.《五经正义》

C.《经典释文》　　　　　　D.《文选》

12. 黄侃将"现存完全切用的十种根柢书"的前六种又分为四类，并以为"四类之中，又当以_____为本。"

A.《广雅》《小尔雅》　　　B.《方言》《释名》

C.《说文》《尔雅》　　　　D.《玉篇》《广韵》

13.《释名》成书于_____时期。

A. 周末　　　B. 秦末　　　C. 汉末　　　D. 隋末

14.《释名》的作者是_____代的_____。

A. 东汉　许慎　　　　　　B. 魏代　张揖

C. 西汉　扬雄　　　　　　D. 东汉　刘熙

15. 唐代释慧琳完成的训诂著作是_____。

A.《水经注》　　　　　　　B.《世说新语注》

C.《论语义疏》　　　　　　D.《一切经音义》

16. 下列关于《康熙字典》的说法正确的是_____。

A. 全书按部首排列，共分540部

B. 全书按照地支分成十集

C. 采用了直音、反切和叶音三种注音方法

D. 王引之《字典考证》纠正了五千多条错误

17. 注重分析虚词特殊用法的著作是_____。

A.《经传释词》　　　　　　B.《词诠》

C.《助字辨略》　　　　　　D.《古汉语虚词通释》

18.《辞源》和《康熙字典》的部首总数分别是_____。

A. 214部；540部　　　　　B. 540部；197部

C. 214部；214部　　　　　D. 240部；514部

19.《经传释词》的作者是_____。

A. 王引之　　B. 张玉书　　C. 阮元　　D. 许慎

20.《方言》的作者是_____。

A. 王念孙　　B. 许慎　　C. 段玉裁　　D. 扬雄

21. 我国的第一部词典共有19篇，包括释诂、释言、释训、释宫、释亲等，它是_____。

A.《尔雅》　　B.《玉篇》　　C.《正字通》　　D.《康熙字典》

22."《说文》四大家"中注重分析字义来源和发展的是_____。

A. 段玉裁　　B. 桂馥　　C. 王筠　　D. 朱骏声

23.《说文解字》中许慎收录的汉字不包括以下哪种字形_____。

A. 籀文　　B. 古文　　C. 甲骨文　　D. 小篆

三、写出下列著作的作者及主要内容

1.《方言》

2.《尔雅义疏》

3.《经典释文》

4.《说文解字注》

5.《广雅疏证》

6.《敦煌变文字义通释》

7.《康熙字典》

8.《经传释词》

9.《切韵》

10.《广韵》

11.《中原音韵》

四、写出下列学者的主要著作

1. 方以智
2. 桂馥
3. 刘熙
4. 五臣
5. 戴侗
6. 郝懿行
7. 蒋礼鸿
8. 高诱
9. 张相
10. 王筠
11. 徐铉
12. 刘淇
13. 孔颖达
14. 张揖
15. 陆德明

五、名词解释

1. 《说文》四大家
2. 右文说
3. 《经籍籑诂》

六、简答题

1. 清代研究《说文解字》的四大家是谁？分别有什么著作？
2. 《切韵》系韵书包括哪些？它们的体例有哪些特征？
3. 《中原音韵》产生的背景是什么？它有哪些影响？

第六章
古文献训释词义的方法与原则

阅读古书的问题，主要是词汇的问题，因此训诂的内容尽管包含有许多方面，核心内容则在解释词语方面。这里所要讨论的训诂的基本方法，也就是解释词义的基本方法。

记录古代书面语言的汉字乃是一个形、音、义的统一体，因此解释词义可以从字形、字音、字义三方面入手，这就是传统所谓形训、音训和义训。段玉裁《广雅疏证序》说："小学有形、有音、有义，三者互相求，举一可得其二。有古形、有今形，有古音、有今音，有古义、有今义，六者互相求，举一可得其五。"这种以古今历史发展观点为指导的辩证的研究方法是科学的。

这里需要强调的是：解释古代文献中任何一个词的意义，不管采用形训、音训还是义训，都必须从它的语言环境出发，使之与上下文相吻合，达到训诂与义理的统一。因此，形训、音训、义训之外，应当再立一个"文训"。这个名目前人虽然不曾提出，但他们在训诂实践中还是注意到了的。他们那些做得不尽如人意之处，往往是由脱离上下文或牵强附会所致。

下面分述以上提出的四种训诂基本方法。

第一节　以形索义法

一、定义

以形索义法就是形训，就是根据字形结构来探求它所表示的字义。从现有文献记载看，它在春秋战国时期就开始了。这种方法之所以成立，在于记录汉语的汉字是表意文字，字形与字义往往是有直接联系的。

（1）《说文》："本，木下曰本。从木，一在其下。""讼，争也，言之于公也。"

（2）《左传·宣公十二年》记载：楚庄王为了证明自己尚德不尚武的主张，便说："于文，止戈为武。"这是把"武"字分为"止"和"戈"两个部分。

（3）《左传·宣公十五年》：晋伯宗劝晋侯伐狄，曾经用"乏"字的字形结构来说明狄人必然灭亡的理由。他说："天反时为灾，地反物为妖，民反德为乱，乱则妖生，故文反正为乏。"

（4）《左传·昭公元年》记载：晋侯生了病，医和说他是内热惑蛊之疾。"赵孟曰：'何谓蛊？'对曰：'于文，皿虫为蛊。谷之飞亦为蛊'"。

（5）《韩非子·五蠹篇》里面有一则苍颉造字的故事："古者苍颉之作书也，自环谓之私，背私谓之公。"

这些说法虽然有他们的政治目的，有的未必就是造字的本意，但是他们确实在分析汉字，透过汉字的分析来了解字义。

段玉裁说，字"有古形，有今形"，这个古今是以隶变为分水岭的，古形是指甲骨文、金文、大篆和小篆的形体，今形是指隶书、楷书、草书和行书的形体。形训只能依据古形，不能依据今形。许慎《说文解字叙》云："至孔子书六经，左丘明述《春秋传》，皆以顾问，厥意可得而说也。"而后世"诸生竞逐，说字解经，喧称秦之隶书为仓颉时书……乃猥曰'马头认为内为长'，'人持十为斗'，'虫者屈中也'……若是者众，皆不合孔氏古文，谬于史籀"。所谓古文或孔氏古文，指汉代发现的孔子宅壁藏书的文字，即战国时通行于六国的文字；所谓史籀也叫籀文，即《史籀篇》的文字，大抵是春秋战国间的秦国文字。以上二者均属大篆。许慎的《说文解字》之所以成为形训的典范著作，就在于它阐发了传统的"六书"理论，"今叙篆文（指小篆，也称秦篆），合以古籀"，说解了近万汉字的本义，从根本上解决了训诂的问题。例如："向，北出牖也。从宀从口。"与《诗经·豳风·七月》"塞向墐户"相合。"及，逮也。从又从人。"与《左传·成公二年》"故不能推车而及"相合。

二、形训的理论依据

汉字是表义字，造字时是因义而造字，字形能够反映字的本义，形训有利于揭示词的本义。《说文》是形训的代表作。

三、形训的作用

形训法有助于把握纷繁复杂的字义，其具体作用有三：

（1）求知本义，即词在产生文字阶段的意义。例如《论语·微子》"子路从而後"的"後"字，通过连词"而"与"从"组成连动词组，是"落后"的意思，这是它的本义还是引申义呢？查《说文·彳部》云："後，迟也。从彳幺夂者，後也。"按：金文是从彳从系从止，像在路上行走被绳索之类绊住脚，可知"落后"乃是它的本义，《说文》虽然字形分辨有误，但释作"迟"还是不错的。

（2）梳理引申义，把握词义系统。譬如"息"字有以下用例：

① 君子以自强不息。（《易经·乾卦》）
② 老臣贱息舒祺。（《战国策·赵策》）
③ 生物之以息相吹也。（《庄子·逍遥游》）
④ 消息盈虚。（《庄子·秋水》）
⑤ 望长楸而太息兮。（《楚辞·哀郢》）
⑥ 能与息者皆来，不能与息者亦来。（《史记·孟尝君列传》）

其意义依次是休息、儿子、气息、增长、叹气、利息，似乎互不相干。其实只要找出它的本义，就可以把它的词义引申脉络梳理清楚。查《说文·心部》云"息，喘也。从心从自，自亦声"，可知其本义是喘气、气息。"自"就是"鼻"字，古代以为气息是从心里通过鼻子呼出来的。由气息引申为叹气，又引申为休息，气息也就是呼吸，又其反复不停又引申为滋生、增长，进而引申为儿子和利息。

（3）辨别假借义，划清一词多义和一形多词的界限。譬如"乡"字，《说文》解释说："乡，国离邑，民所封乡也。啬夫别治。封圻之内六乡，六卿治之。从邑，皀声。"甲骨文像两人对食之状，乃是"飨"的本字，其意义是聚餐共饮或以酒食招待客人。引申为享受，如"夫以朕之不德，而专乡独美其福，百姓不与焉。"（《汉书·文帝纪》）再看下面一组用例：

①五州为乡。（《周礼·地官·大司徒》）
②富贵不归故乡，如衣绣夜行。（《史记·项羽本纪》）
③天地易位，四时易乡。（《荀子·赋》）

此例子中，"乡"的意义是：其一是"一种行政区域单位"，其二是"家乡"，其三是"处所"，彼此是本义与引申义的关系，属于一词多义。

再看另一组用例：

④刮楹达乡。（《礼记·明堂位》）
⑤秦伯素服郊次，乡师而哭。（《左传·僖公三十三年》）
⑥非及乡时之士也。（贾谊《过秦论》）

此例子中，"乡"的意义是：其一是"通'向'（窗户）"，其二是"面向"，其三是"从前"，彼此是本义与引申义的关系，属于一词多义。此外还有回声之义，通"响"，如："犹景之象形，乡之应声。"（《汉书·天文志》）

总之，从形训的角度来看，"乡"的本义就是聚餐共饮，这个意义与"行政区域"那一组意义，与"窗户"那一组意义，与"回声"的意义，均毫不相干。这些与它本义毫不相干的意义便是它的假借义，它们之间便是一形多词，四个词共用一个字形罢了。

第二节　因声求义法

一、定义

因声求义法，旧称音训或声训，就是用与被释字音同或音近的字来解释它所表示的词义，这是训诂的主要方法，它广泛而合理地运用，使训诂学跃入一个新的发展阶段。例如《释名·释山》："山顶曰冢；冢，肿也，言肿起也。"刘熙的《释名》是声训的代表作。

先秦时已注意到字音在分析字义上的作用：

（1）《孟子·梁惠王下》记载齐宣王在雪宫接见孟子。问道："贤者亦有此乐乎？"孟子举了齐景公与晏子谈论外出巡狩的事，讲到齐景公听了晏子的规劝非常高兴，要求乐官制作君臣同乐的歌曲，就是《徵招》《角招》，其中有句歌辞是"畜君何尤？"孟子解释说："畜君者，好君也。"孟子用"好"来解释"畜"。上古音"畜"在晓母觉部，"好"在晓母幽部，声母相同，韵母的元音相同。

（2）《孟子·滕文公下》记载孟子弟子公都子问孟子好辩的故事。孟子讲了大禹治水的历史，并且引用了《尚书》逸篇"洚水警余"的话，接着解释说："洚水者，洪水也。"上古音"洚"在匣母冬部，"洪"在匣母东部，声母相同。

这种以声音通训诂的方法在清代以后有了很大的发展。

因声求义法对于训诂之所以十分重要，在于语音乃是词的真正物质外壳。黄侃说："形、音、义三者之中，又以声音为最先，义次之，形为最后，凡声之起，非以表情感，即以写物音，由是而义传焉。声义具而造形以表之，然后文字萌生。昔结绳之世，无字而有声与义；书契之兴，依声义而构字形。如日月之字未造时，已有日月之语。更分析之，声则日月，义表实阙；至造字时，乃特制日月二文以当之。"（《声韵略说》）

这就是说，义与音分别是词的内容和形式，至于形只是记录这个音义结合体的符号。因此，语义的发展变化是依托声音而不依托字形的，离开声音这个因素，是不可能通过形、音、义的统一来正确解释古代语言的。

二、声训的理论依据

声训的理论依据：客观世界中特征相近的事物，它们在语源中对应的词在声音上往往相同或相近，因为这些词，往往是由一个语根孳乳出来，由同一个语根孳乳产生的一群词形成一个有血缘联系的词族。词族内部存在着声近义通的事实，所以，声音相近或相同的同族词互相训释，能够揭示词义，而且还能推求语源。例如"孔、洞、空、口"都有"空"意，读音也相近，它们是由一个语根孳乳而来，是同源词，处于同一词族。

并不是声音相同的意义都相近，如"高""膏"声音相同，而意义没有任何联系。音近义通限于一个词族的内部或通假字与本字之间。

三、声训的作用

声训的基本作用就是说明通假和推求语源。

为什么音训会兼有这两个作用？因为从语言的实际来看，音与义的关系有以下两种情形：

一种是语言发生之初，音与义的联系是偶然的，《荀子·正名》说："名无固宜，约之以命。约定俗成谓之宜，异于约者谓之不宜。"正因为如此，同一个声音可以表达多种完全无关的意义，于是语言中产生了大量异义同音词，而相同或相近的意义又完全可以用不同的声音来表达，于是语言中又产生了大量的异音同义词。这反映了音义关系的偶然性与约定性。

另一种是随着社会的发展和人类认识的发展，词汇在不断丰富，即在旧词的基础上产生新词。新词产生的一条重要途径，就是在旧词引申到距离本义较远之后而独立。有的音虽未变，已成他词；有的音有稍变，更为异语。这就是语词的分化，产生了派生词。同一语根的派生词，也叫同根词，它们往往音相近义相通。这反映了音义关系的回授性与类聚性。同音词与同根词在文字上的反映是不同的：前者虽然音同或音近，意义却毫不相干，但为汉字的表音趋势所制约，其字彼此常常互相替代；后者不但音同或音近，而且彼此的意义密切相关，但新词的派生往往要与旧词分别清楚，其字则各不相同。记录同音词的是同音字，它们反映词与词之间声音的偶合，由于互相借用而共形，使彼此毫不相干的意义发生混淆。记录同根词的是同源字，它们虽在同一引申系统中，却往往由于分形而掩盖了彼此的联系。鉴于以上两种情形，在利用文字材料研究词义时，就需要把共形的同音词分离开来，拨开字形造成的迷雾，排除意义上的互相干扰；也需要把分形的同根词联系起来，寻求词义引申以至分化的线索。

下面分别举例说明之：

1. 破通假求其本字例

（1）《诗经·周南·汝坟（大堤）》："未见君子，惄如调饥。"惄，饥饿的意思。《毛传》："调，朝（早晨）也。"

（2）《诗经·豳风·七月》："七月食瓜，八月断壶。"《毛传》："壶，瓠也。"按：《说文·瓜部》："瓠，匏也。从瓜，夸声。"段玉裁注："《七月》传曰：'壶，瓠也。'此谓假借也。"

（3）《诗经·豳风·七月》："八月剥枣，十月获稻。"《毛传》："剥，击也。"按：《说文·刀部》："剥，裂也。从刀录，录亦声。"段玉裁注："《豳风》假'剥'为'攴'，'八月剥枣'《毛传》曰：'剥，击也。'"

（4）《庄子·逍遥游》："野马也，尘埃也，生物之以息相吹也。"

"野马"是什么？一般注本都取晋司马彪注："天地间气，如野马之驰。"这是望文生义的典型例子。其实"野马"的"马"字，就是《楚辞·九叹·惜贤》里"愈氛雾其如塺"的"塺"字。王逸注："塺，尘也。"古音"马""塺"声韵皆同，可以用"马"字代替"塺"字。"野马"即"野塺"，与"尘埃"是同义词，复用是为了渲染那种尘土飞扬的情景。

（5）《荀子·劝学》："强自取柱，柔自取束。"

唐杨倞注："凡物强则以为柱而任劳，柔自见束而约急，皆其自取也。"这也是望文生义的一个例子。王念孙《读书杂志》八"强自取柱"条说："引之曰：杨说'强自取柱'之义甚迂，'柱'与'束'相对为文，则'柱'非谓屋柱之'柱'也。'柱'当读为'祝'，哀十四年《公羊传》'天祝予'，十三年《谷梁传》'祝发文身'，何、范注并曰：'祝，断也。'此言物强则自取断折，所谓太刚则折也。《大戴记》作'强自取折'，是其明证矣。《南山经》：'招摇之山有草焉，其名曰祝余。''祝余'或作'柱荼'，是'祝'与'柱'通也。（'祝'之通作'柱'，犹'注'之通作'祝'。《周官·疡医》'祝药'郑注曰：'祝当为注，声之误也。'）"

从以上举例可知，破通假的要领有三：一要弃其字形，二要知其古音，三要有足够的证据。

2. 推语源求其语根例

（1）《释名》："戴，载也，载之于头也。"

（2）《诗经·召南·行露》："谁谓女无家，何以速我狱？虽速我狱，室家不足。"

孔颖达《正义》："狱者，核实道理之名。……此章言'狱'，下章言'讼'，《司寇职》云：'两造禁民讼，两剂禁民狱。'对文则'狱''讼'异也，故彼注云：'讼，谓以财货相告者；狱，谓相告以罪名。'是其对例也。散则通也。此诗亦无财罪之异，重章变其文耳。"这就是说，"狱"就是诉讼，打官司。然而《毛传》云："狱，确也。"这是以同音字推索语源，指出"狱"是以确定是非曲直而得名的。

（3）《诗经·小雅·巧言》："君子信盗，乱是用暴。"《毛传》："盗，逃也。"《郑笺》："盗谓小人也。"

二者对"盗"字的解释是否不一样？其实是一样的，所不同的只是训诂方法：郑用义界标识所指，毛以语源推索命名之由。《左传·昭公七年》："周文王之法曰：'有亡，荒阅。'所以得天下也。吾先君文王作仆区之法曰：'盗所隐器，与盗同罪。'所以封汝也。"又说："昔武王数纣之罪以告诸侯，曰：'纣为天下逋逃主，萃渊薮，故夫致死焉。'王始求诸侯而则纣，无乃不可乎？若以二文之法取之，盗有所在矣。"这段话叙述奴隶的逃亡和搜捕的刑法。周文王之法称奴隶之逃亡者曰"亡"，楚文王之法称奴隶之逃亡者曰"盗"。当时奴隶逃亡之后，必投靠别的大奴隶主为奴，所以殷纣有"逋逃主"之称。这一切说明，在奴隶制时代所谓"盗"，就是逃亡的奴隶。因此《毛传》说："盗，逃也。"

（4）《楚辞·招魂》："魂兮归来，西方之害，流沙千里些。旋入雷渊，靡散而不可止些。"

其中"雷渊"一词，王逸注为"雷公之室"，洪兴祖引《山海经》谓："雷泽中有雷神，龙身而人头。"为什么会"旋入"雷公或雷神的所在，便"靡散而不可止些"？实在令人不得其解。今从语源上考察，"雷渊"即"回渊"，其证如下：

① 古"雷""回"通用。如《楚公逆镈铭》之"吴雷"，《史记·楚世家》作"吴回"。段玉裁云："凡古器多以'回'为'雷'。"

②《说文·雨部》："靁，阴阳薄动雷雨生物者也。从雨，畾象回转形。"章炳麟《文始》："畾声之字，音义皆取诸回。"

③"回""渊"义相比类。《说文·水部》："渊，回水也。从水，象形，左右岸也，中象水貌。"段玉裁注："颜回字子渊。"又《囗部》："回，转也。从囗，中象回转形。"正因为"雷渊"即"回渊"，即一潭旋转的水，一旦卷进去，就会粉身碎骨不复得救——"靡散而不可止些"。

第三节　直陈词义法

一、定义

直陈词义法即所谓义训，就是不借助字形和字音而用一个词或一组词来直接说明词义。换句话说,形训、音训以外的训释词义的方法都属于义训。朱宗莱《文字学形义篇》说:"义训者,训诂之常法,通异言,辨名物,前人所以诏后,后人所以识古,胥赖乎此。"如:《说文》:"元,始也。"《广雅·释言》:"贱,卑也。"《尔雅·释亲》:"男子先生为兄,后生为弟。"

二、义训的条例

义训的条例很多,分门别类简述于下:

其一,异言相代,简称"代语",用以解释的词和被解释的词必须是同义词或近义词,否则是不能相代的。可分为以下几小类:

1. 直训,即用一个词解释另一个词

(1)《诗经·秦风·蒹葭》:"白露未晞。"《毛传》:"晞,干也。"

(2)《诗经·陈风·墓门》:"斧以斯之。"《毛传》:"斯,析也。"

进一步分析,其中有三种情况:

① 一种是以今语释古语,如《说文·尗部》:"尗,豆也。"段玉裁注:"尗豆古今语,……此以汉时语释古语也。"

② 另一种是以通语释方言,如《方言》卷二:"釥、嫽,好也。青徐海岱之间曰釥,或谓嫽;好,凡通语也。"

③ 还有一种是以俗语释文言,如《尔雅·释草》:"葝,鼠尾。"又:"蘴,牛舌。"

2. 互训,即用这个词和那个词互相训释

(1)《尔雅·释诂》:"遐,远也。"又:"远,遐也。"

(2)《尔雅·释宫》:"宫谓之室,室谓之宫。"

(3)《说文·艸部》:"茅,菅也。"又:"菅,茅也。"

3. 递训,即以乙训甲,又以丙训乙,层递而下

(1)《尔雅·释言》:"速,征也;征,召也。"

(2)《诗经·周南·芣苢》:"采采芣苢。"《毛传》:"芣苢,马舄;马舄,车前也。"

(3)《庄子·齐物论》:"庸也者,用也;用也者,通也;通也者,得也。"

这种用"用"解释"庸",用"通"解释"用",用"得"解释"通",几个词递相训释,称为递训。

4. 同训,即用一个词解释若干个词

(1)《尔雅·释诂》:"赍、贡、锡、畀、予、贶,赐也。"

(2)《说文·木部》:"杏,果也。""柰,果也。""李,果也。""桃,果也。"这等于说:"杏、柰、李、桃,果也。"

（3）《尸子·广泽篇》："天、帝、皇、后、辟、公、弘、廓、宏、博、介、纯、夏、怃、冢、旺、昄，皆大也。十有余名而实一也。"

《尸子》把这十几个有"大"的意义的词列在一起，而用"大"去解释它，这就是训诂学上所说的同训。

5. 歧训，即为避免训释产生歧义而再加一个训释，使词义更加明确

（1）《尔雅·释言》："祺，祥也；祺，吉也。"

因为用以解释的词"祥"兼有吉、凶二义，所以又用"吉"字作释。

（2）《荀子·性恶》："人之性恶，其善者伪也。"唐杨倞注："伪，为也，矫也。"

"为"是个多义词，为了明确这里是取其"人为，造作"一义，故又用"矫"字作释。

6. 反训

一般认为反训是以反义词来解释词义，这是不对的，事实上反训也是以同义词来解释词义。例如"乱"字，在《韩非子·难势》"抱法初势则治，背法去势则乱"中是"混乱"义，在《尚书·泰誓》"予有乱臣十人"中是"治理"义，一身兼有正反两方面的意义，有人称之为"美恶同辞"。既然如此，无论释以美辞还是恶辞，都是同义词相训。由于它的意义后来偏向一面，如"乱"通常为"混乱"义，若以"治理"义释之，如《尔雅·释诂》"乱，治也"，前人便称之反训。齐佩瑢《训诂学概论》指出："反训只是语义的变迁现象而非训诂之法则，'反训'这个名词根本就不能成立。"

"坐"表示原因，在长时期内存在，直到唐朝还可以发现它的用例。如：

（1）古乐府《陌上桑》："来归相怨怒，但坐观罗敷。"

（2）《后汉书·光武帝纪》："邑曰：'吾昔以虎牙将军围翟义，坐不生得，以见责让。'"

（3）王维《桃源行》："坐看红树不知远，行尽青溪忽值人。"

这些"坐"都表示有原因、因为。但是在魏晋南北朝时期"坐"还有没有原因、无缘无故的意思，它和因为的意思正相反。但是它们却同时存在于这个特定的历史时期，试看《文选》李善注的几个例子：

（4）鲍照《芜城赋》："孤蓬自振，惊沙坐飞。"李善注："无故而飞曰坐飞。"

（5）陆机《长歌行》："容华夙夜零，体泽坐自捐。"李善注："无故自捐曰坐也。"

（6）张华《杂诗》："朱火青无光，兰膏坐自凝。"李善注："《楚辞》曰：'兰膏明烛华容备。'王逸注曰：'以兰香炼膏也。'无故自凝曰坐。"

（7）张协《杂诗》："凄风为我啸，百籁坐自吟。"李善注："无故自吟曰坐也。"

李善不止一次地解释这个"坐"字，很具有启发性，它说明"坐"有无缘无故的意思，这在当时可能已经没有多少人知道了。从这里可以认为"坐"这个字在魏晋南北朝时

期具有一对正相反的意义。

其二，标明义界，简称"义界"，就是用若干个词语来表述一个词的意蕴。有下面几种标明义界的方法：

1. 定义，这是标明义界的基本方法

（1）《诗经·邶风·柏舟》："我心匪鉴。"《毛传》："鉴，所以察形也。"

（2）《尔雅·释训》："善父母为孝，善兄弟为友。"

（3）《尔雅·释亲》："妻之父为外舅，妻之母为外姑。"

（4）《墨子·经说》："生，形与知处也。"

2. 类别，即指明类属或属中求别

前者如：

（1）《尔雅·释鸟》："鸢，乌丑。""鹰，隼丑。"

后者如：

（2）《诗经·豳风·七月》："言私其豵，献豣于公"，毛传："豕一岁曰豵，三岁曰豣。"

（3）《尔雅·释器》："木豆谓之豆，竹豆谓之笾，瓦豆谓之登。"

3. 比较，即通过对比来解释意义相近或相关的词

（1）《诗经·小雅·无羊》："何蓑何笠。"《毛传》："蓑，所以备雨；笠，所以御暑。"

（2）《尔雅·释器》："金谓之镂，木谓之刻，骨谓之切，象谓之磋，玉谓之琢，石谓之磨。"

（3）《汉书·韩信传》："樵苏后爨。"颜师古注："樵，取薪也；苏，取草也。"

4. 反正，即由反知正，用否定语做解释

（1）《说文·日部》："旱，不雨也。"

（2）《说文·手部》："拙，不巧也。"

其三，说明描写：

1. 描述，用语句对事物的性状加以描写叙述

（1）《说文·牛部》："犀，南徼外牛，一角在鼻，一角在顶，似豕。"

（2）《论语·卫灵公篇》："子夏问曰：'有一言而可以终身行之者乎？'子曰：'其恕乎！己所不欲，勿施于人'。"

用"己所不欲，勿施于人"来解释"恕"字，自然比用单词做解释详尽明确。

（3）至于孟子对"鳏""寡""孤""独"四个词的解释，概括得相当准确。他说："老而无妻曰鳏，老而无夫曰寡，老而无子曰独，幼而无父曰孤。"（《孟子·梁惠王下》）正如王力先生在《理想的字典》一文中所评价的那样："咱们现在解释这四个字，也不能比孟

子说得更明白。"

2. 譬况，借助于打比方把不易解释的词义说清楚

（1）《说文·黑部》："黑，火所熏之色也。"

（2）《尔雅·释兽》："羆，如熊，黄白文。"

（3）《释名·释形体》："肢（《说文》重文作"肢"），枝也，似木之枝格也。"

（4）《释天》："日月亏曰食，稍稍侵蚀，如虫食草木叶也。"

第四节　据文定义法

一、定义

据文定义法，可以简称为"文训"，这是一种利用语言环境进行训诂的方法。判定多义词的具体意义，从音同音近的角度来解决通假问题和推求词义来源，都是要依据上下文的。具体地说，就是究其义理，析其语法，审其文例。

二、文训的条例

（一）关于究其义理

义理是判定训诂安与未安的重要根据，达不到与义理统一的训诂是不能成立的。例如：

（1）《左传·隐公元年》："庄公寤生，惊姜氏，故名曰寤生，遂恶之。"杜预注："寐寤而庄公已生，故惊而恶之。"孔颖达疏："谓武姜寐时生庄公，至寤始觉其生。"按《说文·宀部》："寐觉而有言曰寤。"《诗经·周南·关雎》："寤寐求之。"毛传："寤，觉。"

可见杜预这是以"寤"的本义解释"寤生"，如果不探究义理，似无问题。清沈钦韩置疑说："如杜解，则寐寤中便已生子，较后稷之'先生如达'殆又易之，姜氏当钟爱，何为恶之乎？"于是他指出："寤，与'牾'同。《说文》：'牾，逆也。'今生子有足先出者，难产谓之逆生。"这样以"牾"破"寤"，"庄公寤生"才与下文"惊姜氏""遂恶之"相为因果，合乎情理。

（2）《孟子·梁惠王下》："曰：'不为者与不能者之形，何以异？'曰：'挟太山以超北海，语人曰"我不能"，是诚不能者也。为长者折枝，语人曰"我不能"，是不为也，非不能也。'"

这段文字明白浅显，似无问题，但"折枝"二字究竟怎么讲，则是千古未决的疑案。

杨伯峻《孟子译注》说："古来有三种解释：甲、折取树枝，乙、弯腰行礼，丙、按摩搔痒。"三说之中，丙说最古，见于东汉赵岐《孟子章句》："折枝，案摩，折手节解罢枝也。"甲说见于北宋孙奭《孟子音义》引唐陆善经云："折枝，折草树枝。"乙说见与元马端临《文献通考·经籍考》，谓南宋陆筠《翼孟音解》："以'折枝'为磬折腰肢。"那么哪种说法与上下文吻合呢？

有人说"皆以喻轻而易举"，似乎都讲得通。从道理上讲，可能三说都不对，只可能一说对，不可能都对或两说对。因此这一疑案是非解决不可的。就字面而论，甲说以本义释"折""枝"二字，乙说以引申义释"折"字，以假借义释"枝"字，似乎在训诂上都已落实。然而训诂必须合乎义理，二说在义理上则不能成立。持二说者皆以其说与挟山超海可以构成极易极难的鲜明对比，无懈可击，其实他们并未通达孟子之意。孟子以"为长者折枝"与"挟太山以超北海"为喻，意在划清"不为"与"不能"的界限，为梁惠王作实行王道政治的可行性论证。孟子并不是说实行王道政治轻而易举，而是说只要肯于努力——推恩及民，发政施仁，王道政治是可以顺利实现的。正因为如此，"折枝"既不可释作"与'为长者'意殊不属"（清程大昌《四书逸笺》语）的"折取树枝"，也不可释作无须付出辛劳的"弯腰行礼"，唯有释作尚须努力的"按摩搔痒"才是恰切的。那么，唐宋学者为什么把"折枝"讲错了呢？关键在于"折"字在汉代以后失去了"按摩"义。

（二）关于析其语法

语义和语法是密切相关的，因此训诂离不开语法学的帮助。清俞樾《古书疑义举例序》说："夫周秦两汉至于今远矣，执今人寻行数墨之文法，而以读周秦两汉之书，譬犹山野之夫，而与言甘泉、建章之巨丽也。"近人杨树达《尚书正读序》说："余生平持论，谓读古书当通训诂，审词气，二气者，今人所谓文法之学也。"如：

《论语·卫灵公》："子曰：'由知德者鲜矣。'"何晏《集解》引王肃曰："君子固穷，而子路愠见，故谓之少于知德。"按照王肃的说法，"由"是主语，"鲜"是谓语，"知德"前加"于"字充当"鲜"的补语，从而把全句讲作"由鲜于知德矣。"皇侃《论语义疏》则解释说："[孔子]呼子路语之云：夫知德之人难得，故为少也。"陈澧《东塾读书记》指出："皇疏最精确"，"王肃说非是"，"皇疏解'知德者'为'知德之人'文义最明。若如王肃说，则'者'何所指乎？"皇侃是说"由知德者鲜矣"当作两句读，"由"是呼语，下句"知德者"是主语，"鲜"是谓语。

（三）关于审其文例

所谓文例是指古人习用的表达方式。例如：

（1）《论语·公冶长》："愿无伐善，无施劳。"孔安国注："不自称己之善，不以劳事置施于人。"朱熹《集注》："伐，夸也。善，谓有能。施，亦张大之意。劳，谓有功。《易》

曰'劳而不伐'是也。或曰：劳，劳事也。劳事非己所欲，故亦不欲施之于人，亦通。"刘宝楠《正义》："'施劳'者，朱子《集注》云：'施者，张大之意。'案：'施劳'与'伐善'对文。《礼记·祭统》注：'施，犹著也。'《淮南子·诠言训》：'功盖天下，不施其美。'谓不夸其美也。善言德，劳言功。"三家之说当以刘说为是，他看出了这两句话采用的是"对文"的表达方式，在相同结构中相应位置上的两个词应该具有相同或相近意义。这就否定了孔安国的旧说，肯定了朱熹的新说，澄清了朱熹游移不定、模棱两可的解释。由此可见，审察文例对于推求词义的重要性。

（2）《史记·屈原列传》："人穷则反本，故劳苦倦极，未尝不呼天也；疾痛惨怛，未尝不呼父母也。"其中的"极"似不成问题，有人把"故劳苦倦极，未尝不呼天也"译作"所以到了极其劳苦疲倦的时候，没有不喊天的"，虽然不违文意，但把"极"字视为程度副词则是错误的。因为这里"劳苦倦极"与"疾痛惨怛"相对为文，形成俪偶，而且其中"劳苦""疾痛""惨怛"又都是同义复词，那么"倦极"也不当例外。查《广雅·释诂》得知："疲、惫，极也。"果然"倦极"也是同义复词。

延伸阅读

一、《诗经注疏》 汉·毛亨传 汉·郑玄笺 唐·孔颖达正义

1.《诗经·周颂·清庙》

於穆清庙，肃雍显相。於，叹辞也。穆，美。肃，敬。雍，和。相，助也。笺云：显，光也。见也。於乎美哉，周公之祭清庙也。其礼仪敬且和，又诸侯有光明著见之德者来助祭。○於音乌，注同，后发句皆放此，以意求之。相，息亮反，注同。见，贤遍反，下"著见"同。[疏]"於穆清庙"。○毛以为，於乎美哉，周公之祭清庙也。其祭之礼仪，既内敬于心，且外和于色。又诸侯有明著之德来助祭也。其祭之时，又有济济然美容仪之众士亦来助祭。于此众士等，皆能执持文王之德，无所失坠。文王精神已在于天，此众士之行，皆能配于在天。言其行同文王，与之相合也。此明著诸侯与威仪众士长奔走而来，在文王之庙，后世常然，供承不绝，则文王之德，岂不显于天，岂不承于人？所以得然者，以文王之德，为人所乐，无见厌倦于人。济济多士，秉文之德，对越在天。执文德之人。笺云：对，配。越，于也。济济斯由人乐之不厌，故皆奔走承之。[疏]传"执文德之人"。○正义曰：经云"秉文之德"，谓多士执文之众士，皆执行文王之德。文王精神已在天矣，犹配顺其素如生存。王之德，故笺申其意，言此多士皆是执文之人也。亦与郑同。骏奔走在庙，不显不承，无射于人斯。骏，长也。显于天矣，见承于人矣，不见厌于人矣。笺云：骏，大也。诸侯与众士，于周公祭文王，俱奔走而来，在庙中助祭。是不光明文王之德与？言其光明之也。是不承顺文王志意与？言其承顺之也。此文王之德，人无厌之。○骏音峻。下篇同。射亦亦，厌也。见厌，于艳反。下同。与音余。下同。[疏]传"骏长"至"于人矣"。○正义曰："骏，长"，《释诂》文。言长者，此奔走在庙，非唯一时之事，乃百世长然，故言长也。以文王精神已在于天，光显文王，是显于天也。此奔走助祭，是承奉文王，见承于人也。不见厌于人者，由文王德美，不为人厌，所以诸侯、多士奔走助之，结上助祭之意也。"见承于人"上，或有"不"字，衍字，与"不见厌"相涉为误。定本、《集注》并无"不"字。

2.《诗经·周颂·昊天有成命》

昊天有成命，二后受之。成王不敢康，夙夜基命宥密。二后，文、武也。基，始。命，信。宥，宽。密，宁也。笺云：昊天，天大号也。有成命者，言周自后稷之生而已有王命也。文王、武王受其业，施行道德，成此王功，不敢自安逸，早夜始信顺天命，不敢懈倦，行宽仁安静之政以定天下。宽仁所以出苛刻也，安静所以息暴乱也。○成王，王如字，徐于况反。其音基，本亦作"基"。宥音又。王功，于况反。解音懈，下同。[疏]"昊天有成命"。○正义曰：此篇毛传皆依《国语》，唯广、固二字，郑不为别训而破以同已，则是不异于苛音河。刻音克。毛，但意不必有感生之帝，与郑小异。今既无迹可据，皆同之郑焉。言昊天苍帝，有此成就之命，谓降生后稷，为将王之兆。而经历多世，至于文、武二君，乃应而受之。二君既受此业，施行道德，以成此王功，而不敢暂自安逸，常早起夜卧，始于信顺天命，不敢懈倦，行其宽仁安静之政，以定天下。二君既如此，于乎可叹美也。此二君成王之德既光明矣，又能笃

厚其心，而为之不倦，故于其功业终能和而安之。**於缉熙，单厥心，肆其靖之。** 缉，明。熙，广。单，厚。肆，固。靖，和也。笺云：广当为光，固当为故，字之误也。于美矣，此成王之德也，既光明矣，又能厚其心矣，为之不解倦，故于其功终能和安之。谓夙夜自勤，至于天下太平。○单，都但反。注同。 [疏] 笺"广当"至"之误也"。○正义曰：笺以《外传》之训与《尔雅》皆同，而《释诂》云："熙，光也。肆，故也。"则是声相涉而字因误，故破之。

3.《诗经·周颂·丰年》

丰年多黍多稌。亦有高廪，万亿及秭。 丰，大。稌，稻也。廪，所以藏齌盛之穗也。数万至万曰亿，数亿至亿曰秭。笺云：丰年，大有年也。亦，大也。万亿及秭，以言谷数多。○稌音杜，徐敕古反。廪，徐力锦反，又力荏反，仓也。秭，咨履反，一本作"数"。《韩诗》曰"陈谷曰秭"也。齌盛，上音资，下音成。穗音遂。数万，邑主反。下"数亿"同。**为酒为醴，烝畀祖妣，以洽百礼，降福孔皆。** 皆，遍也。笺云：烝，进。畀，予也。○醴音礼。畀，必寐反，予也。注同。妣，必履反。洽，胡甲反，本或作"冾"。予音与。 [疏] "丰年多黍"至"孔皆"。○正义曰：言今为鬼神祐助，而得大有之丰年，多有黍矣，多有稻矣。既黍稻之多，复有高大之廪，于中盛五谷矣。其廪积之数，有万与亿及秭也。为神所祐，致丰积如此，故以之为酒，以之为醴，而进与先祖先妣，以会其百众之礼，谓牲玉币帛之属，合用以祭，故神又下之福，甚周遍矣。

二、《左传注疏》 晋·杜预注 唐·孔颖达正义

（1）**楚蔿掩为司马，** 蔿子冯子木使蔿掩 **子木使蔿赋。** 庀，治。○庀，匹婢反。 [疏] 注"庀，治"。○正义曰：庀训为具，而言治者，以下说治赋之事，治之使具，故以庀为治也。**数甲兵，** 阅数之。**甲午，蔿掩书土田，** 书土地之所宜 **度山林，** 度量山林之材，以共国用。○度，待洛反，注及下注同。共音恭。**鸠薮泽，** 鸠，聚也。聚成薮泽。 [疏] 注"鸠聚"至"之处"。○正义曰："鸠，聚"，《释诂》文也。《释地》有"十薮"，李巡云："薮，泽之别名也。"《周礼》泽虞有大薮，小泽小薮，郑玄云："泽，水所钟也。水希曰薮。"其职云："若大田猎，则莱泽野。"是薮为田猎之处，或焚其草，则散失泽薮之用，故聚成，使不得焚燎之地。**辨京陵，** 辨，别也。绝高曰京。大阜曰陵。别 以为冢墓之地。○别，彼列反，下同。 [疏] 注"辨"别"至"之地"。○正义曰：《释丘》云："绝高为京，非人为之丘。"李巡云："丘高大者为京也。"孙炎曰："为之人所作也。"则京为丘类，人力所作也。《释地》云："大陆曰阜，大阜曰陵。"李巡云："大陆，谓之土地高大，名曰阜，阜最大为陵也。"《檀弓》称"赵文子与叔誉观于九原。观晋诸大夫之墓也。僖三十二年传云："殽有二陵焉，其南陵，夏后皋之墓也"。故知别丘陵以为葬墓之地。**表淳卤，** 淳卤，埆薄之地。表异，轻其赋税。○淳音纯，卤音鲁。《说文》云："卤，西方咸也。"埆音学。 [疏] 注"淳卤"至"赋税"。○正义曰：贾逵云："淳，咸也。"《说文》云："卤，西方咸地也。从西省，象盐形，安定有卤县，东方谓之斥，西方谓之卤。"《吕氏春秋》称"魏文侯时，史起为邺令，引漳水以灌田。民歌之曰：'决漳水以灌邺旁，终古斥卤生稻粱。'"是咸薄之地名为斥卤。《禹贡》云"海滨广斥"。**数疆潦，** 疆界有流潦者，计数减其租人。○疆，居良反，注同。潦音老。 [疏] 注"疆界"至"租入"。○正义曰：贾逵以疆为疆埸，境埒之地。郑玄以为疆界内有水潦者。案《周礼·草人》："凡粪种，疆檃用贲。"郑玄云："彊檃，彊坚者。"则疆地犹堪种植，非水潦之类，故从郑氏之说，数其疆界有水潦者，计数减其租税。孙毓读为疆潦，注云："砂砾之田也。"**规偃猪，** 偃猪，下湿之地。规度其受水多少。○偃，于建反，又一音如字。猪，陟鱼反。《尚书传》云："停水曰猪。" [疏] 注"偃猪"至"多少"。○正义曰：《禹贡》："徐州，大野既猪。"孔安国云："水所停曰猪。"《檀弓》云："有献其父之，洿其宫而猪焉。"是猪者，停水之名。偃猪，谓偃水为猪，故为下湿之地。规度其地受水多少，得使田中之水注入之坎。**町原防，** 广平曰原。防，隄也。隄防间地，不得方正如井田，别为小顷町。**町**，徒顶反。隄，丁乙反。顷，苦颖反。 [疏] 注"广平"至"顷町"。○正义曰："广平曰原"，《释地》文。李巡云："谓土地宽博而平正名曰原。"《释丘》云："坟，大防。"孙炎曰："谓隄也。"隄防之间，或有平地，不得平正以为井田，取其可耕之处，别为小顷町耳。《说文》云："町，田践处曰町。"史游《急就篇》云："顷町界亩。"是町亦顷类，故连言之也。谓平为原者，《尔雅》之文，其实此原谓隄防之间也。刘炫云："广平曰原，土地宽平，当与隰相配，非是不得为原也。"《释地》云："下湿曰隰。"又云："陆阜陵阿之下 '可食者曰原'。"孙炎「可食，谓有井田已。"陆阿，山田可种谷 **牧隰皋，** 隰皋，水岸下湿，为刍牧之地。○牧，州牧之牧。 [疏] 注"隰皋"至"之地"。○正义曰：《释地》云："下湿曰隰。"李巡云："下湿之坎。"是皋为水岸也。下湿水岸不任耕作，故使牧牛马于中，以为刍牧之地。**井衍沃，** 衍沃，平美之地。则如《周礼》制以为井田。六尺为步，步百为亩，亩百为夫，九夫为井。○衍，以善反。贾云，下平曰衍，有流曰沃。 [疏] 注"衍沃"至"为井"。○正义曰：《周礼·大司徒》："以土会之法，辨五地之物生。四曰坟衍，五曰原隰。"衍地高于原。传称"郇瑕氏之地，沃饶"。《鲁语》云："沃土之民，逸。"则衍沃俱是平美之地，衍是高平而美者，沃是下平而美者，二者并是良田。故以《周礼》之法制之，以为井田。贾逵云："下平曰衍，有溉曰沃。"**量入修赋，** 量九土之所入，而治理其赋税。○量音良，又音亮，注同。 [疏] "量入修赋"。○正义曰：量其九土所宜，观其收入多少，乃准其所入，修其赋税。其九土之内，偃猪、疆潦、无物可入，而言九土之入者，总言之。案《司马法》之文也。**赋车籍马，** 籍，疏其毛色岁齿，以备军用。 [疏] 注"赋车籍马，俱是税也。正义曰：税民之财，使备车马，因 **赋车兵、** 车兵，甲士。**徒卒、** 步卒。○卒，子忽反。 [疏] "赋车兵徒卒"。○正义曰：车兵者，甲士。徒卒者，步卒也。知非兵器者，上云"数甲兵"，下云"甲楯之车马之异，故别为其文， **甲楯之数，** 使器杖有常数。○楯，食准反，又音尹。杜，直亮反。**既成，以授子木，礼也。** 得治国之礼。传言楚之所以兴。（襄公二十五年）

（2）夏四月，郑伯如晋，公孙段相，甚敬而卑，礼无违者。晋侯嘉焉，授之以策， 策，赐命之

书。○相，息亮反。策，初革反。曰："子丰有劳于晋国，余闻而弗忘。赐女州田，以胙乃旧勋。"伯石再拜稽首，受策以出。君子曰："礼，其人之急也乎！伯石之汏也。一为礼于晋，犹荷其禄，况以礼终始乎？《诗》曰：'人而无礼，胡不遄死？'其是之谓乎！"（昭公三年）

子丰，段之父。[疏] "子丰"至"晋国"。○正义曰：服虔云："郑僖公之为大子，子丰与之俱适晋。"计从大子一朝于晋，不足以为劳也，或当别有功劳，事无所见，故杜不解之。

州县，今属河内郡。○女音汝。

汏，骄也。○昨，十路反。汏音泰。

三、《公羊传注疏》 汉·何休注 唐·徐彦疏

三年，春，齐国夏、卫石曼姑帅师围戚。齐国夏曷为与卫石曼姑帅师围戚？据晋赵鞅以地正国，加叛文。今此无加文，故问之。[疏] "齐国"至"围戚"。○解云：《公羊》之义，辄已出奔，曼姑禀谁之命而得围戚者，下传云"曼姑受命于灵公而立辄"，蒯聩夺辄，是以《春秋》与得围之矣。伯讨也。方伯所当讨，故使国夏首兵。此其为伯讨奈何？曼姑受命乎灵公而立辄。灵公者，蒯聩之父。以曼姑之义，为固可以距之也。曼姑无恶文者，起曼姑得拒之。曼姑距也，距之者，上为灵公命，下为辄故，义不以子诛父，故但得拒之而已。传所以曼姑解伯讨者，推曼姑距之，则国夏得讨之明矣。不言围卫者，顺上文辟围曼。○上为，于伪反，下"为辄""为卫""不为"同。[疏] 注"曼姑距也"。○解云：注言臣也者，欲道曼姑者，乃是灵公之臣也，受命于灵公，当立辄，宁得违之乎？故得拒蒯聩矣。似彼僖十年传云"君尝讯臣矣，臣对曰使死者反生，生者不愧乎其言，则可谓信矣"，彼注云"上问下曰讯"。言臣者，明君臣相与言，不可负是。○注"不言"至"围辄"。○解云：蒯聩去年入卫，今而围者，止应围卫，而言围戚者，顺上经文。且辄上出奔不见于经，若言围卫则恐去年蒯聩入于戚，今年围卫者是围辄矣，故言围戚以辟之。灵公逐蒯聩在定十四年，立辄盖在上二年将薨之时也。辄者曷为者也？蒯聩之子也。然则曷为不立蒯聩而立辄？据《春秋》有父死子继。蒯聩为无道，行不中道。○中，丁仲反。灵公逐蒯聩而立辄。然则辄之义可以立乎？辄之义不可以拒父，故但问可立与不。曰："可。"其可奈何？不以父命辞王父命。不以蒯聩命辞灵公命。以王父命辞父命，辞不从。犹是父之行乎子也。是灵公命行乎蒯聩，重本尊统之义。[疏]注"是灵"至"之义"。○解云：即庄元年注云"念母则忘父，背本之道也，故绝文姜不为不孝，拒蒯聩不为不顺，胁灵社不为不敬，盖重本统，使尊行于里，上行于下"是也。不以家事辞王事，以父见废故，辞让不立，是家私事。以王事辞家事，听灵公命立者，是上之行乎下也。是王事公法也。是王法行于诸侯，虽得正，非义之高者也，故"冉有曰：'夫子为卫君乎？'子贡曰：'诺吾将问之。'人曰：'伯夷、叔齐何人也？'曰：'古之贤人也。'曰：'怨乎？'求仁而何怨？'出曰：'夫子不为也。'"书者，著伯讨。[疏] 注"是王法行于诸侯，虽得正，非义之高者也"。○解云：正以上传云"不以父命辞父命，以王父命辞父命，是父之命行乎子也"，彼注云"是灵公命行乎蒯聩，重本尊统之义"；传又云"不以家事辞王事，以王事辞家事，是上之行乎下也"，故知宜是王法行于诸侯矣，唯受灵公之命而拒蒯聩，而引王法行于诸侯者，正以灵公于蒯聩，若似天子于诸侯，故取以况之。（哀公三年）

四、《谷梁传注疏》 晋·范宁注 唐·杨士勋疏

九月，辛丑，用郊。夏之始，可以承春。以秋之末承春之始，盖不可矣。郊，春事也。僖三十一年"夏，四月，四卜郊，不从"，传曰："四月，不时。"今言可者，方明秋末之不可，故以是为犹可也。九月用郊，用者，不宜用也。宫室不设，不可以祭；衣服不修，不可以祭；车马器械不备，不可以祭；有司一人不备其职，不可以祭。祭者，荐其时也，荐其敬也，荐其美也，非享味也。[疏] "宫室"至"味也"。○释曰：论用郊而陈宫室者，礼有五经，莫重于祭。祭之盛者，莫大于郊。传意欲见严父然后至其天，家国备然后享，故具说宫室、祭服、车马、官司之等，明神非徒享味而已，何得九月始用郊乎？徐邈云："宫室谓郊之齐宫，衣服、车马亦谓郊之所用，言一事阙，则不可祭。"何得九月用郊，理不通也。晋侯使荀罃来乞师。将伐郑。○荀罃，乌耕反。[疏] "晋侯"至"乞师"。○释曰：范别例云："乞师例有三。"三者不释，从例可知也。乞例有六，乞师五，乞盟一，并之为六。乞师五者，公子遂、晋郤锜、栾黡、荀罃、士鲂是也。乞盟一者，郑伯是也。（成公十七年）

五、《论语注疏》 魏·何晏集解 宋·邢昺疏

（1）舜有臣五人而天下治，孔曰："禹、稷、契、皋陶、伯益。"武王曰："予有乱臣十人。" 马曰："乱，治也。治官者十人谓周公旦、

召公奭、太公望、毕公、荣公、太颠、闳夭、散宜生、南宫适。其一人谓文母。孔子曰："才难，不其然乎？唐虞之际，于斯为盛。有妇人焉，九人而已。孔曰："唐者，尧号。虞者，舜号。际者，尧舜交会之间。斯，此也。言尧舜交会之间，比于周，周最盛，多贤才，然尚有一妇人，其余九人而已。大才难得，岂不然乎？"三分天下有其二，以服事殷。周之德，可谓至德也已矣。"包曰："殷纣淫乱，文王为西伯而有圣德，天下归周者三分有二，而犹以服事殷，故谓之至德。" [疏]"舜有"至"已矣"。○正义曰：此章论大才难得也。"舜有臣五人，而天下治"者，言帝舜时有大才之臣五人，而天下大治。五人者，禹也、稷也、契也、皋陶也、伯益也。"武王曰：'予有乱臣十人'"者，乱，治也。言周武王曰：我有治乱之臣十人者，谓周公旦也、召公奭也、太公望也、毕公也、荣公也、太颠也、闳夭也、散宜生也、南宫适也。其一人谓文母也。"孔子曰：'才难，不其然乎？唐虞之际，于斯为盛。有妇人焉，九人而已'"者，记者举及武王之时大才之人于上，遂载孔子之言于下。唐者尧号，虞者舜号，际者尧舜交会之间也，斯此也言尧舜交会之间，比于此周，周最为盛，多贤才也，然尚有一妇人，其余九人而已。大才难得，岂不然乎？（泰伯）

（2）颜渊喟然叹曰：喟叹声。"仰之弥高，钻之弥坚，言不可穷尽。瞻之在前，忽焉在后。言恍惚不可为形象。夫子循循然善诱人，循循，次序貌。诱，进也。夫子正以此道进劝人有所序。博我以文，约我以礼，欲罢不能，既竭吾才，如有所立卓尔，虽欲从之，末由也已。"孔曰："言夫子既以文章开博我，又以礼节节约我，使我欲罢而不能。已竭我才矣，其有所立知又卓然不可及。言己虽蒙夫子之善诱，犹不能及夫子之所立。" [疏]"颜渊"至"也已"。○正义曰：此章美夫子之道也。"颜渊喟然叹曰：仰之弥高，钻之弥坚，瞻之在前，忽焉在后"者，喟叹声也。弥，益也。颜渊喟然发叹言：夫子之道高坚不可穷尽，恍惚不可为形象，故仰而求之则益高，钻研求之则益坚，瞻之似若在前，忽然又复在后也。"夫子循循然善诱人"者，循循，次序貌。诱，进也。言夫子以此道教人循循然有次序，可谓善进劝人也。"博我以文，约我以礼，欲罢不能。既竭吾才，如有所立卓尔，虽欲从之，末由也已"者，末，无也。言夫子既开博我以文章，又节约我以礼节，使我欲罢止而不能，已竭尽我才矣。其夫子更有所创立，则又卓然绝异。己虽欲从之，无由得及。言己虽蒙夫子之善诱，犹不能及夫子之所立也。（子罕）

六、《孟子注疏》 东汉·赵岐注 宋·孙奭疏

孟子曰："尽其心者，知其性也。知其性，则知天矣。性有仁、义、礼、智之端，心以制之，惟心为正。人能尽其心，以思行善，则可谓知其性矣。知其性，则知天道之贵善者也。存其心，养其性，所以事天也。能存其心，养育其正性，可谓仁人。天道好生，仁人亦好生。天道无亲，惟仁是与。行与天合，故日所以事天也。殀寿不贰，修身以俟之，所以立命也。"贰，二也。仁人之行，一度而已。虽见前人或夭或寿，终无二心改易其道。夭若颜渊，寿若邵公，皆归之命。正其身，以待天命，此所以立命之本。 [疏]"孟子"至"命也"。○正义曰：此章指言尽心竭性，足以承天，夭寿祸福，秉心不违，立命之道，惟是为珍者也。"孟子：尽其心者"至"所以立命也"者，孟子言人能尽极其心以思之者，是能知其性也。知其性，则知天道矣。知存其心，养育其性，此所以能承事其天者也。以其天之赋性，而性者人所以得于天也，然而心者又生于性，性则湛然自得，而心者又得以主之也。盖仁、义、礼、智根于心，是性本固有而为天所赋也。尽恻隐、羞恶、恭敬、是非之心，则是知仁、义、礼、智之性。知吾性固有此者，则知天实赋之者。（尽心上）

七、《仪礼注疏》 汉·郑玄注 唐·贾公彦疏

记。冠义。[疏]"记。冠义。○释曰：凡言"记"者，皆是记经不备，兼记经外远古之言。郑注《燕礼》云："后世衰微，幽、厉尤甚，礼乐之书，稍稍废弃。"盖自尔之后有记乎？又案《丧服》记子夏为之作传，不应自造，还自解之。记当在子夏之前，孔子之时，未知定谁所录。云"冠义"者，记《士冠》中之义者，记时不同，故有二记。此则在子夏前。其《周礼·考工记》，六国时所录，故遭秦燔灭典籍，而《韦氏》《裘氏》阙，其记则在秦汉之际儒者加之，故《王制》有正听之棘木之下"，时所记，故其言亦殊也。异始冠，缁布之冠也。大古冠布，齐则缁之。其緌也，孔子曰："吾未之闻也，冠而敝之可也。"大古，唐、虞以上。緌，缨饰。未之闻，大古质，盖亦无饰。重古，始冠冠齐也。白布冠，今之丧冠是也。[疏]"始冠"至"可也"○注"大古"至"是也"○释曰：此经直言加缁布冠，不言有緌无緌，又不言加之后此缁布冠更著以不，故言不緌，不更著之事也。云"大古冠布"者，谓著白布冠也。云"齐则缁之"者，将祭而齐则为缁者，以鬼神尚幽暗也。云"其緌也，孔子曰：吾未之闻也"者，孔子时有緌者，故非时人緌之，诸侯则得緌，故《玉藻》云："缁布冠缋緌，诸侯之冠也。"郑云："尊者饰也。"元缺一字士冠不得緌也。云"冠而敝之可也"者，据士卜冠时用之，冠讫，则敝去之不复著也。适子冠于阼，以著代也。醮于客位，加有成也。醮，殷之礼，每加于阼阶，醮于客位，敬之，成其为人也。三加弥尊，谕其志也。弥犹益也。冠服后加益尊。谕其志者，欲其德之进也。[疏]"适子"至"成也"○注"醮夏"至"人也"○释曰：此记人说夏、殷冠而字之，敬其名也。名者，质，所受于父母，冠成人，益文，故敬之也。今法，可兼于周。以其阼及三加皆同，唯醮礼有异，故举以二见一也。冠而字之，敬其名也。[疏]"冠而"至"名也"。○注"名者"至"无之"。○释曰：案《内则》云，子生三月父名之，不言母。今云"受于父母"文无之，夫妇一体，受父即是受于母，故兼言也。云"冠成人，益文"者，对名是受于父母，为质，字者受于宾，为文。故君父之前称名，至于他人称字也。是敬定名也。委貌，周道也。章甫，殷道也。毋追，夏后氏之道也。委犹安也。言，所以安正容貌。章，明也。殷质，言以

表明丈夫也。甫，或为父，今文为斧。毋，发声也。追犹堆也。夏后氏质，以其形名之。三冠皆所服以行道也，其制之异同未之闻。［疏］"委貌"至"道也"。○释曰：记人历陈此三代冠者，上缁布冠起。诸云缺起，此侯已下，始加之冠，此委貌之等。

记人以经有缁布冠、皮弁、爵弁、玄冠，故还记缁布冠以下四种之冠，以解经之四者，此委貌即解经"易服，服玄冠"是也。○注"委貌"至"之闻"。○释曰：云"今文为斧"，义无取，故叠之不从也。云"毋，发声也"者，若上谓之发声，在下谓之助句，义无取，则是发声也。云"三冠皆所常服以行道"者，周弁，殷冔，夏收，非直含六冕，亦兼爵弁于其中。见士之三加之冠者爵弁者，故云弁，或者冠名也。云"弁名出于槃。槃释经三代皆言道，是诸侯朝服之冠，在朝以行道德者也。冔名出于幠。幠，覆也，言所以自覆饰也。收，言所以收敛发也。［疏］注"弁名"至"未闻"。○释曰：又历陈此三者，欲见三代加冠皆有弁。云"周弁"者，弁是古冠之大其制之异亦同。

槃，大也"者，无正文，郑以意解之。《论语》云"服周之冕"，以五色缯服有文饰，则知有德，故云"言所以自光大也"。云"冔名出于幠。幠，覆也，言所以自覆饰也。收，言所以收敛发也"者，皆以意解之。云"制之异亦未闻"者，案《汉礼器制度》弁冕、《周礼·弁师》相参**三王共皮弁素积。**质不变。［疏］注"质不变"。○释曰：此亦三代自天子下至士皆是再加，当在周弁三加之上，退之在下者，欲见此是三代之冠，百王同之，无别代之称也。故《郊特牲》云"三王共皮弁"，注云："所不易于先代。"故《孝经》亦云百王同之，不改易也。若将百王同之，言三王共者，损益之极，极于三王。又上三冠亦据三代，故云"三王其皮弁"。其实先代后代皆不易，是以郑云质不变也。**无大夫冠礼，而有其昏礼。古者五十而后爵，何大夫冠礼之有？**据时年未冠而命为大夫者。周之初礼，年末五十而有贤才者，试以大夫之事，犹服士服，行士礼。二十而冠，急成人也。五十乃爵，重官人也。大夫或时改取，有昏礼是也。［疏］"无大"至"之有"。○释曰：此经所陈，欲见无大夫冠礼之事。有大夫冠礼，经意非之。**公侯之有冠礼也，夏之末造也。**造，作也。自夏初以上，诸侯虽父死子继，年未满五十者亦服士服，行士礼，五十乃命也。至其衰末，上下相乱，篡杀所由生，故作公侯冠礼以正君臣也。《坊记》曰："君不与同姓同车，与异姓同车不同服，示民不嫌也。以此坊民，民犹得同姓以杀其君也。"

［疏］"公侯"至"造也"。○注"造作"至"君者"○释曰：记人言此者，欲见夏初已上，虽诸侯之贵，未有诸侯冠礼，犹依士礼，故记之于《士冠篇》末也。云"自夏初以上"者，以经云"公侯之有冠礼，夏之末造"，明夏初未有。言"以上"者，夏以前唐、虞之等，亦未有诸侯冠礼也。未满五十者亦服士服行士礼，五十乃命也者。既云服士服，行士礼，亦如上文五十而后爵，何公侯冠礼之有？以其与大夫同未五十服行士礼也。云"至其衰末，上下相乱"至"以正君臣也"者，解经夏之末造公侯冠礼也。引《坊记》者，欲见夏末以后制诸侯冠礼，以防诸侯相篡弑之事也。**天子之元子，犹士也，天下无生而贵者也。**元子，世子也。无生而贵，皆由下升。［疏］"天子"至"者也"。○注"元子"至"下升"。○释曰：此记者见天子元子冠时，亦依士冠礼，故于此兼记之也。天子之元子虽四加与十二而冠，其行事犹依士礼，故云"犹士"也。元子尚不得生而贵，则天下之人亦无生而贵者也。云"无生而贵，皆由下升"者，天子冠时行士礼，后继世为天子，是由下升。余天下之人，从微至著，皆由下升也。**继世以立诸侯，象贤也。**象，法也。为子孙能法先祖之贤，故使之继世也。［疏］○释曰：记此者欲见上言天子之元子冠行士礼，此诸侯之子冠亦行士礼，以其士之子恒为士，有继世之义。诸侯之子亦继世，象父祖之贤。虽继世象贤，亦无生而贵者，行士冠礼，故记之于此也。云"能法先祖之贤"者，凡诸侯出封，皆由有德。若《周礼·典命》云："三公八命，其卿六命，大夫四命。及其出封，皆加一等。"出为五等诸侯，即为始封之君，是其贤也。于后子孙继立者，皆不毁始祖之庙，是象先祖之贤也。**以官爵人，德之杀也。**杀犹衰也。德大者爵以大官，德小者爵以小官。［疏］"以官"至"杀也"。○注"杀犹"至"小官"。○释曰：记人记此者，欲见仕者从士至大夫而冠，无大夫冠礼者也。云"以官爵人"者，以，用也，谓用官爵命于人也。云"德之杀也"者，杀，衰也，以德大小为衰杀，故郑云"德大者爵以大官，德小者爵以小官"。官者，管领为名。爵者，位次高下之称也。**死而谥，今也。古者生无爵，死无谥。**今，谓周衰，记之时也。古，谓殷。殷士生不为爵，死不为谥。周制以士为则，士死犹不为谥耳，下大夫也。今记之时，士死则谥之，非止。谥之，由鲁庄公始也。［疏］"死而"至"无谥"。○注"今谓"至"始也"。○释曰：记人记此者，欲见以上所陈冠礼以士为本者，由无生而贵，皆从士贱者而升也。云"死而谥，今也"者，据士生时虽有爵，所不合有谥，若死而谥之，正谓今周衰之时也。云"古者生无爵，死无谥"者，古谓殷以前，夏之时，士生无爵，死无谥，是士贱。今士皆不合有谥也。郑知"今谓周衰，记之时也"者，以记者自云今也，明还据记之时，案《礼运》云："孔子曰：我观周道，幽、厉伤之。"是周衰也。自此已后，始有作记，故云周衰记之时也。云"古谓殷"者，周时士有爵，故知古谓殷。

（士冠礼）

八、《礼记正义》 汉·郑玄注 唐·孔颖达疏

天命之谓性，率性之谓道，修道之谓教。天命，谓天所命生人者也，是谓性命。木神则仁，金神则义，火神则礼，水神则信，土神则知。《孝经说》曰："性者，生之质命，人所禀受度也。"率，循也。循性行之，是谓道。修，治也。治而广之，人放效之，是曰"教"。○率，所律反。知音智，下"知者""大知"皆同。放，方往反。效，胡教反。**道也者，不可须臾离也，可离非道也。**道，犹道路也，出入动作由之，离之恶乎从也。○离，力智反，下及注同。恶音乌。**是故君子戒慎乎其所不睹，恐惧乎其所不闻。**小人闲居为不善，无所不至也。君子则不然，虽视之无人，听之无声，犹戒慎恐惧自修正，是其不须臾离道也。○睹，丁古反。恐，匡勇反，注同。**莫见乎隐，莫显乎微，故君子慎其独也。**慎独者，慎其闲居之所为。小人于隐者，动作言语，自以为不见睹，不见闻，则必肆尽其情也。若人虽不见，贤遍以为己见。○见，贤遍反，注"显见"同，一音如字。佔，敕廉反。**喜怒哀乐之未发，谓之中；发而皆中节，谓之和。中也者，天下之大本也；和也者，天下之达道也。**中为大本者，以其含喜怒哀乐，礼之所由生，政教自此出也。○乐音洛，注同。中，丁仲反，下注"为之中"同。**致中和，天地位焉，万物育焉。**致，行之至也。位，犹正也。育，生也，长也。○长，丁丈反。

［疏］"天命"至"育焉"。○正义曰：此节明中庸之德，必修道而行；谓子思欲明中庸，先本于道。○"天命之谓性"俶者，天本无体，亦无言语之命，但人感自然而生，有贤愚吉凶，若天之付命遣使之然，故云'天命'。老子云："道本无名，强名之曰

道。"但人自然感生，有刚柔好恶，或仁，或义，或礼，或知，或信，是天性自然，故云"谓之性"。○"率性之谓道"，率，循也；道者，通物之名。言依循性之所感而行，不令违越，是之曰"道"。感仁行仁、感义行义之属，不失其常，合于道理，使得通达，是"率性之谓道"。（中庸）

九、《周礼注疏》 东汉·郑玄注　唐·贾公彦疏

惟王建国，建，立也。周公居摄而作六典之职，谓之《周礼》。营邑于土中。七年，致政成王，以此礼授之，使居雒邑，治天下。《司徒职》曰："日至之景，尺有五寸，谓之地中，天地之所合也，四时之所交也，风雨之所会也，阴阳之所和也，然则百物阜安，乃建王国焉。"○王如字，干宝云："王，天子之号，三代所称。"雒，音洛，水名也，本作洛，后汉都洛之阳，改为雒。景，京领反，下皆同。[疏]"惟王建国"。○释曰：自此以下至"以为民极"五句，六官之首间此序者，以其建国设官为民不异故也。王者临统无边，故首称"惟王"，明事皆统之于王。王既位矣，当择吉土以建国为先，故次言"建国"。于中辨四方、正宫庙之位，复体国经野，自近及远也。于是设官分职，助理天工，众人取中以为治体，列宜先次第应然。其实建国之初，岂未设官分职也？直以作序之意，主在设官分职，为民极耳，故终之。"惟王建国"者，言"惟"谓若《尚书》云"惟三月"之类，皆辞，不为义。建，立也。惟受命之王乃可立国城于地之中。**辨方正位**，辨，别也。郑司农云："别四方，正君臣之位，君南面、臣北面之属。"玄谓《考工》："匠人建国，水地以县，置槷以县，视以景。为规识日出之景与日入之景。昼参诸日中之景，夜考之极星，以正朝夕"，是别四方。《召诰》曰："越三日戊申，太保朝至于雒，卜宅，厥既得卜，则经营。越三日庚戌，太保乃以庶殷攻位于雒汭。越五日甲寅，位成。"正位谓此定宫庙。辨，本亦作辨，徐邈、刘昌宗皆方免反。一音平勉反。别，彼列反，下同。县，音玄，下同。槷，鱼列反，下同。召诰，上上诏反，下古报反。大，音泰。狁，人锐反。[疏]"辨方正位"。○释曰：谓建国之时辨别也，先须视日景以别东、西、南、北方。郑使有分别也。"正位"者，谓四方既有分别，又于中正宫室、朝廷之位，使得正也。**体国经野**，农云："营国方九里，国中九经九纬，左祖右社，面朝后市；野则九夫为井，四井为邑之属是也。"○[疏]"体国经野"。○释曰：体犹分也，国谓城中。分国城之中为九经九纬，左祖右社之属。经谓为之里数，此野谓二百里以外，三等采地之中有井田之法，九夫为井，井方一里之等是也。**设官分职**，郑司农云："置冢宰、司徒、宗伯、司马、司寇、司空，各有所职而百事举。"[疏]"设官分职"。○释曰：既体国经野，此须立官以治民，故云设官分职。○注"郑司农"至"事举"。○释曰：此谓设天地四时之官，即六卿也。既有其官，须有司职，故云"各有所职"。职谓主者，天官主治，地官主教，春官主礼，夏官主政，秋官主刑，冬官主事。六官，官各六十，则合有三百六十官。官各有主，故云"百事举"。**以为民极**，极，中也。令天下之人各得其中，不失其所。[疏]"以为民极"。○释曰：百人无主，不散则乱，是以立君为极。君不独正，使不失其所故也。○注"极中也"至"其所"。○释曰："极，中也"，《尔雅》文。案《尚书·洪范》云："皇其有极，惟时厥庶民于汝极"，谓皇建其有中之道，庶民于取于中下。人各得其中，不失所也。**乃立天官冢宰，使帅其属而掌邦治，以佐王均邦国。**掌，主也。邦治，王所以治邦国也。佐犹助也。郑司农云："邦治，谓总六官之职也。故《大宰职》曰'掌建邦之六典，以佐王治邦国'。六官皆总属于冢宰，故《论语》曰'君薨，百官总己以听于冢宰'，言宰于百官无所不主。《尔雅》曰：'冢，大也。'冢宰，大宰也。"○郑云："宰，主也。"干云："济其清浊，和其刚柔，而纳之中和宰也。"治，直吏反，注邦治、下治官同。大宰，音泰，注及后放此。[疏]"乃立"至"邦国"。○释曰：六官皆云"乃立"者，以作序之由，本序设官之意，故先云以为民极，次云所设之官，故皆云"乃立"，腾上起下之辞也。"天官冢宰"者，据下注而言，谓此言冢宰者，据总摄六职，若据当职，则称大宰也。"使帅其属"，案小宰六属而言，则此属唯指六十官之属也。"掌邦治"者，掌，主也。言主治则兼六官，其五官虽有教、礼、政、刑、事不同，皆是治法也。云"佐王均邦国"者，以大宰掌均节财用故也。《周礼》以邦、国连言者，据诸侯也。单言邦、单言国者，多据王国也。（天官冢宰）

练习题

一、选择题

1.《说文解字》中最常用的训诂方法是_____。
A. 以形索义　　B. 因声求义　　C. 据文证义　　D. 析词审义

2. 运用以形索义的原则必须以_____为据。
A. 甲骨文　　B. 楷书　　C. 笔意　　D.《说文》

3. "政者，正也"这种训诂方法属于_____。
A. 声训　　B. 形训　　C. 义训　　D. 互训

二、名词解释

1. 形训
2. 声训
3. 义训
4. 异言相代
5. 文训

三、简答题

1. 训诂的基本方法有哪些？
2. 义训的具体方法有哪些？

四、将下列篇章标出标点

《周易正义》

魏·王弼　晋·韩康伯注　唐·孔颖达疏

是故易有太极是生两仪　夫有必始于无故太极生两仪也太极者无称之称不可得而名取有之所极况之太极者也　[疏]　正义曰太极谓天地未分之前元气混而为一即是太初太一也故老子云道生一即此太极是也又谓混元既分即有天地故曰太极生两仪即老子云一生二也不言天地而言两仪者指其物体下与四象相对故曰两仪谓两体容仪也　两仪生四象四象生八卦　卦以象之　[疏]　正义曰两仪生四象者谓金木水火禀天地而有故云两仪生四象土则分王四季又地中之别唯云四象也四象生八卦者若谓震木离火兑金坎水各主一时又巽同震木乾同兑金加以坤艮之土为八卦也　八卦定吉凶　八卦既立则吉凶可定　[疏]　正义曰八卦既立爻变而相推有吉有凶故云八卦定吉凶也　吉凶生大业　既定吉凶则悉备故能王天下大事业也　[疏]　正义曰万事各有吉凶广大悉备　是故法象莫大乎天地变通莫大乎四时县象著明莫大乎日月崇高莫大乎富贵　位所以一天下之动而济万物　[疏]　正义曰是故法象莫大乎天地者言天地最大也变通莫大乎四时者四时以变得通是变中最大也县象著明莫大乎日月者谓日月中时遍照天下无幽不烛故云著明莫大乎日月也崇高莫大乎富贵者以王者居九五富贵之位力能齐一天下之动而道济万物是崇高之极故云莫大乎富贵　备物致用立成器以为天下利莫大乎圣人　[疏]　正义曰备天下之物招致天下所用建立成就天下之器以为天下之利唯圣人能然故云莫大乎圣人也　探赜索隐钩深致远以定天下之吉凶成天下之亹亹者莫大乎蓍龟　[疏]　正义曰探谓阅探求取赜谓幽深难见卜筮则能阅探幽昧之理故云探赜也索隐求索隐谓隐藏卜筮能求索隐藏之处故云索隐也物在深处能钩取之物在远方能招致之卜筮能然故钩深致远也以此诸事正定天下之吉凶成天下之亹亹者唯卜筮能然故云莫善乎蓍龟也案释诂云亹亹勉也言天下万事悫动而好生皆勉勉营为此蓍龟知其好悫得失人则弃其得而取其好背其失而求其得是成天下之亹亹者也　是故天生神物圣人则之天地变化圣人效之天垂象见吉凶圣人象之河出图洛出书圣人则之　[疏]　正义曰是故天生神物圣人则之者谓天生蓍龟圣人法则之以为卜筮也天地变化圣人效之者四时生杀赏以春夏刑以秋冬是圣人效之天垂象见吉凶圣人象之者若璇玑玉衡以齐七政是圣人象之也河出图洛出书圣人则之者如郑康成之义则春秋纬云河以通乾出天苞洛以流坤吐地符河龙图发洛龟书感河图有九篇洛书有六篇孔安国以为河图则八卦是也洛书则九畴是也辅嗣之义未知何从　易有四象所以示也系辞焉所以告也定之以吉凶所以断也　[疏]　正义曰易有四象所以示者庄氏云四象谓六十四卦之中有实象有假象有义象有用象为四象也今于释卦之处已破之矣何氏以为四象谓天生神物圣人则之一也天地变化圣人效之二也天垂象见吉凶圣人象之三也河图洛出书圣人则之四也今谓此等四事乃是圣人易外别有其功非专易内之物何得称易有四象且又云易有四象所以示也系辞焉所以告也然则象之与辞相对之物辞既爻卦之下辞则象为爻卦之象也则上两仪生四象七八九六之谓也故诸儒有为七八九六今则从以为义系辞焉所以告者系辞于象卦下所以告其得失也定之以吉凶所以断者谓于系辞之中定其行事吉凶所以断其行事得失　（系辞上）

第七章 古文献阅读术语

每一门学科都有自己的专门用语,这种专门用语通常把它们称为术语。了解每个学科的内容,阅读这门学科的文献,都必须学习和掌握这个学科的术语,懂得它们的含义。不然就入不了门,更谈不上升堂入室了。

训诂的用语是多角度、多侧面的,而且是比较规范的。下面假定被释者为 A,释者为 B,把常见的训诂用语分类介绍一下。

■ 第一节 解释词义的用语

一、A,B 也

这是直言某词训某词即异言相代的用语,A 与 B 通常是同义词。例如:

《诗经·卫风·氓》:"匪我愆期,子无良媒。"《毛传》:"愆,过也。"《郑笺》:"良,善也。"

《诗经·卫风·氓》:"以尔车来,以我贿迁。"《毛传》:"贿,财;迁,徙也。"

《诗经·周南·卷耳》:"我姑酌彼金罍,维以不永怀。"《毛传》:"姑,且也。"

《诗经·邶风·燕燕》:"之子于归,远送于野。"《毛传》:"于,於也。"

《诗经·魏风·陟岵》:"上慎旃哉,犹来无止。"《毛传》:"犹,可也。"

《报任安书》:"仆伏法受诛,若九牛亡一毛,与蝼蚁何以异?"李善《文选注》:"蝼,蝼蛄也;蚁,蚍蜉也。"

《孙子·谋攻》:"三军既惑且疑。则诸侯之难至矣,是谓乱军引胜。"曹操注:"引,夺也。"

《礼记·中庸》:"辟如行远必自迩,辟如登高必自卑。"郑注:"自,从也;迩,近也。"

《荀子·劝学》："邪秽在身，怨之所构。"杨倞注："构，结也。"

《方言》卷十三："恬，静也。"

《广雅·释诂》："困、疲、嬴、券、穷，极也。"

这里有两点要注意：

（1）B与A并不是单纯的同义关系：

① 《诗经·鄘风·柏舟》："之死矢靡它。"《毛传》："矢，誓也。"B与A是本字与假借字的关系。

② 《诗经·小雅·斯干》："秩秩斯干。"《毛传》："干，涧也。"B与A是同源词的关系。

（2）B不是一个词而是一个词组，并非A的"异言相代"，而是为A"标明义界"：

① 《诗经·邶风·静女》："自牧归荑，洵美且异。"《毛传》："荑，茅之始生也。"

② 《诗经·豳风·七月》："塞向墐户。"《毛传》："向，北出牖也。"

二、B曰A，B为A，B谓之A

这几个用语单用则是解释单个的词义，连用则是区分与同义词和近义词之间的细微差别。其中的"曰""为""谓之"大致相当于现代汉语的"叫作"。例如：

（1）《诗经·王风·君子于役》："鸡栖于埘。"《毛传》："凿墙而栖曰埘。"

（2）《尚书·洪范》："曰贞曰悔。"孔传："内卦曰贞，外卦曰悔。"

（3）《礼记·曲礼上》："不苟訾，不苟笑。"疏云："相毁曰訾。"

（4）《史记·田儋列传》："田横惧诛，而与其徒属五百余人入海，居岛中。"《集解》引韦昭曰："海中山曰岛。"

（5）《左传·成公三年》："衅事不以衅鼓。"杜预《注》："以血涂鼓为衅鼓。"

（6）《淮南子·原道训》："逍遥于广泽之中，而仿佯于山峡之旁。"高诱注："两山之间为峡。"

（7）《诗经·小雅·巧言》："彼何人斯，居河之麋。"《毛传》："水草交谓之麋。"

（8）《诗经·卫风·淇奥》："充耳琇莹。"毛传："充耳谓之瑱。"

以上是用以解释单个词义的，释者B为词组，是为被释者A标明义界的。

（9）《诗·卫风·淇奥》："如切如磋，如琢如磨。"《毛传》："治骨曰切，象曰磋，玉曰琢，石曰磨。"

（10）《周易·蒙》："利用刑人，用说桎梏。"孔疏："在足曰桎，在手曰梏。"

（11）《周礼·庖人》："庖人掌共六畜六兽六禽，辨其名物。"注："六畜，六牲也。始养之曰畜，将用之曰牲。"

（12）《楚辞·离骚》："昔三后之纯粹兮。"注："至美曰纯，齐同曰粹。"

（13）《楚辞·离骚》："各兴心而嫉妒。"王逸《注》："害贤为嫉，害色为妒。"

（14）枚乘《上书重谏吴王》："譬犹蝇蚋之附群牛。"李善《文选注》："《说文》曰：'秦谓之蚋，楚谓之蚊。'"

（15）《说文·蟲部》："有足谓之蟲（虫），无足谓之豸。"

（16）《汉书·艺文志》："诵其言谓之诗，咏其声谓之歌。"

以上是用以分别同义词或近义词的释者B，或标明义界，或指出属于何种方言。

（17）《论语·先进》："加之以饥馑，因之以师旅。"朱熹注："谷不熟曰饥，菜不熟曰馑。"《尔雅·释天》："谷不熟为饥，菜不熟为馑。"饥、馑是同义词，两家分别使用了"曰""为"，也可使用"谓之"，使用哪个，是个人习惯。

三、A 谓 B（也）

"谓"与"谓之"不同，使用"谓之"时，被解释的词语要放在"谓之"后面，而用"谓"时，被解释的词语要放在"谓"前，两个术语差别很大，用"谓"这个术语时，往往是以具体释抽象，以一般释特殊。

使用这个用语时，释者B往往是说明A所指的范围或比喻、影射的事物。其中的"谓"字大致相当于现代汉语的"是指"或"指的是"。例如：

（1）《孟子·滕文公上》："树艺五谷。"赵岐《注》："五谷谓稻黍稷麦菽也。"

（2）《荀子·天论》："强本而节用。"杨倞《注》："本谓农桑。"

（3）《楚辞·离骚》："恐美人之迟暮。"王逸《注》："美人谓怀王也。"

以上三例，其一以"稻黍稷麦菽"来明确"五谷"的具体所指，其二以"农桑"来揭示"本"的特定含义，其三以"怀王"来指出"美人"是借喻。

（4）《论语·子罕》："后生可畏。"何晏注："后生谓少年。"

（5）《离骚》："昔三后之纯粹兮。"王逸注："后，君也。谓禹、汤、文王也。"

（6）《国语·晋语二》："已自拔其本矣，何以能久？"韦昭注："本，谓忠信。"

四、A 犹 B 也

这里的"犹"字略等于现代汉语的"等于说"，B 与 A 只是在某种情况下相通。段玉裁于《说文注》指出："凡汉人作注云'犹'者，皆义隔而通之。""凡汉人训诂，本异义而通之曰'犹'。"归纳传注实例，使用这个用语约略有以下五种情形：

（1）B 为 A 的近义词。如《诗经·召南·羔羊》："羔羊之革"，《毛传》："革犹皮也。"

（2）B 为 A 的引申义。如《左传·庄公十年》："肉食者谋之，又何间焉"杜预《注》："间犹与也。"

（3）B 为 A 的今语。如《荀子·劝学》："使目非是无欲见也"杨倞《注》："是犹此也。"

（4）B 为 A 的语源。如《周礼·天官·酒正》："二曰醴齐"郑玄《注》："醴犹体也。成而汁滓相将，如今恬酒矣。"

五、A 之言 B 也，A 之为言 B 也

这是"声训"的用语，B 与 A 之间是音同或音近的关系。段玉裁《说文注》云："凡云'之言'者，皆通其音义以为诂训，非如'读为'之易其字，'读如'之定其音。"《周礼汉读考》云："凡云'之言'者，皆就其双声叠韵以得转注假借之用。"归纳传注实例，使用这个用语不外以下三种情况：

（1）以音近相通的同源词解释词义。如：

①《诗经·大雅·生民》："胡臭亶时。"《郑笺》："胡之言何也。"

②《荀子·修身》："以不善先人者谓之谄。"杨注："谄之言陷也。"

（2）以音同音近的词说明被释词的语源。如：

①《论语·为政》："为政以德。"朱熹《注》："政之为言正也，所以正人之不正也；德之为言得也，得于心而不失也。"

②《左传·文公六年》："有此四德者，难必抒矣。"杜预注："抒，除也。"孔疏："字有声相近而为训者，鬼之为言归也，春之为言蠢也，其类多矣。抒声近除，故为除也。"

③《论语·为政》："为政以德，譬如北辰，居其所而众星共之。"朱熹注："政之为言正也。所以正人之不正也。德之为言得也，得于心而不失也。"

④《公羊传·桓公二年》："纳于大庙。"何休注："庙之为言貌也，思想仪貌而事之。"

（3）以本字解释假借字。如：

《诗经·大雅·生民》："克禋克祀，以弗无子。"《郑笺》："弗之言祓也。"

第二节 说明词性的用语

一、A，B 貌（也）；A，B 之貌（也）

意思相当于"……的样子"，这是说明形容词的用语。加在"貌"或"之貌"前面的 B 为动词或形容词，所组成的词组说明 A 表示某种状态或某种性质。如：

（1）《诗经·小雅·四牡》："四牡骓骓。"《毛传》："骓骓，行不止之貌。"
（2）《楚辞·哀郢》："众踥蹀而日进兮。"洪兴祖《补注》："踥蹀，行貌。"
（3）《诗经·卫风·氓》："桑之未落，其叶沃若。"朱熹《注》："沃若，润泽貌。"
（4）《汉书·西域传》："临峥嵘不测之身。"颜师古《注》："峥嵘，深险之貌也。"
（5）《诗经·邶风·谷风》："行道迟迟，中心有违。"《毛传》："迟迟，舒行貌"。
（6）《诗经·王风·中谷有蓷》："中谷有蓷，啜其泣矣。"《毛传》："啜，泣貌。"
（7）《论语·阳货》："夫子莞尔而笑。"何晏注："莞尔，小笑貌。"
（8）《论语·子罕》："夫子循循然善诱人。"何晏注："循循，次序貌。"

二、A，B 之也

这是说明动词的用语，"之"是用于宾位的代词，把它置于 B 后以表示 A 为动词。例如：
（1）《诗经·周南·葛覃》："是刈是濩。"《毛传》："濩，煮之也。"
（2）《诗经·大雅·灵台》："经之营之。"《毛传》："经，度之也。"
（3）《诗经·召南·鹊巢》："维鹊有巢，维鸠方之。"《毛传》："方，有之也。"

三、A，所以 B 也；A，所以 B 者

这是说明工具、处所名词的用语。"所以 B"是说明 A 的功用的。例如：
（1）《诗经·卫风·竹竿》："桧楫松舟。"《毛传》："楫，所以櫂舟也。"
（2）《诗经·邶风·柏舟》："我心匪鉴，不可以茹。"《毛传》："鉴，所以察形也。"
（3）《礼记·月令》："省囹圄。"郑玄《注》："囹圄，所以禁系者，若今别狱矣。"

四、A，B 属；A，B 别

这也是说明名词的用语，用于以总名释别名，即 B 为总名，A 为别名。段玉裁《说文注》云："凡言'某属'者，谓某之类。""凡言'属'，则'别'在其中。""凡言'属'者，以'属'见'别'也。言'别'者，以'别'见'属'也。重其同则言'属'，粳为

稻属是也。重其异则言'别',稗为禾别是也。"例如:

(1)《诗经·周南·葛覃》:"不盈顷筐。"《毛传》:"顷筐,畚属,易盈之器也。"

(2)《诗经·豳风·七月》:"六月食郁及薁。"《毛传》:"郁,棣属。"

(3)《说文·豸部》:"貂,鼠属,大而黄黑,出胡丁零国。"

(4)《说文·木部》:"橙,橘属。"

(5)《说文·禾部》:"稗,禾别也。"

五、A,B 声(也);A,声也

这是说明象声词的用语。例如:

(1)《诗经·魏风·伐檀》:"坎坎伐檀兮。"《毛传》:"坎坎,伐檀声。"

(2)枚乘《七发》:"混混庉庉,声如雷鼓。"李善《注》:"混混庉庉,波浪之声也。"

(3)《诗经·召南·草虫》:"喓喓草虫。"《毛传》:"喓喓,声也。"

六、AA 然

这是指出被释词 A 可以重叠加词尾"然",也就是说 A 为形容词或象声词。例如:

(1)《诗经·邶风·静女》:"彤管有炜,悦怿女美。"《毛传》:"炜,赤貌。"《郑笺》:"赤管炜炜然。"

(2)《诗经·鄘风·载驰》:"我行其野,芃芃其麦。"《毛传》:"愿行卫之野,麦芃芃然方盛长。"

(3)《诗经·卫风·氓》:"兄弟不知,咥其笑矣。"《毛传》:"咥咥然笑。"

(4)《诗经·召南·殷其雷》:"殷其雷,在南山之阳。"《毛传》:"殷,雷声也。"《郑笺》:"……犹雷殷殷然发声于南山之阳。"

由第一例可见,作为说明形容词的用语,"A,B 貌"等于"AA 然";由第四例可见,作为说明象声词的用语,"A,B 声"等于"AA 然"。

第三节 考释音义的用语

段玉裁在《经义杂记序》中评述:"千古之大业,未有盛于郑康成(郑玄)者也。郑君之学,不主于墨守而主于兼综;不主于兼综而主于独断。其于经字之当定者,必相其文义之离合,审其音韵之远近,以定众说之是非,而已为之补正。凡拟其音者,例曰'读如、读若';音同而义略可知也。凡易其字者,例为'读为、读曰';谓易之以音相近之字而义乃了然也。凡审知为声相近、形相似二者之误，则曰'当为'，谓非六书假借而转写纰缪者也。汉人作注，皆不离此三者，惟郑君独探其本原。"段玉裁在《周礼汉读考序》中说得更加具体："读如、读若者，拟其音也。古无反语，故为比方之词。读为、读曰者，易其字也。易之以音相近之字，故为变化之词。比方主乎同，音同而义可推也。变化主乎异，字异而义了然也。比方主乎音，变化主乎义。比方不易字，故下文仍举经之本字。变化字已易，故下文辄举易之字。注经必兼兹二者，故有读如，有读为。字书不言变化，故有读如，无读为。有言读如某、读为某而某仍本字者，如以别其音，为以别其义。当为者，定为字之误、声之误而改其字也，为救正之词。形近而讹，谓之字之误。声近而讹，谓之声之误。字误声误而正之，皆谓之当为。凡言读为者，不以为误。凡言当为者，直斥其误。三者分而汉注可读而经可读。"

一、A 读为 B，A 读曰 B

最早使用术语表示通假现象，据现在能够看到的资料，应该是杜子春（约公元前30—约58年）。郑玄注《周礼》引用了他的说法。他主要用"读为"。如：

《地官·序官》："虞人。"郑注："故书虞为坛。杜子春读坛为虞。"

《春官·大卜》："掌三梦之法：一曰致梦，二曰觭梦，三曰咸陟。"郑注："杜子春云：觭读为奇伟之奇，其字当直为奇。"

《考工记·辀人》："凡揉辀欲其孙而无弧深。"郑注："杜子春云：弧读为净而不汙之汙。"

其他的例子如：

（1）《庄子·逍遥游》："而御六气之辩。"郭庆藩注："辩读为变。"

（2）《荀子·非相》："乡则不若，偝侧谩之，是人之二必穷也。"杨倞注："乡，读为向。"

（3）《汉书·高帝纪》："公巨能入乎？"颜师古注："巨读曰讵。讵，犹岂也。"

（4）《汉书·晁错传》："死不还踵。"唐朝颜师古注："还读曰旋，旋踵，回转其足也。"（"旋"是本字，"还"是"旋"的通假字）

（5）《汉书·韩信传》："百里奚居虞而虞亡，之秦而秦伯。"颜师古注："伯，读曰霸。"

（6）《汉书·宣帝纪》："每买饼，所从买家辄大雠，亦以是自怪。"颜师古注："雠，读曰售。"

（7）《汉书·陈胜传》："今诚以吾众为天下倡，宜多应者。"颜师古注："倡，读曰唱，谓首号令也。"

二、A 读若 B，A 读如 B

这是拟音的用语，反切出现以前传注的主要注音方式。例如：

（1）《楚辞·离骚》："又重之以修能。"洪兴祖注："故有绝才者谓之能，此读若耐。"

（2）《礼记·乡饮酒礼》："公如大夫入。"郑玄注："如，读若今之若。"

（3）《说文·木部》："极，或读若急。"

（4）《礼记·中庸》："治国其如示诸掌乎？"郑玄注："示读如'寘之河之干'之'寘'。"

（5）《吕氏春秋·大乐》："阴阳变化，一上一下，合而成章，混混沌沌。"高诱注："浑，读如衮冕之衮。"

（6）《说文》："䍐，读若汗。"

关于以上两组用语的分别，段玉裁《说文注》云："凡言'读若'者，皆拟其音也。凡传注言'读为'者，皆易其字也。注经必兼此二者，故有'读为'，有'读若'。'读为'亦言'读曰'，'读若'亦言'读如'。字书但言其本字、本音，故有'读若'无'读为'也。'读为''读若'之分，唐人作正义已不能知，'为'与'若'两字，注中时有讹乱。"其实汉人传注也有相混的情形：

（1）《周礼·春官·大祝》："七曰奇拜。"杜子春《注》："奇，读为奇偶之奇。"

（2）《礼记·儒行》："虽危，起居竟信其志。"郑玄《注》："信，读如屈伸之伸，假借字也。"

三、如字

用来说明某字的音是其本来的音，而不是变读音：

（1）《诗经·周南·关雎》："窈窕淑女，君子好逑。"陆德明《经典释文》："好逑，毛如字，郑呼报反。"

（2）《左传·召公四年》："晋君少安，不在诸侯。"陆德明《经典释文》："少安，如字。"

（3）《诗经·豳风·七月》："穹室熏鼠，塞向墐户。"《经典释文》："塞向，如字。北出牖也。"

（4）《诗经·邶风·谷风》："行道迟迟，中心有违。"《经典释文》："违，如字。"

（5）《诗经·齐风·载驱》："鲁道有荡，齐子岂弟。"《经典释文》："弟，如字。"

（6）《诗经·小雅·大田》："兴雨祈祈，雨我公田。"《经典释文》："兴雨，如字。"
（7）《左传·僖公七年》："朝不及夕，何以待君？"《经典释文》："朝，如字。"

第四节 校勘文字的用语

一、A 当为 B，A 当作 B

这是纠正误字的用语。古书传写致误的原因有二：一是"字之误"，即因字形相近而误；二是"声之误"，即因字音相近而误。例如：

（1）《礼记·缁衣》："资冬祈寒。"郑玄《注》："资，当为至，声之误也。"

（2）《周礼·天官·冢宰》："惟王建国。"疏："故东行于洛邑，令诸侯谋作天子之居。"孙诒让校云："令，当为'合'，《大司徒》疏不误。"

（3）《周礼·春官·大祝》："作六辞以通上下亲疏远近。一曰祠，二曰命，三曰诰，四曰会，五曰祷，六曰诔。"郑注："郑司农云：'祠，当为辞，谓辞令也。'"

（4）《礼记·乐记》："武王克反商。"郑注："反，当为及，字之误也。及商，谓至纣都也。"

（5）《礼记·曲礼上》："主人与客让登，主人先登，客从之，拾级聚足。"郑注："拾，当为涉，声之误也。"

（6）《周礼·天官·夏采》："乘车建绥。"郑玄《注》："绥者当作緌，字之误也。"

（7）《战国策·楚策》："以其类为招。"王念孙《读书杂志》云："类，当作颈，字之误也。"

关于"当为""当作"和"读为""读曰"的区别，段玉裁《周礼汉读考序》指出："凡言'读为'者，不以为误；凡言'当为'者，直斥其误。"

二、A 或为 B，A 或作 B，A 一作 B

这是交代异文以供他人研究的用语。例如：

（1）《周礼·夏官·职方氏》："其泽薮曰弦蒲。"郑玄《注》引郑众说："弦，或为汧。蒲，或为浦。"

（2）《礼记·聘义》："温润而泽，仁也。"注："润，或为濡。"

（3）《史记·李斯列传》："此所谓'藉寇兵而赍盗粮'者也。"《索隐》："《说文》曰：'赍，持遗也。'赍或为资，义亦通。"

（4）《汉书·高帝纪》："欲哭之。"颜师古《注》："今书'哭'字或作'答'。答，击也。"

（5）《诗经·邶风·匏有苦叶》："济盈不濡轨，雉鸣求其牡。"孔疏："郑司农云：'軓谓轼前也，书或作轨。'"

（6）《周礼·天官》注："玄谓政谓赋也。凡其字或作政，或作正，或作征。以多言之，宜从征，如《孟子》'交征利'云。"

（7）《韩非子·五蠹》："长袖善舞，多财善贾。"《太平御览》："袖或作袂，财或作资。"

（8）《汉书·外戚传》："相离三千里，当谁使告女。"《太平御览》："谁使，或作使谁。"

（9）《史记·秦始皇本纪》："三十二年，始皇之碣石，使燕人卢生求羡门、高誓，刻碣石门。"门，裴骃《史记集解》引徐广曰："一作盟。"

三、衍文，衍字，衍

这是用以指明古籍中多出文字现象的用语。例如：

（1）《左传·僖公四年》："汉水以为池。"阮元《校勘记》："《释文》无'水'字。云或作'汉水以为池'，'水'字衍。"

（2）《礼记·檀弓》："从母之夫，舅之妻，二夫人相为服。"俞樾《古书疑义举例》："'夫'字衍文也，'二人'两字合为'夫'。"

四、脱文，脱字，脱（敚、夺）

这是用以指明古籍中脱落文字现象的用语。例如：

（1）《诗经·周南·桃夭》孔颖达《疏》："此云家人，家犹夫也，犹妇也。"阮元《校勘记》："'犹妇'上当脱'人'字。"

（2）《诗经·卫风·硕人》孔颖达《疏》："《猗嗟》云'颀而长兮'，《孔世家》云'颀然而长'，故为长貌。"阮元《校勘记》："'孔'下脱'子'字。"

五、破字

用本字改读通假字，王念孙说："字之声同声借者，经传往往假借，学者以声求义，破其假借之字而读以本字，则涣然明释。"

《吕氏春秋》："万人操弓，共射一招。"高诱注："招，埻的也。"

"招"为通假字，"的"为本字，把"招"读作"的"，就是用本字改读通假字。

六、破读

也叫读破，有两种意义：

（1）就是破字，指用本字改读通假字。

(2)改变一个字原来的读音,使它的意义和作用发生变化,因而也叫"四声别义"。如"衣",作名词读平声;作穿衣讲,读去声。有时也采用改变声母的办法,如"见"的使动用法,读"现"。

七、浑言、析言

意义相近的两个词,在一般情况下,为了说话方便,不妨看成同义词,叫作浑言。在两者对比时,为了把概念区分清楚,必须看成两个不同的意义,叫作析言。浑言的意思是笼统地说;析言的意思是分析地说。浑言强调几个词的共同点,析言强调几个词的差别。

《说文》:"走,趋也。"段注"引《释名》:'徐行曰步,急行曰趋,急趋曰走。'此析言之也。许浑言之,不别也。"

浑言也叫统言、散言;析言也叫别言、对言。

延伸阅读

一、《诗经注疏》汉·毛亨传 汉·郑玄笺 唐·孔颖达主义

1.《诗经·周颂·载芟》

载芟载柞,其耕泽泽。千耦其耘,徂隰徂畛。侯主侯伯,侯亚侯旅,侯强侯以。除草曰芟。除木曰柞。畛,场也。主,家长也。伯,长子也。亚,仲叔也。旅,子弟也。强,强力也。以,用也。笺云:载,始也。隰谓新发田也。畛谓旧田有径路者。强,有余力者。《周礼》曰:"以强予任民。"以谓闲民,今时佣赁也。《春秋》之义,能东西之曰以。成王之时,万民乐治田业。将耕,先始芟柞其草木,土气烝达而和,耕之则泽泽然解散,于是耘除其根株。辈作者千耦,言趋时也。或往之隰,或往之畛。父子余夫俱行,强有余力者相助,又取佣赁,务疾毕已当种也。

有嗿其馌,思媚其妇,有依其士。嗿,众貌。士,子弟也。笺云:馌,馈饟也。依之言爱也。妇人来馈饟其农人于田野,乃逆而媚爱之。言劝其事劳,不自苦。○嗿,敕感反。馌,于辄反。馈,其愧反。饟,式亮反。[疏]传"嗿,众"至"子弟"。○正义曰:以耘者千耦,馌者必多,故知嗿为众貌。士谓男子之称,而不在耕芸之中,宜是幼者行馌,故为子弟。此经言"有嗿其馌",以目之妇士,俱是行馌之人。《七月》云"同我妇子",子即此之士也。○笺"馌馈"至"自苦"。○正义曰:"馌,馈",《释诂》文。孙炎云:"馌,野之馈也。""依"文与"媚"相类,媚为爱,故知依亦爱也。

有略其耜,俶载南亩。播厥百谷,实函斯活。略,利也。俶载,当作"炽菑"。俶,犹炽也。菑,含也。活,生也。农夫既耘除草木根株,乃更以利相炽耜之,而后种其种,皆成好含生气。[疏]传"略,利"。○正义曰:《释诂》文。笺"实种"至"活生"。○正义曰:此说初种,故知实为种子。函者,容藏之义,故转为含,犹人口含活,故为生。言种子内含生气,种之必生也。

驿驿其达,有厌其杰。厌厌其苗,绵绵其麃。达,射也。有厌其杰,言杰苗厌然特美也。麃,耘也。笺云:达,出地也。杰,先长者。厌厌其苗,众齐等也。○驿音亦,《尔雅》作"绎绎"。云:"生也。"厌,于艳反。下同。绵绵如字,《尔雅》云:"麃耘也。"《韩诗》作"民民",云:"众貌。"麃,表娇反。芸也,《说文》作"穮",音同,云:"穮,耨锄田也。"《字林》:"方遥反。射,845张丈反。[疏]传"达射"至"麃耘"。○正义曰:苗生达地则射而出,故以达为射。"穮,耕禾间也。""驿驿,生也。"舍人曰:"谷皆生之貌"是"驿驿其达"谓苗生达地也。厌者,苗长盛之貌。其杰,苗之杰者,亦是苗也,而与其异文,杰谓其中特美者,苗谓其余齐等者,二者皆美茂,故俱称厌。但以齐等苗多,重言厌厌耳。以二者相涉,故传详其文,故云"有厌其杰,言苗然特美也"。

载获济济,有实其积,万亿及秭。济济,难也。笺云:难者,穮众难进也。有实,实成也。其积之乃万亿。○获,户郭反。积,子赐反,又如字。注同。秭音姊。[疏]传"济济,难"。○正义曰:《释训》云:"济济,容止也。"在田获刈,不得有济济之容,但容止济济者,必举动安为。此刈者以禾穮难进,不能速疾,故亦以济言之。言难者,笺云:"穮众难进也。"

为酒为醴,烝畀祖妣,以洽百礼。笺云:烝,进也。畀,予也。洽,合也。进予祖妣,谓祭先祖先妣也。以洽百礼,谓飨燕之属。烝,之丞反。畀,必二反。注同。[疏]传"百礼言多"。○正义曰:检定本、《集注》皆无此文,有者误也。

有秘其香,邦家之光。秘,芬香也。笺云:芬香之酒醴,飨燕宾客,则多得其欢心,于国家有荣誉。○秘,蒲即反。芬,芳也。《说文》云:"食之香也。"字又作"苾",音同。一音蒲必反。注同。[疏]传"苾,芬香"。○正义曰:秘者,香之

气，故为芬香也。○笺"芬香"至"荣誉"。○正义曰：笺以此充飨燕，下充祭祀者，以言邦家之光，谓国有光荣，是于宾客之辞也。胡考之宁，言身得寿考，与祭之祝民万寿无疆义同，是于鬼神之辞也，故知此为飨燕，下为祭祀。以飨燕施于宾客，故云"得其欢心，于国家有荣誉"。祭祀进于祖妣，故云"多得福禄，于身得寿考"。**有椒其馨，胡考之宁。** 椒，犹馝也。胡，寿也。考，成也。笺云：宁，安也。以芬香之酒醴，祭于祖妣，则多得其福后。○椒，子消反，徐子料反，沈作"俶"，尺叔反，云："作椒者，误也。此论酿酒芬香，无取椒气之芳也。"案《唐风·椒聊》笺云："椒之性芬芳。"王注云："椒，芬芳之物。"此传云"椒犹馝"，"馝香"，椒是芬芳之物，此正相协，无故改字为椒，椒，始也，非芬香。馨，呼庭反。

[疏] 传"椒犹"至"考成"。○正义曰：椒是木名，非香气也。但椒木之气香，作者以椒言香，故传辨之，云"犹如馝也"。僖二十二年《左传》曰："虽及胡耇。"《周书·谥法》"保民耆艾曰胡"。胡为寿也。"考，成"，《释诂》文。言考者，明老而有成德。《荡》曰"虽无老成人"是也。**匪且有且，匪今斯今，振古如兹。** 且，此也。振，自也。笺云：匪，非也。振亦古也。飨燕祭祀，心非云且而有且，谓将有嘉庆祯祥先来见也。心非云今而有此今，谓嘉庆之事不闻而至也。言修德行礼，莫不获报，乃古古而如此，所由来者久，非适今之时。○且，七也反，又子余反。下同。见，贤遍反。

2.《诗经·鲁颂·駉》

駉駉牡马，在坰之野。 駉駉，良马腹干肥张也。坰，远野也。邑外曰郊，郊外曰野，野外曰林，林外曰坰。笺云：必牧于坰野者，辟民居与良田也。《周礼》曰："以官田、牛田、赏田、牧田任远郊之地。" **薄言駉者，有骄有皇，有骊有黄，以车彭彭。** 牧之坰野则駉駉然。骊马白跨曰骄，黄马白曰皇，纯黑曰骊，黄骍曰黄。诸侯六闲，马四种，有良马，有戎马，有田马，有驽马。彭彭，有力有容也。笺云：坰之牧地，水草既美，牧人又良，饮食得其时，则自肥健耳。○骄，户桥反，阮孝绪于密反，顾野王余橘反，郭音述。骊，力知反，沈又郎西反，《说文》《字林》云："深黑色马也。"跨，苦花反，又苦故反，又胡瓦反，郭云："髀间也。"《苍颉篇》云："两股间也。"骍，息营反，赤黄曰骍。下文同。《字林》火营反。种，章勇反。驽音奴。饮食，上音荫，下音嗣，又并如字。**思无疆，思马斯臧。** 笺云：臧，善也。僖公之思遵伯禽之法，反覆思之，无有竟已，乃至于思马斯善，多其所及广博。○疆，居良反，竟也。覆，芳服反。

[疏]"駉駉"至"斯臧"。○正义曰：僖公养四种之马，又能远避良田，鲁人尊重僖公，作者追言其事，所牧养之良马也。所以得肥张者，由其牧之在于坰远之野，其水草既美，牧人又良，饮食得所，莫不肥健，故皆駉駉然。"薄言駉者"，所有何马？乃有白跨之骄马，有黄白之皇马，有纯黑之骊马，有黄骍之黄马。此等用之以驾祖祀之车，则彭彭然有壮力，有仪容矣。是由牧之以理，故得使然。此僖公思遵伯禽之法，反覆思之，无有竟已。其所思乃至于马亦令之使此善，是其所及广博，不可忘也。定本"牧马"字作"牡马"。

駉駉牡马，在坰之野。薄言駉者，有骓有駓，有骍有骐，以车伾伾。 苍白杂毛曰骓。黄白杂毛曰駓。赤黄曰骍。苍骐曰骐。伾伾，有力也。骓音佳。駓，符悲反，字又作"骓"，郭云："今桃花马也。"《字林》作"骃"，音丕。骍音其。伾，敷悲反，《说文》同。《字林》作"骉"，走也，父之反，音丕。骐其其，字又作"骐"。**思无期，思马斯才。** 才，多材也。

[疏] 传"仓白"至"有力"。○正义曰：《释畜》云："仓白杂毛骓。"郭璞曰："即今骓马也。"又云："黄白杂毛駓。"郭璞曰："今之桃华马也。"此二者，皆云"杂毛"，是体有二种之色相杂。上云"黄白皇，黄骍曰黄"，止一毛之中自有浅深，与此二色者异，故不云杂毛也。其骍、骐，《尔雅》无文。周人尚赤，而牲用骍牺。礼称阳祀用骍牲，是骍为纯赤色。言赤黄者，谓赤而微黄，其色鲜明者也。上云"黄骍曰黄"，谓黄而微赤。此云"赤黄曰骍"，谓赤而微黄，其此所以异也。

駉駉牡马，在坰之野。薄言駉者，有驒有骆，有骝有雒，以车绎绎。 青骊驎曰驒。白马黑鬣曰骆。黑身白髀曰雒。绎绎，善走也。○驒，徒河反，《说文》云："马文如鼍鱼也。"《韩诗》及《字林》云："白马黑髦也。"骆音洛。骡，孙《尔雅》并作"白马黑髦尾也"。骝留，《字林》云："赤马黑髦尾也。"雒音洛，本或作"骆"，同。绎音亦，善足也，一本作"善走也"。崔本作"驿"。驎，本亦作"獜"，郭良忍反，毛色有深浅斑驳隐甐。今之连钱骢也。吕、沈良振反，孙炎音郭，云："似鱼鳞也。"力辅反。**思无斁，思马斯作。** 思遵伯禽之法，无厌倦也。作，始也。笺云：斁，厌也。

[疏] 传"作，始"。○正义曰：《释诂》云："俶，作也，始也。"俶之所训为作、为始，是作亦得为始。思马斯作，谓牧之使可乘驾也。○斁音亦。始，谓今此马及其古始如伯禽之时也。○笺"斁厌"至"乘驾"。○正义曰：斁，厌，《释诂》文。彼"射"，音义同。以上章"斯臧""斯才"皆马之身事，故易传以作为作用，谓牧之使可作用乘驾也。

駉駉牡马，在坰之野。薄言駉者，有骃有騢，有驔有鱼，以车祛祛。 阴白杂毛曰骃。彤白杂毛曰騢。豪骭曰驔。二目白曰鱼。祛祛，强健也。○骃，旧於巾反，读者并音因。騢音遐，《说文》云："赤白杂色，文似鰕鱼也。"驔音簟，徒点反，《字林》云："又音谭。"有鱼如字，《字书》作"䱷"，《字林》作"䱇"，音并同。毛云："一目白曰鱼。"《尔雅》云："一目白曰瞷，二目白曰瞘。"瞘音闲。祛，起居反。彤，徒冬反，赤也。骭，户晏反。

[疏] 传"阴白"至"强健"。○正义曰：《释畜》云："阴白杂毛，骃。"舍人曰："今之泥骢也。"樊光曰："骃者，目下白也。"孙炎曰："阴，浅黑也。"郭璞曰："阴，浅黑，今之泥骢。或云目下白，或云白阴，皆非也。"璞以阴白之文与骊白、黄、白、仓白、彤白相类，故知阴是色名，非目下白与白阴也。又云："彤白杂毛，騢。"舍人曰："赤白杂毛，今赭马名騢。"郭璞云："彤，赤也，即今赭白马是也。"又云："一目白瞷，二目白鱼。"舍人曰："一目白曰瞷。两目白为鱼。"郭璞曰："似鱼目也。"**思无邪，思马斯徂。** 笺云：徂，犹行也。思遵伯禽之法，专心无复邪意也。[疏] 笺"徂"犹至"走行"。○正义曰：徂训为往，行乃得往，故徂为行也。思牧马使可走行，亦上章使可乘驾之事也。王肃云："徂，往也。所以养马得行古之道。"毛于上章以作为始，则此未必不如肃言。但无迹可寻，故同之郑说。

3.《诗经·商颂·玄鸟》

天命玄鸟，降而生商，宅殷土芒芒。 玄鸟，鳦也。春分，玄鸟降。汤之先祖有娀氏女简狄配高辛氏帝，帝率与之祈于郊禖而生契，故本其为天所命，以玄鸟至而生焉。芒芒，大貌。笺云：降，下也。天使鳦下而生商者，谓鳦遗卵，娀氏之女简狄吞之而生契，为尧司徒，有功，封商。尧知其后将兴，又锡其姓焉。自契至汤，八迁始居亳之殷地而受命，国曰以广大芒芒然。汤之受命，由契之功，故本其天意。○芒，莫刚反。后同。娀，凤忠

反，契母之本国名。郊禖音梅，本亦作"高**古帝命武汤，正域彼四方。方命厥后，奄有九有。**正，长。域，
禖"，卯，力管反。毛，傍各反，地名。 笺云：古帝，天也。天帝命有威武之德者成汤，使之长有邦域，为政于天下，有也。长也。九有，
九州也。方命其君，谓遍告诸侯也。汤有是德，故覆有九州，为之王也。○长，张丈反。下同。**商之先后，受命不殆，在武丁**
孙子。武丁，高宗也。笺云：后，君也。商之先君受天命而行之不解**武丁孙子，武王靡不胜。龙旂十乘，大**
殆者，在高宗之孙子。言高宗兴汤之功，法度明也。○解音懈。**糦是承。**胜，任也。笺云：交龙为旂，糦，黍稷也。高宗之孙子有武功、有王德于天下者，无所不胜服。乃有诸侯建龙旂者十
乘，奉承黍稷而进之者，亦言得诸侯之欢心。十乘者，二王后、八州之大国。○武丁，于况反，又如字。注同。胜，毛
音升，郑式证反。乘，绳证反。注同。糦，尺志反。**邦畿千里，维民所止，肇域彼四海。**畿，疆也。笺云：止犹居
《韩诗》云："大祭也。"任音壬。下"何任"同。也。肇，当作"兆"。王畿
千里之内，其民居安，乃后兆域正天下之**四海来假，来假祁祁。景员维河。殷受命咸宜，百禄是何。**
经界。言其为政自内及外。○疆，居良反。
景，大。员，均。何，任也。笺云：假，至也。祁祁，众多也。员，古文作云。河之言何也。天下既蒙王之政令，皆得其所，而来朝
观贡献。其至也祁祁然众多。其所贡于殷大至，所云维言何乎？言殷王之受命皆其宜也。百禄是何，谓当檐负天之多福。○假音格。
下同。祁，巨移反，或上之。尺之二反。员，毛音圆，郑音云。河，王以为河水。本或作"何"。何音河，
又河可反。本亦作"荷"，音同。郑云："担负也。"下篇"何天"同。朝，直遥反。担，都蓝反。下篇同。

二、《左传注疏》 晋·杜预注　唐·孔颖达正义

（1）公侵齐，攻廪丘之郛。郛，郭也。○廪，力**主人焚冲，**冲，战车。○冲，昌容反。《说**或濡马褐以**
甚反。郛，芳夫反。文》作轏。云："陷阵车也。"
救之，马褐，马衣。○濡，**遂毁之。**毁郛。**主人出，师奔。**攻郛人少，故遣 [疏]"主人出，师奔"○正义曰：贾逵
人于反。褐，户葛反。 后师走往助之。 以为，主人出，鲁师奔走而却退，
言鲁无战备也。刘炫云："杜亦不胜旧。今杜必异于贾，以为后师走往助之者，若如贾言，鲁师奔走往助之者，**阳虎伪不见冉猛者，**
则是被败而还，下传阳虎何得云'猛在此，必败'？明其时不败，故猛想逐廪丘之人，是贾非也。**曰："猛在此，必败。"**阳州之役，猛先之也。言者在**猛逐之，顾而无继，伪颠。**逐廪**虎曰："尽客气**
此，必复败。"复，扶又反。 丘人。 **也。"**言皆客气，非勇**苫越生子，将待事而名之，**苫越，苫夷**阳州之役获焉，名之曰阳州。**欲自
也。○客，苦百反。 苫，戎占反。 比侨
如。○侨，**（定公八年）**
其骄反。

（2）十一年春，齐为鄎故，鄎在前年。○国书、高无㔻帅师伐我，及清，清，齐地。齐北卢县东
为，于伪反。 有清亭。㔻音普悲反。
季孙谓其宰冉求冉求，**曰："齐师在清，必鲁故也。若之何？"求曰："一子守，二子从**
孔子弟子。
公御诸竟。"季孙曰："不能。"自度力不能使二子御诸竟。○守，手又反。求曰："**居封疆之间。"**
反。御，鱼吕反，亦作"御"。竟音境。度，徒洛反。
封疆，**季孙告二子，**二子，**二子不可。求曰："若不可，则君无出。一子帅师，背**
竟内近郊 孟孙、叔孙也。
地。○疆，居良反。
城而战。不属者，非鲁人也。属，臣属也。**鲁之群室，众于齐之兵车。**群室，都**一室敌车，优**
言不战为不臣。 邑居家。
矣。子何患焉？二子之不欲战也宜，政在季氏。言二子恨季氏专政，故不尽力**当子之身，齐人伐**
战。○"二子之不欲战也宜"，绝句。
鲁而不能战，子之耻也。大不列于诸侯矣。"季孙使从于朝。使冉求随**俟于党氏之沟。**党氏，
侯于己之公朝。 沟，朝
中 地 名。
○党音掌。**武叔呼而问战，焉**问冉**对曰："君子有远虑，小人何知？"懿子强问之，对曰："小**
求。
人虑材而言，量力而共者也。"言子所问，非己材力所及，故不答。○强，其丈反。共音恭。**武叔曰："是谓我不成丈夫也。"**知冉求非不欲
战，故不对。○"不成丈夫
退而蒐乘。蒐，阅也。蒐，所求**孟孺子洩帅右师，**孺子，孟懿子之子武伯彘。**颜**
也"，本或作"大夫"，非是。 乘，绳证反。阅音悦。 孺，而住反。彘，直利反。
羽御，邴洩为右。二子，孟氏臣**冉求帅左师，管周父御，樊迟为右。**樊迟，鲁人，孔子弟**季孙**
也。邴音丙，又彼命反。 子樊须。○父音甫。
曰："须也弱。"有子曰："就用命焉。"虽年少，能用命。有子，**季氏之甲七千，冉有以武城人**
冉求也。少，诗照反。
三百为己徒卒。步卒，精兵**老幼守宫，次于雩门之外。**南城门也。**五日，右师从之。**五日乃
卒，子忽反，注同。 ○雩音于。 从，言
不欲**公叔务人务，人，**人**公见保者而泣**保**曰："事充**繇役烦。**繇，**本或政重，**赋税**上不能谋，士不能**
战。为，昭公子。 者而泣 城 者。 守， 作"徭"， 同， 音遥。 多。
死，何以治民？吾既言之矣，敢不勉乎！"（哀公十一年）

三、《谷梁传注疏》晋·范宁注　唐·杨士勋疏

（1）夏,莒牟夷以牟娄及防兹来奔。以者,不以者也。来奔者不言出,^{以其方}_{向内也}及防兹,以大及小也。莒无大夫,其曰牟夷,何也? 以其地来。以地来,则何以书也? 重地也。_{窃地之罪重,故}_{不得不录其人。}[疏]"以者"至"地也"。○释曰:重发传者,庶其以邑来而不言及,此以邑来言及,黑肱则不系滥,故各发传也。此传独言重地者,举其中以包上下也。（昭公五年）

（2）夏,五月,壬辰,雉门及两观灾。_{雉门,公宫之南门。两观,阙也。}_{○两观,工唤反,注及下文同。}其不曰雉门灾及两观,何也?_{据先书雉门,则应言雉门灾及两观。郑嗣}_{曰:"据灾实从雉门起,应言雉门灾及两观。"}灾自两观始也,不以尊者亲灾也。_{始灾者,两观也。郑嗣}_{曰:"今以灾在两观下,}_{使若两观始灾者。"}先言雉门,尊尊也。_{欲言两观灾及雉门,则卑不可以及尊,灾不从雉门起,故不得言雉门灾及两观。两}_{观始灾,故灾在两观下也。郑嗣曰:"欲以两观灾实,则经宜言两观灾及雉门,雉}_{门尊,两观卑,卑不可以及尊,故不得不先言雉门,而后}_{言两观。欲令两观始灾,故灾在两观下矣。"○令,力呈反。}[疏]"雉门"至"观灾"。○释曰:解,刘向云:"雉门,天子之门。而今过鲁制,故致天灾也。"（定公二年）

四、《孝经注疏》　李隆基注　宋·邢昺疏

子曰:"孝子之事亲也,居则致其敬,^{平居必}_{尽其敬。}养则致其乐,^{就养能}_{致其欢。}病则致其忧,^{色不满容,}_{行不正履。}丧则致其哀,_{擗踊哭泣}_{尽其哀情。}祭则致其严,_{斋戒沐浴}_{明发不寐。}五者备矣,然后能事亲。_{五者阙一,}_{则未为能。}[疏]"子曰"至"事亲"。○正义曰:致犹尽也。言为人子能事其亲而称孝者,谓平常居处之时,当须尽于恭敬。若进饮食之时,怡颜悦色,致亲之欢;若亲之有疾,则冠者不栉,怒不至詈,尽其忧谨之心;若亲丧亡,则攀号毁瘠,终其哀情;及春秋祭祀,又当尽其严肃:此五者,无限贵贱,有尽能备者,是其能事亲。事亲者居上不骄,^{当庄敬以}_{临下也。}为下不乱,^{当恭谨以}_{奉上也。}在丑不争。_{丑,众也。争,竞}_{也。当和顺以从众也。}居上而骄则亡,为下而乱则刑,在丑而争则兵。_{谓以兵}_{刃相加。}三者不除,虽日用三牲之养,犹为不孝也。"_{三牲,太牢也,孝以不毁为先。言上三事皆可}_{亡身,而不除之,虽日致太牢之养,固非孝也。}[疏]"事亲"至"孝也"。○正义曰:此言居上位者不可为骄溢之事,为臣下者不可为挠乱之事,在丑辈之中不可为忿争之事。是以居上须去骄,不去则危亡也;为下须去乱,不去则致刑辟;在丑辈须去争,不去则兵刃或加于身。若三者不除,虽复日日能用三牲之养,终贻父母之忧,犹为不孝之子也。（纪孝行）

五、《周礼注疏》　汉·郑玄注　唐·贾公彦疏

国有六职,百工与居一焉。_{百工,司空事官之属。于天地四时之职,亦处其一也。司空,掌营城郭,建都邑,立}_{社稷宗庙,造宫室车服器械,监百工者,唐虞已上曰共工。○与,音预。监,古衔}_{反。上,时掌反,凡言}_{"以上"放此。共,音恭。}[疏]"国有"至"一焉"。○释曰:此经与下文为总目。云"国有六职"者,谓国家之事有六种职掌,就六职之中,百工与居其一分。六职,即下云"或坐而论道"至"治丝麻以成之"是也。或坐而论道;或作而行之;或审曲面埶,以饬五材,以辨民器;或通四方之珍异以资之;或饬力以长地财;或治丝麻以成之。_{言人德能事业之不同者也。论道,谓谋虑治国之政令也。作,起也。辨犹具也。}_{资,取也,操也。郑司农云:"审曲面埶,审察五材曲直方面形埶之宜以治之及阴}_{阳之面背是也。《春秋传》曰:'天生五材,民并用之。'谓金、木、水、火、土也。"故书"资"作"齐",杜子春云:"齐当为资,读}_{如冬资絺绤之资。"玄谓此五材,金、木、皮、玉、土。○埶,音势。饬,音敕,下同。辨,皮苋反,具也,注及下同。长,丁丈反,}_{下同。操,七曹反。}[疏]"或坐"至"成之"。○释曰:此六者,即上文之六职也。此皆举其事,下文皆言其人以覆之。坐而论道,谓之王公;^{天子、}_{诸侯。}[疏]注"天子诸侯"。○释曰:以公为诸侯者,公,君也。诸侯是南面之君,故知是诸侯也。若然,《尚书》三公云"论道经邦,燮理阴阳",郑不言者,三公有成文,不言可知。故《夏传》注云:"坐而论道,谓之王公。"通职民,无正官名,是其义也。作而行之,谓之士大夫;_{亲受其职,}_{居其官也。}[疏]注"亲受"至"官也"。○释曰:即设官分职,治职、教职之等是也。审曲面埶,以饬五材,以辨民器,谓之百工;_{五材各有工,言}_{百,众言之也。}[疏]"审曲"至"百工"。○注"五材"至"之也"。○释曰:按六官其属止有六十,五材不至六十而言已。以是言百工通四方之珍异以资之,谓之商旅;_{商旅,贩卖之客也。《易》曰}_{"至日商旅不行"。○贩,甫万反。}[疏]注"商旅"至"不行"。○释曰:按《大宰》九职注:"行曰商,处曰贾。"商旅,贾客也。行商与处为客。此文无贾,直云"商旅",商是贩卖之人,故云"贩卖之客"也。云"《易》曰"者,《复卦·象辞》文也。是一日之中,商旅不行,余日即行,是行曰商也。饬力以长地

财，谓之农夫；_{三农受夫田也。}[疏]_{注"三农受夫田也"。○释曰："饬"，勤也。"地财"，谷物皆是。勤力以长地财，谓之农夫。按《大宰》云："三农生九谷"，《遂人》云："夫一廛田，百亩。"是三农受夫田也。}治丝麻以成之，谓之妇功。_{布帛妇官之事。}[疏]_{注"布帛妇官之事"。○释曰：此记人所录众工，本拟亡篇六十作而，唯据百工一事而已，举余五者，欲重此百工与五者为类之意。若然，百工并是官，馀五者或非官，知然者，王公及士大夫、百工并官，其商旅、农夫、妇功三者非官。据九职而言，三者皆是出税之色，故《大宰》云，三农生九谷，商贾阜通货贿，嫔妇化治丝枲，出税，以当九功也。郑云妇官，据典妇功为妇官。此治丝麻者，妇官所统摄，故言妇官也。}粤无镈，燕无函，秦无庐，胡无弓车。_{此四国者，不置是工也。镈，田器，《诗》云"庤乃钱镈"，又曰"其镈斯捣"。郑司置云：函读如国君含垢之含。函，铠也。《孟子》曰："矢人岂不仁于函人哉？矢人唯恐不伤人，函人唯恐伤人。"庐读为纑，谓矛戟柄，竹欑柲，或曰摩铜之器。胡，今匈奴。○粤，音越。镈，音博，注及后同。燕，音烟。函，户南反，后同。庐，鲁吴反，下音同，本或作芦。庤，直里反。钱，子浅反。捣，音赵，一音大了反。垢，工口反。铠，苦大反。纑，音卢，下同。欑，才官反，李音纂。柲，音祕，刘音笔。铜，力庶反。}[疏]_{"粤无"至"弓车"。○释曰：此经与下经为目。此粤，越国，乃是古之语辞之"曰"，即今之"越"字也。言无镈、无函、无庐、无弓车，谓无此镈作、函官之等也。}粤之无镈也，非无镈也，夫人而能为镈也；燕之无函也，非无函也，夫人而能为函也；秦之无庐也，非无庐也，夫人而能为庐也；胡之无弓车也，非无弓车也，夫人而能为弓车也。_{言其丈夫人人皆能作是器，不须置国工。粤地涂泥，多草薉，而山出金锡，铸冶之业，田器尤多。燕近强胡，习作甲冑。秦多细木，善作矜柲。匈奴无屋宅，田猎畜牧，逐水草而居，皆知为弓车。○夫人，徐方无反，沈音扶。薉音秽，刘云："秽字之异者。"近，附近之近。矜，其巾反，李其京反。畜牧，许又反，下音木，又音密。}[疏]_{注"言其"至"弓车"。○释曰：皆覆释上文，言人人皆能，不须置国工之意。注"言其丈夫人人皆能作是器，不须国工"者，凡置官之法，所以教示在下，上行之，下效之。今一国皆能，不须教示，不置其官。关乎和钧，王府则有，官民足用也。如郑此读，则夫人与君之夫人，同号读之也。云"越地涂泥，多草薉，而山出金锡"者，目验如是。金工皆和锡，故兼锡而言也。云"秦多细木"者，亦目验可知。"矜柲"者，矜即前注释，一也。}云知者创物，_{谓始闿端造器物，若《世本》作者是也。○知，音智。创，初亮反，下同。依字作剙。闿，音开。}[疏]_{注"谓始"至"是也"。○释曰：此知者，即下文圣人，一也。运用谓之知，通物谓之圣，凡知者，有若六德之知仁圣义之知圣，则据贤人已下。此言知圣，则濬哲文明之等也。云引《世本》作者，无句作磬，仪狄造酒之等，皆非圣知。相揖佐知所为，则皆由圣知而起，是以圣人之时，有此《世本》所作也。}巧者述之，守之世，谓之工。_{父子世以相教。}[疏]_{注"父子世以相教"。○释曰：此"世"，谓若《管子》书云"工之子，商之子，四民之业"，皆云世者习也。}百工之事，皆圣人之作也。_{事无非圣人所为也。}[疏]_{注"事无"至"为也"。○释曰：据《世本》作篇多非圣人亲为，要君统臣功，故晋圣人统摄之也。}烁金以为刃，凝土以为器，作车以行陆，作舟以行水，此皆圣人之所作也。_{凝，坚也。故书"舟"作"周"，郑司农云："周当为舟。"烁，徐，刘音余灼反，义当作铄，始灼反。}[疏]_{注"凝坚"至"作舟"。○释曰：上经云"百工皆圣人所作"，此经言圣人所作之器，见其验也。}天有时，地有气，材有美，工有巧，合此四者，然后可以为良。_{时，寒温也。气，刚柔也。良，善也。○合，如字，刘音阁。}[疏]_{注"时寒"至"善也"。○释曰：此经已下，说作器之法须合天时地气之义。将欲说已下不善之事，故先于此说四者和合乃善之意也。云"时，寒温也"者，谓者《弓人》春液角，夏治筋，秋合三材，冬定体之属，是使寒温而作。}材美工巧，然而不良，则不时，不得地气也。_{不时，不得天。}橘踰淮而北为枳，鸲鹆不逾济，貉逾汶则死，此地气然也。_{鸲鹆，鸟也。《春秋》昭二十五年，"有鸲鹆来巢"。传曰："书所无也。"郑司农云："不逾济，无妨于中国有之。貉或为猿，谓善缘木之猿也。汶水在鲁北。"枳，古氏反。鸲，居具反，刘音权。《公羊》同，本又作鹳，《左传》同，其俱反。鹆，音浴。济，子礼反，四渎水。貉，户各反，兽名，依字作貈。汶，音问，水名。猿，音袁。}[疏]_{注"鸲鹆"至"鲁北"。○释曰：《左氏传》作"鸜鹆"，《公羊传》作"鹳鹆"，此经注皆作鸲鹆字，与《左氏》同。《春秋》昭二十五年，"有鸲鹆来巢"。传曰："书所无也。"先郑云"不逾济，无妨于中国有之"者，按《异义》："《公羊》以为鸲鹆，夷狄之鸟，穴居，今来至鲁之中国，巢居，此权臣欲自下居上之象。《谷梁》亦以为夷狄之鸟来中国，义与《公羊》同。《左氏》以为鸲鹆，来巢书所无也。"彼注云：《周礼》曰鸲鹆不逾济，今逾，宜穴而巢，故曰书所无也。许君谨按从二传。"}郑之刀，宋之斤，鲁之削，吴粤之剑，迁乎其地而弗能为良，地气然也。_{去此地而作之，则不能使良也。○削，如字。本思约、思诮二反。}[疏]_{注"去此"至"良也"。○释曰：若据经所言，则郑之刀，以此刀之铁，移向宋而作斤，宋之斤，移向郑而作刃，皆不得为良，指刀、斤、削、剑而言，皆地气使然，故郑云"去此地而作之，不能使良也"。}燕之角，荆之幹，妢胡之笴，吴粤之金锡，此材之美者也。_{荆，荆州也。幹，柘也，可以为弓弩之幹。妢胡，胡子之国，在楚旁。笴，矢干也。《禹贡》荆州贡橚干栝柏及箘簬楛。故书"笴"为"箭"。杜子春云："妢读为焚咸丘之焚，笴或为邿。"妢胡，地名。箘当为笴，笴读为櫜，谓箭櫜。○妢，扶云反。笴，古老反，注作櫜。干，古旱反，或古早反。櫜，敕伦反。箘，其陨反，李其转反。簬，音路。楛，音楷，《尚书》作楷，音同。}[疏]_{"燕之"至"者也"。○释曰：自此已下，说材之事也。}（冬官考工记）

六、《礼记正义》汉·郑玄注　唐·孔颖达疏

博学之，审问之，慎思之，明辨之，笃行之。有弗学，学之弗能，弗措也；有弗问，问之弗知，弗措也；有弗思，思之弗得，弗措也；有弗辨，辨之弗明，弗措也；有弗行，

行之弗笃，弗措也。人一能之，己百之，人十能之，己千之。果能此道矣，虽愚必明，虽柔必强。 此劝人学诚其身也。果，犹决也。○措，七路反，下及注皆同，置也。强，其良反。 [疏]"博学"至"必强"。○正义曰：此一经申明上经"诚之者，择善而固执之"事。○"有弗学，学之弗能，弗措也"者，谓身有事，不能常学习，当须勤力学之。措，置也。言学不至于能，不措置休废，必待能之乃已也。以下诸事皆然，此一句覆上"博学之"也。○"有弗问，问之弗知，弗措也"，覆上"审问之"也。"有弗思，思之弗得，弗措也"，覆上"慎思之"也。"有弗辨，辨之弗明，弗措也"，覆上"明辨之"也。"有弗行，行之弗笃，弗措也"，覆上"笃行之"也。 （中庸）

练习题

一、解释下列术语

1. 貌
2. 递训
3. 谓之
4. 读破
5. 之言
6. 互训
7. 为
8. 读破
9. 读如
10. 形训
11. 读曰
12. 犹
13. 当为
14. 互文见义
15. 衍文
16. 如字
17. 脱文

二、填空题

1. 析言又称_____、_____，浑言又称_____、_____、_____、_____。训诂中用这两个术语来说明近义词的通别。

2. 校勘是校正古书中的_____、_____、_____、_____等错误的一种学问，它与训诂学的关系至为密切。

三、选择题

1. 用来表明某字当读本音的术语是_____。
   A. 谓之　　　B. 犹　　　　C. 如字　　　D. 读破

2. 对原文的误字误读进行更正的术语是_____。
   A. 之言　　　B. 当为　　　C. 读若　　　D. 析言

3. "男子先生为兄，后生为弟。"使用的训诂方式是_____。
   A. 互训　　　B. 直训　　　C. 义界　　　D. 推因

4. "盗，逃也。"使用的训诂方式为_____。
   A. 互训　　　B. 直训　　　C. 义界　　　D. 推因

5. 用反义词解释词义的现象称为_____。
   A. 直训　　　B. 互训　　　C. 反训　　　D. 反诘

6. 揭示同义词间内在联系及区别的训诂术语是_____。
   A. 读若　　　B. 谓　　　　C. 如字　　　D. 析言

7. 《说文》："蛊，腹中虫也。"使用的训诂方式为_____。
   A. 互训　　　B. 义界　　　C. 音近义通　D. 因声求义

8. 古书原文有误字需要更正时使用的术语是_____。
   A. 读若　　　B. 读为　　　C. 当为　　　D. 犹

9. 用一句话或几句话对概念内涵做出阐述的方法称为_____。
   A. 互训　　　B. 同训　　　C. 同义为训　D. 义界

10. 下列训诂方式中属于义界的是_____。
    A. 吹，嘘也　　　　　　　B. 歌，咏也
    C. 追，逐也　　　　　　　D. 衰，草雨衣也

11. 下列训诂方式中不属于义界的是_____。
    A. 父之姊妹为姑　　　　　B. 口，人所以言食也
    C. 盗，逃也　　　　　　　D. 宫中之门谓之闱

12. 下列术语中用来说明虚词的是_____。
    A. 词　　　　B. 谓　　　　C. 言　　　　D. 曰

13. 古籍在刻印、传抄过程中出现的添加字的现象叫_____。
    A. 衍文　　　B. 脱文　　　C. 讹文　　　D. 倒文

14. 古籍在刻印、传抄过程中出现的失落字的现象叫_____。
    A. 衍文　　　B. 脱文　　　C. 讹文　　　D. 倒文

15. 古籍在刻印、传抄过程中出现的错别字的现象叫_____。

    A. 衍文   B. 脱文   C. 讹文   D. 倒文

16. 古籍在刻印、传抄过程中出现的错简现象叫_____。

    A. 衍文   B. 脱文   C. 讹文   D. 倒文

17. 先选定一种较完善的版本作为底本而后用不同的版本进行互校的校勘方法叫_____。

    A. 对校法   B. 他校法

    C. 文物校书法   D. 理校法

18. 用他书来校勘本书的校勘方法叫_____。

    A. 对校法   B. 他校法

    C. 文物校书法   D. 理校法

19. 利用出土的古代文物来校订古书的校勘方法叫_____。

    A. 对校法   B. 他校法

    C. 文物校书法   D. 理校法

20. 从事理或文理上去分析，判断而加以订正的校勘方法叫_____。

    A. 对校法   B. 他校法

    C. 文物校书法   D. 理校法

21. "读若""读如"与"读曰""读为"的区别是_____。

    A. 前二种用于注音，后二者用于破通假

    B. 后二种用于注音，前二者用于破通假

    C. 两种都用于注音

    D. 两种都用于破通假

参考书目

[1] 邓文彬.中国古代语言学史[M].成都：巴蜀书社，2002.
[2] 郭芹纳.训诂学[M].北京：高等教育出版社，2005.
[3] 何九盈.中国古代语言学史[M].广州：广东教育出版社，2000.
[4] 濮之珍.中国语言学史[M].上海：上海古籍出版社，2002.
[5] 王则远.中国文献学[M].海拉尔：内蒙古文化出版社，2000.
[6] 赵振铎.中国语言学史[M].石家庄：河北教育出版社，2000.